한겨레역사인물평전 ——— 임윤지당 평전

임윤지당 평전

규방의 삶을 벗어던진 조선 최고의 여성 성리학자

김경미 지음

한겨레출판

'한겨레역사인물평전'을 기획하며

정출헌 | 부산대 한문학과 교수, 점필재연구소 소장

역사는 인간이 일궈온 삶과 다름이 없습니다. 사람들의 발길이 새로운 길을 내듯, 역사도 그렇게 만들어진 것이겠지요. 그런 점에서 시간 단위로 인간의 삶을 분절한 편년의 역사 서술 관습을 넘어서, 인간을 통해 시대의 편폭을 보여주려 했던 사마천의 시도는 빛나는 것이었습니다. 다양한 인간 군상을 한데 모아놓은 열전(列傳)은, 그래서 수천 년 동안 동아시아 역사 서술의 전범(典範)으로 자리 잡을 수 있었습니다. 물론 그곳에 이름을 올린 이들 모두가 역사상 위대한 업적을 남긴 인물은 아니었습니다. 적장을 살해하려다 실패한 자객, 우스갯소리를 잘하던 사람, 재물을 많이 벌어들인 부자, 질병을 잘 고쳐낸 명의 등까지 망라하고 있으니까요. 역사란 크나큰 발자취를 남긴 위인만이 아니라 인간의 존엄성을 올곧게 지켜 나간 사람들이 함께 어우러져 만들어가는 것이라 여긴 사마천의 믿음이 선연합니다.

사마천이 역사의 이름으로 불러들인 인물들에 대한 선별은 과연 타당했는가, 또는 그들 각자에 대한 평가는 온당한가, 이에 대한 시비가 없을

수는 없겠지요. 하지만 과거 인물들의 삶을 기록하려는 우리는 사마천의 그런 마음가짐에서 많은 것을 배울 수 있습니다. 역사의 물굽이를 뒤바꾼 행적을 남긴 위인으로부터 하찮은 일상을 통해 시대의 가치를 되새기게 만든 범인(凡人)에 이르기까지 소중하게 여겼던 그 마음 말입니다. 그래서 우리는 아득한 저 고대로부터 근대 전환의 격변기에 이르기까지 우리 역사를 다채롭게 아로새겼던 수많은 인물들을 평전의 대상으로 삼으려 했습니다. 정치·사회·문화·예술 등 다양한 분야에서 우리 시대에 되살릴 만한 다양한, 또 의미를 지닌 인물 100명의 평전을 기획한 것은 그런 문제의식의 산물입니다.

또한 우리는 시대적 흐름에 유념하면서 성패·신분·성별 등을 나름 고려하면서 유사한 삶을 살았던 인물들을 몇몇 범주로 묶어보았습니다. 우리가 지난 역사 인물을 되살려보려는 이유는 시대와 개인이 맺고 있던 복잡다단한 관계를 읽어내고 싶기 때문입니다. 동일한 시대 상황에서 유사한 삶의 궤적을 읽을 수 있는 반면, 그들에게서 발견되는 미묘하지만 화해할 수 없는 차이를 추적하는 것이야말로 시대의 요구와 인간의 선택이 빚어내는 공명과 파열을 생생히 전달하는 것이라 믿은 까닭입니다.

비슷한 시대에 각기 다른 빛깔의 인간을 탐색해가는 과정은 역사라는 거대담론으로 인간 개개인을 재단하던 병폐를 넘어 인간의 삶을 통해 시대의 흐름을 재구성하는 방법이기도 합니다. 특히 생애 관련 자료의 제한 때문에 독립된 평전을 서술하기 어려운 인물의 경우, 시대 및 대상 인물과의 관계 위에서 조망함으로써 그들의 행로를 도드라지게 드러내려 했습니다.

하지만 오늘날 어떤 인물에 주목할 것인가보다 훨씬 어려운 과제는 그들을 어떻게 그려낼 것인가 하는 문제입니다. 많은 사람들은 평전을 쓸 때 가장 중요한 미덕으로 해당 인물을 객관적이고도 정확하게 그려내는 것을 꼽습니다. 충분히 수긍할 수 있는 지적입니다. 그러나 생애 관련 자료가 풍부하지 못한 현재 우리의 열악한 사정을 감안하지 않는다 해도 그것은 참으로 어려운 요구입니다. 생애 관련 자료가 풍부하다고 하더라도 객관적인 자료란 애당초 기대하기 힘들뿐더러 한 인간을 둘러싼 엇갈린 기억과 자료 가운데 어느 것은 취하고 어느 것은 버릴 것인가를 결정해야 하는데 이는 온전히 필자의 몫일 수밖에 없기 때문입니다. 그래서 역사는 물론이고 한 인간에 대한 기록은 시대에 따라 달라지고 거듭해서 새로 쓰이는 듯합니다.

그런 점에서 평전을 쓴다는 것은 남아 있는 사실의 기록과 오늘을 살고 있는 필자의 평가 사이에서 아슬아슬한 외줄타기를 하는 작업입니다. 그래서 어렵게 마련이지요. 아마도 위태롭기 그지없는 그 험난한 과정을 버티게 해주는 힘은 과거와 현재, 사실과 허위, 객관과 공감 사이의 균형 감각일 것입니다. 우리는 그런 곤혹스러운 상황을 애써 외면하지 않으려 했습니다. 한 인물의 평전을 쓴다는 것이 과거를 통해 현재를 돌아보고 미래를 전망하는 작업의 일환이라면, 그것은 반드시 건너야 하는 강이라고 생각했기 때문입니다. 대신 힘겨운 작업을 필자 한 사람의 몫으로 떠넘기지 않고, 뜻있는 사람들과 의견을 주고받으며 자신의 균형 감각을 가다듬을 수 있는 자리를 많이 갖도록 노력했습니다.

그런 점에서 역사 속 인물에 깊은 애정과 관심을 가지고 있는 연구자,

그런 연구자를 한자리에 모아 외롭지 않게 함께 작업해갈 수 있도록 엮어주는 연구소, 그리고 연구자의 충실한 성과를 일반 대중에게 알려주는 출판사가 공동 기획하여 발간하는 오늘 우리의 작업은 매우 뜻깊은 시도일 것입니다. 실제로 부산대학교 점필재연구소와 한겨레출판은 전체 기획의 의도, 대상 인물의 선정, 최적의 필자 선택, 평전 집필의 방향을 함께 논의하고 결정했습니다. 그런 뒤 개별 필자들이 평전을 집필하는 과정에서 구상 발표, 자료 점검, 사실의 진위 판단, 원고의 교정·교열에 이르기까지 수시로 의견을 주고받으며 때론 뼈아픈 조언도 아끼지 않았습니다. 이런 공동 작업을 거쳐 세상에 선보이는 '한겨레역사인물평전'은 평전으로서 갖추어야 할 미덕을 고루 갖추고 있는 것은 물론이고 학계와 출판계가 서로 힘을 모으는 새로운 풍토를 마련하는 데도 적잖이 기여할 수 있으리라 기대합니다.

사실 평전을 쓰고 읽는다는 것은 옛사람이 남긴 발자취를 따라가면서 그의 마음과 시대를 헤아려보는 여정일 겁니다. 우리는 그런 여정에서 나 자신이 옛사람이 되어 헤아려보기도 하고, 옛사람이 내 귀에 속내를 속삭여주는 경이로운 체험을 맛보기도 할 것입니다. 때론 앞길을 설계하는 지침이 되기도 하겠지요. 퇴계 이황은 그런 경지를 이렇게 읊었습니다. "고인(古人)도 날 못 보고 나도 고인을 못 뵈어, 고인을 못 뵈어도 가던 길 앞에 있네. 가던 길 앞에 있거든 아니 가고 어찌할까"라고. 우리도 그런 마음으로 옛사람이 맞닥뜨린 갈등과 옛사람이 고민했던 선택을 헤아리며 그의 길을 따라 걸을 수 있으리라 믿습니다. 세월의 간극을 훌쩍 뛰어넘는 그런 가슴 벅찬 공명이 가능한 까닭은, 그도 나도 시대를 벗어나서는 잠시도 살아갈 수 없는 인간이란 이유 때문이겠지요. 그것이야말로 한 치 앞을 내다보기 힘든 우리 시대에 군이 평전이 필요한 까닭일 것입니다.

하늘에서 받은 성품은
남녀의 차이가 없다

이 책의 주인공은 조선의 성리학자 임윤지당이다. 녹문 임성주의 누이로 더 잘 알려진 임윤지당은 학문 세계도 임성주에 가려져 있었다. 임윤지당은 임성주의 영향을 받았으나 여성으로서 공부한다는 의식이 뚜렷했다. 그랬기에 윤지당은 질문도 달랐다. 성리학(性理學)에서는 사람이 천지와 나란히 하는 존재이며, 누구나 성인이 될 수 있다고 가르쳤다. 그 '사람' 안에 여자가 포함되는지 의문을 가졌던 윤지당은 남녀가 부여받은 본성에는 차이가 없고, 따라서 여자도 노력하면 성인이 될 수 있다는 결론에 이르렀다. 이후 윤지당은 성인이 되기 위해 부단히 공부하고 수행했으며 자신의 생각을 글로 써서 남겼다.

윤지당이 이렇게 공부하고 글을 써서 남길 수 있었던 것은 양반 가문에서 태어나 딸이라도 공부할 수 있는 환경에서 성장한 덕분이었다. 허난설헌(許蘭雪軒, 1563~1589)처럼 윤지당도 뛰어난 남자 형제들과 함께 공부하면서 남자 형제들의 인정과 지지 속에서 자신의 재능을 키워나갈 수 있었다. 게다가 윤지당이 살았던 18세기에는 아주 제한적이지만 재능 있는 여성들의 공부와 글쓰기를 인정하는 분위기가 있었다. 이 무렵 청나라에서도, 일본에서도, 그리고 조선에서도 여성 성리학자가 배출되었다.

저 멀리 유럽에서는 메리 울스턴크래프트(Mary Wollstonecraft, 1759~1797)의 『여성의 권리 옹호』가 출간되었다. 18세기의 이러한 세계사적 흐름은 주의 깊게 살펴볼 필요가 있다.

윤지당이 살았던 18세기는 경종, 영조, 정조 시대에 걸쳐 있다. 이 시기는 노론과 소론을 중심으로 한 당쟁이 격화된 시기였다. 영조는 탕평을 통해 이를 완화하려 했으나 결국은 노론 세력에 권력이 집중되었다. 이보다 앞서 17세기에 왕실의 복제를 둘러싸고 당시 주요 붕당(朋黨)이던 서인과 남인 간에 큰 논쟁이 있었다. 이를 예송(禮訟: 왕실의 예를 둘러싼 논쟁)이라 하는데 두 차례의 예송이 끝난 뒤 서인과 남인은 정치적으로 대립했으나 남인이 몰락했다. 그 뒤 서인은 다시 노론과 소론으로 나뉘어 대립했으며 여기서 노론이 승리하면서 정치권력과 학문적 주도권이 노론으로 집중되었다. 그 중심에는 송시열이 있었다. 윤지당의 집안은 송시열의 학맥과 연결되어 있었다. 이후 노론 학자들은 사람과 사물의 본성이 같은가 다른가를 놓고 논쟁하면서 입장이 갈렸다. 이 논쟁을 호락논쟁 또는 인물성동이논쟁이라고 한다. 호는 호서, 즉 충청도를 가리키고, 락은 서울을 가리키는 말로 '호락논쟁'은 논쟁을 주도한 학자들이 사는 지역을 따서 붙인 이름이다. 이 논쟁으로 성리학이 심화되는 한편, 서학(西學)이 지식인들에게 영향을 미치고, 홍대용, 박지원 등을 중심으로 한 북학파가 대두하면서 새로운 학문적 경향이 형성되었다.

공적 공간에서 이루어진 이러한 변화 속에 여성의 자리는 없는 것처럼 보인다. 그러나 여성들은 딸로서, 부인으로서, 며느리로서, 어머니로서 당쟁에 직접 개입하거나 당쟁으로 무너질 위기에 놓인 가문의 기반을 유지하는 데 중요한 역할을 했다. 때로는 직접 나서서 상언을 올리기도 했다. 여성들이 학문을 연구하거나 시문을 쓰는 것은 부녀자의 덕행을 벗어나는 일이었으나 이들이 창작한 것으로 보이는 소설, 가사, 시, 산문 등은 여성들이 자신들의 담론을 부단히 생산해왔음을 보여준다. 안동 장씨 부인, 김호연재(金浩然齋), 곽청창 등은 성리학을 공부하고 글을 남긴 여성들이다. 윤지당의 삶과 학문은 이러한 흐름 속에 놓여 있다. 윤지당은 평생에 걸쳐 성리학을 연구하고 당시 호락논쟁의 핵심 쟁점이었던 인성과 물성에 대한 문제나 사단칠정에 대한 글을 썼을 뿐만 아니라 서학에 대한 관심의 흔적도 남기고 있다. 또한 그녀 자신이 문집에 넣을 글을 골랐을 정도로 자신의 학문적 성취를 남기는 데도 적극적이었다. 남성 학자들을 중심으로 이루어지던 학문적 대화나 논쟁에 직접 끼어들지는 못했지만 윤지당은 이 글들을 통해 자신의 목소리를 내면서 성리학의 이상인 성인이 되고자 하는 노력을 멈추지 않았다.

그러나 여성 지위의 측면에서 보면 17세기 이후 종법제가 강화되면서 18세기에 와서 여성의 지위도 변화를 겪었다. 가장 큰 변화는 여자들이 상속의 대상에서 제외되기 시작한 것이다. 남편이 죽으면 정절을 지키는 것은 당연했으며 따라 죽기도 했다. 18세기에 이르러 열녀의 숫자는 증가하는 추세였다. 물론 18세기 여성들의 삶을 일률적으로 이야기하기는 어렵다. 법으로 규정한 여성의 지위, 제도로 규정한 여성의 역할, 지역과 가문 그리고 경제적 형편에 따라 가족 내에서의 위치도 달랐기 때문이다. 조선시대 여성들의 삶을 짐작해볼 수 있게 하는 자료는 많지 않다. 그나마 여성들의 삶을 짐작하게 하는 자료는 죽은 뒤에 일생을 기록한 행장, 묘지명이다. 행장이나 묘지명의 대상이 된 여성들은 대체로 이름난 문인이나 학자의 가족이며, 기록한 사람도 죽은 여성의 아버지, 삼촌, 남편, 아들 등 가족이다. 게다가 죽은 사람에 대한 기록이기 때문에 부정적인 면을 잘 드러내지 않고 전형적인 삶을 드러내고자 하는 경향이 있다. 따라서 이 기록은 한계가 있다. 그러나 역으로 생각하면 이 기록들은 여성에 대한 전형적인 기대를 보여주는 동시에 실제 삶의 양상을 보여준다는 이점이 있다.

윤지당의 삶을 이해하기 위해 행장, 묘지명으로 당대 양반 여성들의 삶을 간단하게 정리해보자. 지역, 지위, 가문이 다른 18세기 양반 여성들의 행장과 제문을 중심으로 살펴보면 지역, 지위, 가문이 달라도 혼인하기 전에는 살림을 하는 데 필요한 여공을 익히는 교육과 『소학』, 『내칙』 등의 교훈서를 통해 여성이 갖추어야 할 부덕에 대한 교육을 받았다. 이보다 좀 더 교육을 받는 경우는 역사서나 유교 경전을 공부하기도 했다. 십대 중반을 지나 시집을 가서 남편과 시부모를 섬기고 출산과 양육을 하며 살림을 맡아 했고, 농사나 방적을 관리하거나 직접 하며 집안 경제를 이끌었다. 이 여성들은 대체로 친정과 가까운 관계를 유지했고, 편지를 쓰는 데 능했으며 시와 산문을 남기기도 했다.[1] 윤지당의 삶도 당시 양반 여성들의 생애 주기와 삶의 형식에 충실했으나 남다른 학문적 성취를 이루었다.

윤지당은 사후에 그 학문 세계를 인정받았다. 시동생 신광우가 「언행록 19조」, 동생 임정주가 「유사 16조」에서 윤지당의 학문에 대해 언급한 뒤, 이민보, 유한준, 이규상, 성해응 등 18, 19세기의 대표적인 학자들이 윤지당의 학문 세계를 인정하고 평가했다. 이어서 근대 전환기의 유학자인 김상집(金商楫)이 편찬한 『본조여사(本朝女史)』는 조선시대 여성인물사로 총 165명의 여성을 12개 항목으로 분류해서 서술했는데[2] 현명한 아내를 다룬 「현처(賢妻)」에 윤지당을 포함시켜 기록했다.

신광유의 처 풍천 임씨는 호가 윤지당으로 녹문 임성주의 누이다. 근재 박윤원이 임성주의 동생인 임정주에게 편지를 보내 "누이의 학문이 높고 고상합니다. 여자의 몸으로 탁월하게 유자의 사업을 하였으니 이는 천품이 순수하고 바를 뿐만 아니라 형제들 사이에서 가르침을 받은 효과일 것입니다. 귀 가문의 시와 예가 성함을 여기서 볼 수 있습니다. 부인으로 문장을 잘한 사람은 옛날 조대가가 있었으나 도덕의 경우 태임과 태사 이후로 과연 또 누가 있었습니까? 이는 거의 수천 년만의 단 한 사람입니다. 이미 무리들보다 월등이 뛰어나고 저술한 것도 찬연히 빛나니 마땅히 백세토록 전해서 사라지지 않게 해야 합니다. 어찌 부인이라고 해서 묻어두겠습니까? 뒷날의 여사들은 반드시 본받을 것입니다." 윤지당이 이렇게 말했다. "내가 비록 부인이지만 부여받은 성은 일찍이 남녀의 차이가 없다. 부인으로 태임과 태사같이 되기를 스스로 기약하지 않는다면 이는 스스로 포기하는 것이다. 부인이라도 능히 행하면 또한 성인에 이를 수 있다."[3]

국학자인 이능화(李能和)도 『조선여속고(朝鮮女俗考)』(1927)의 「조선부녀지식계급」에 윤지당을 포함시켰다.

임씨는 호가 윤지당으로 신광유의 부인이요, 임성주의 매씨다. 부인은 총민(聰敏)하여, 어렸을 때부터 집에서 수업하고, 크게 학업을 성취하였다. 『본집(本集)』 중 「성리인의론(性理仁義論)」과 같은 것은 고금

여류학문(女流學問) 중에서 으뜸가는 논이다. 두 오라비 녹문 임성주, 운호 임정주와 더불어 문장에 이름이 있되, 윤지당이 가장 뛰어났다고 일컬어진다. 저서『윤지당유고』2권이 세상에 전하여진다.[4]

하지만 장지연(張志淵)의『조선유교연원(朝鮮儒敎淵源)』(1922)이나 현상윤(玄相允)의『조선유학사(朝鮮儒學史)』(1954)에는 윤지당에 대한 언급을 찾아볼 수 없으며 이후 윤지당의 존재는 거의 거론되지 않고 임성주의 누이로 언급되었을 뿐이다. 윤지당이 다시 살아난 것은 최근에 와서다. 남성 중심적 역사 서술에 대한 문제 제기와 더불어 여성사와 여성 문학에 대한 관심이 높아지면서 윤지당의 사상과 학문이 본격적으로 조명되고 성리학자로서, 여성지식인으로서 새롭게 주목받고 있다. 윤지당의 시집이 있던 원주에는 임윤지당 선양관이 생겨 윤지당의 존재는 대중적으로도 널리 알려지고 있다.

이 책은 윤지당 삶과 학문에 대한 기록이자 18세기 여성사의 한 부분에 대한 기록이다. 이 책은 윤지당의 출생부터 죽음까지 생애를 따라가면서 주요 사건을 중심으로 서술하는 방식을 취하고, 남긴 글에 대해서도 문집에 실린 순서대로 살펴보았다. 생애와 학문을 서술할 때는 윤지당뿐만 아니라 임성주, 임정주 등 주변 인물들이 남긴 자료들을 수집하여 최대한 상세하게 서술하고, 이를 당대 여성들의 사례를 가져와서 비교하거나, 당시의 학문적 경향 속에서 설명함으로써 윤지당의 생애와 학문을 당대의 역사적 맥락에서 조망하고자 했다. 아울러 윤지당 사후 윤지당이 여성들에게 어떤 영향을 미쳤으며, 당대의 남성 지식인들은 성리학자 윤지당을 어떻게 평가했는가에 대해서도 서술했다. 이를 통해 윤지당이라는 인물이 가족 관계에서, 조선시대 여성의 삶이라는 지평에서, 성리학자라는 전문적인 영역에서 좀 더 입체적으로 이해되기를 기대한다.

임윤지당의 생애와 학문에 대해 볼 수 있는 자료는 1785년에 윤지당이 직접 편집하고, 그의 사후인 1796년에 동생 임정주가 인쇄·간행한 『윤지당유고(允摯堂遺稿)』다. 특히 임정주가 쓴 「유사 16조」는 윤지당에 대한 일종의 공식 기록으로 윤지당의 생애에 대한 기본적인 사실들을 전해준다. 이 글은 임정주의 문집인 『운호집』 6권에도 「누님 윤지당 유사(姊氏允摯堂遺事)」라는 제목으로 수록되었다. 『윤지당유고』의 번역본으로는 이영춘이 번역한 『임윤지당: 국역 윤지당유고』, 이혜순·정하영이 편역한 『한국 고전 여성 문학의 세계(산문편)』, 원주문화원에서 출간한 『윤지당유고』 등이 있다. 최근에 윤지당의 자필 송서문(送序文)인 「둘째 오빠가 남쪽으로 돌아가는 것을 배웅하며 쓴 글」이 발견되어 윤지당의 글이 한 편 더 추가되었다.

윤지당의 글은 논설이 대부분이다. 제문이나 편지를 제외하고는 경험이나 감정을 담은 글이 많지 않다. 윤지당은 의도적으로 시를 남기지 않았다. 윤지당의 글을 통해 그의 생각을 짐작할 수는 있지만 그녀의 마음속이나 정서를 들여다보기는 쉽지 않다. 아마도 '미망인'이라는 위치 때문에 감정을 드러내지 않았을 수도 있다. 그러나 감정을 절제하고 드러내지 않은 것도 윤지당의 일생을 이끌었던 태도이니 그것 역시 윤지당의 삶의 일면이다.

노론 집안의 딸로 태어나 일찍 남편을 잃고 양자로 들인 아들마저 먼저 떠나보낸 윤지당은 스스로의 운명을 네 가지 궁박한 것 가운데 세 가지를 갖춘 기구한 운명이라고 불렀다. 그러한 운명을 의식하면서 공부하고 글을 썼기 때문일까? 윤지당의 글을 읽으면 사유의 바닥까지 내려가 그 바닥을 긁어내듯 생각을 거듭하고 써내려간 치열함이 엿보인다. 또한 자신에게 허용되지 않은 것을 하는 자가 갖는 극도의 긴장감 같은 것이 느껴진다.

그런 탓인지 윤지당의 글을 쉽게 보아 넘길 수 없었다. 그리고 윤지당이 자신의 글에서 반복적으로 했던 "나는 비록 여자지만 부여받은 본성은 남녀 간에 다름이 없다"는 말은 차별적 세계에 익숙해 있던 감각을 일깨우고, 자신이 서 있는 자리를 의문시하는 한마디로 다가왔다. 오랫동안 임윤지당의 글을 놓지 못하게 한 것은 어쩌면 저 한마디이기도 했다.

윤지당의 평전을 쓰기로 하고 자료를 모은 지도 10년이 넘었다. 원고를 넘기겠다는 약속을 여러 번 어겼다. 중간에 병원 신세를 질 일이 있었고 한동안 원고를 쓸 엄두를 내지 못했다. 이제 책을 마무리하게 되어 다행이다. 부족한 부분이 많지만 좀 더 진전된 연구를 통해 채울 것을 기약할 수밖에 없다.

한 편의 글을 마무리할 때마다 늘 새로운 빛이 더해지는 느낌이다. 앞서의 번역이나 연구들이 없었다면 보잘것없는 이 책도 나오지 못했을 것이다. 오래 기다려준 한겨레출판사에 미안하고 감사할 따름이다.

차례

일러두기

1. 인명, 지명을 포함한 외래어는 국립국어원의 『외래어 표기 용례집』을 따랐다.

2. 단행본·잡지 등에는 겹낫표(『 』)를, 소논문·시 등에는 홑낫표(「 」)를 사용했다.

3. 직접 인용 중 현재와 맞춤법 및 어법이 다른 경우, 가독성이 떨어지는 부분에 한해 현대어로 수정했다.

1부

임윤지당의 가문과
어린 시절

임윤지당(任允摯堂)은 신임옥사(辛壬獄事, 1721~1722)가 시작된 1721년 임적(任適, 1685~1728)과 파평 윤씨 부인 사이에서 둘째 딸로 태어났다. 오빠가 셋, 언니가 하나, 그리고 남동생이 둘이었다. 임적은 비록 높은 관직에 오르지 못하고 일찍 세상을 떠났지만 풍천 임씨 가문은 대대로 관직에 오른 문인 관료 집안이자 학자 집안으로 명망이 있었다. 정치적으로는 노론에 속했다.

윤지당이 태어나던 무렵 소론과 노론은 격렬하게 대립하고 있었다. 1720년 숙종이 죽은 뒤, 소론은 경종을 지지하고 노론은 연잉군(훗날의 영조)을 지지했다. 경종의 즉위는 왕위 계승을 둘러싼 노론과 소론의 싸움에서 소론이 이긴 것을 의미한다. 연잉군을 지지한 노론을 몰아내고 실권을 잡은 소론은 김창집(金昌集, 1648~1722), 이건명(李健命, 1663~1722), 이이명(李頤命, 1658~1722), 조태채(趙泰采, 1660~1722) 등 이른바 노론 4대신을 유배 보내고 사사(賜死)했다. 노론에 결정적 타격을 입힌 경종의 즉위와 4대신의 사사가 신축년(辛丑年, 1721)과 임인년(壬寅年, 1722)에 일어났기에 두 사건을 합쳐서 흔히 신임옥사라고 부른다.

신임옥사 당시 윤지당의 집안도 영향을 받았다. 1721년 윤지당의 증조 할아버지인 임승(任陞)의 둘째 형 임방(任埅)이 유배되었던 것이다. 당시 우참찬이었던 임방은 노론 4대신과 함께 연잉군을 왕세제로 봉할 것을 청했다. 이 일로 임방은 벼슬에서 쫓겨나고 그다음 해에 평안도로 유배되었다. 신임옥사 당시 노론이 쫓겨난 데다 임방까지 유배되자 당시 양성에 있던 임적은 몹시 분개하여 통곡을 하는가 하면 자주 분노를 터뜨리며 욕을 했다. 그리고 한편으로는 유배된 집안사람들을 정성껏 돌보았다. 1725년 노론이 집권했으나 1727년 정미환국(丁未換局: 정미년인 1727년 영조가 노론을 퇴진시키고 소론을 중용한 것)으로 다시 소론이 약진했다. 그러자 임적은 관직을 떠나려 했다. 임적의 일생에 대해 기록을 남긴 둘째 아들 임성주는 신임옥사를 언급하면서 이 일로 "선한 사람들〔善類〕이 다 죽었다"고 했다.[1] 여기서 선한 사람들은 노론에 속한 사람들이다. 윤지당의 집안은 이처럼 분명하게 노론의 입장에 서 있었으나, 노론 내부에서 어떤 정치적 영향력을 가질 정도로 유력한 가문은 아니었다.

여기서 잠시 윤지당의 집안에 대해 살펴보기로 하자. 풍천 임씨는 황해도 풍천군(豊川郡)을 본관으로 하고, 시조인 임온(任溫)은 고려 때 중국 소흥부(紹興府)에서 건너온 사람인 것으로 전해진다. 다음은 윤지당의 동생인 임정주(任靖周, 1727~1796)가 자신의 가문을 소개하는 글이다.

우리 임씨는 본래 중국 소흥부 자계현(慈溪縣) 출신이다. 고려 때 온(溫)이 은자광록대부(銀紫光祿大夫)로 처음 동쪽으로 와서 풍천을 관향으로 삼았다. 5대 뒤에 어사대부감문위대장군 주(澍)가 자송(子松)을 낳았다. 자송은 충혜왕 때 적신 조적(曹頔)을 죽이고 서하부원군 시중 판삼사에 봉해진 일이 고려역사에 기록되어 있다. 2대에 걸쳐 공적이

혁혁해서 마침내 우리나라의 명망 있는 가문이 되었다. 자송이 낳은 덕유(德儒)는 판도판서풍산군이 되었고 문간이라는 시호를 받았다. 문간공(文簡公)이 구(球)를 낳았고 구는 조선에 들어와 참지문하부사(參知門下府事)가 되셨다. 이로부터 대대로 벼슬이 이어졌다.

또 5대가 지나 열(說)에 이르러서는 문학으로 큰 이름을 얻었다. 열은 발영시(拔英試: 임시과거)에 급제한 뒤, 요직을 두루 거치며 중종, 인조, 명종, 선조를 모셨다. 관직은 한성부판윤, 예문관 제학에 이르렀고 시호는 문정(文靖), 호는 죽애(竹崖)다. 문정공이 영로(榮老)를 낳으니 중시로 종부시정에 이르고 승정원 도승지에 추증되었다. 영로가 연(兗)을 낳으니 좌승지로 이조참판에 추증되었다. 연이 의백(義伯)을 낳으니 호가 금시당(今是堂)이다. 효종 임금이 천하에 큰 뜻을 두고 한두 신하와 더불어 은밀한 계책을 논하실 때, 공은 재주와 계책, 도량과 식견으로 상하가 크게 의지하는 바가 되셨다. 여섯 고을을 맡아 다스리고 평안도 관찰사로 관직을 끝냈으며 이조판서에 추증되었다. 아버지의 고조가 된다. 증조할아버지는 승(陞)이고 할아버지는 사원(士元)인데 모두 뛰어난 재능이 있어 벗들 사이에 명망이 있었으나 불행히도 일찍 세상을 떠나셨다. 아버지의 휘는 적(適)이고 호는 노은(老隱)이다. 문장과 재능이 세상에 으뜸이어서 당시 이름난 분들이 모두 재상감이라고 했으나 또한 불행히도 일찍 세상을 떠나시니 벼슬이 함흥판관에 머물렀다. 어머니 숙인 파평 윤씨는 호조정랑으로 이조판서[2]에 추증된 윤부(尹扶)의 따님이다.[3]

풍천 임씨는 고려 때도 계속 벼슬을 했고, 조선조에 들어와서도 임열이 한성부판윤과 예문관 제학, 임의백이 평안도 관찰사를 지냈다. 윤지당의 증조할아버지 임승과 할아버지 임사원은 일찍 세상을 떠나는 바람에 벼슬에 나가지 못했으나 주위의 학자들로부터 식견이 뛰어나다는 평가를 받았다. 임승이 일찍 죽은 뒤 송시열(宋時烈, 1607~1689)의 수제자로 알려진 권상하(權尙夏, 1641~1721)가 임승의 묘표(墓表)를 써주었다. 권상하는 윤지당의 아버지인 임적의 스승이기도 하다. 권상하는 임승이 송준길(宋浚吉, 1606~1672)의 문하에서 공부했으며 식견이 뛰어나고 논리가 정연하다고 평가하고는 총명하고 단아하며 재능이 있었던 외아들 임사원(1666~1702)도 일찍 죽었다고 기록했다.[4]

윤지당의 할아버지 임사원에 대해서는 처조카인 홍태유(洪泰猷, 1672~1715)가 쓴 묘지(墓誌)와 제문을 통해 좀 더 구체적인 면모를 알 수 있다. 홍태유의 묘지에 의하면, 임사원은 다섯 살에 아버지를 여의고, 또 2년 뒤에 어머니를 잃고는 외할머니 이씨 부인 손에서 자랐다. 감사를 지낸 외삼촌은 임사원을 자신의 아들과 똑같이 사랑했다. 외삼촌으로부터 글을 배웠는데 총명해서 일가친척들의 기대를 모았다. 당시에는 임사원의 경우처럼 외손자나 외손녀를 기르거나 사위를 집에 들이는 것이 드문 일이 아니었다. 임사원은 이조판서 이정영(李正英, 1616~1686)의 딸 전주이씨(1665~1729)와 결혼했다. 이정영이 임사원에게 막내딸을 시집보낸 것은 부모가 없지만 아름다운 재능을 가진 수재라는 말을 듣고서였다.[5]

공은 성품이 맑았다. 급급히 명예와 이익을 좇는 세속적인 계산을 싫어하여 고개를 숙이고 공부에 몰두했다. 날마다 문장이나 찾고 구절이나 뽑는 것은 공이 좋아하는 일이 아니었다. 제자서와 역사서는 물론, 패설 등의 책 읽기를 즐겨 손에 책이 없을 때가 없었다. 하지만 과거공부에 힘을 써서 급급히 과거에서 이름을 얻는 것은 항상 남보다 뒤처졌다. 기사년 무렵에 공은 떳떳한 도리가 섞이고 선한 사람들이 화를 입는 것을 보고 비분강개하여 기꺼이 모든 것을 버리고 더욱 세상에 뜻이 없는 것 같았다. 얼마 뒤에 세상의 도가 맑고 밝아지자 공 또한 분발해서 나아갈 뜻이 있는 것 같았다. 그러나 하늘이 수명을 인색하게 주어 끝내 이루지 못하고 죽었으니 운명이 아니겠는가? 공의 시는 맑고 아름다웠다. 술을 좋아하여 흥이 일어나면 시를 읊조리며 술을 들이켰다. 스스로 의기가 높아 본래 사람들과 어울리는 것을 일삼지 않았으나 벗으로 여긴 사람은 반드시 마음을 기울여 좋아했다.[6]

여기서 기사년이란 서인이 쫓겨나고 남인이 정권을 잡은 기사환국(己巳換局, 1689)이 일어난 해를 가리킨다. 얼마 뒤에 세상이 맑아졌다는 것은 갑술환국(甲戌換局, 1694)으로 남인이 물러나고 노론이 정권을 잡은 것을 말하는 듯하다. 홍태유의 제문에 의하면 임사원은 풍증(風症)으로 죽었다.[7] 임사원은 부인 전주 이씨와의 사이에 선(選), 적(適), 일(逸), 형(逈) 네 아들과 딸 둘을 두었는데 막내딸은 어려서 죽었다.

윤지당의 가문은 혼맥을 통해 유력한 가문들과 연결되어 있었다. 윤지당의 증조할아버지인 임승과 할아버지인 임사원은 남양 홍씨, 전주 이씨 등 당대 명문가의 딸들과 결혼했다. 홍태유의 묘지명에 의하면, 윤지당의 증조할아버지 임승은 우의정 홍중보(洪重普, 1612~1671)의 딸인 남양 홍씨와 결혼했다. 앞에서 언급했듯이 임사원은 이조판서 이정영의 막냇사위가 되었다. 이정영의 나머지 딸들, 즉 윤지당의 할머니인 전주 이씨의 언니들은 홍치상(洪致祥), 심정보(沈廷輔) 등 공주의 아들들과 결혼했다. 홍치상의 아버지는 익평위(益平尉) 홍득기(洪得箕), 어머니는 효종의 둘째 딸 숙안공주(淑安公主)였으며, 심정보의 아버지는 청평위(靑平尉) 심익현(沈益顯), 어머니는 효종의 셋째 딸인 숙명공주(淑明公主)였다. 부마의 집안과 사돈을 맺은 이정영이 임사원을 사위로 맞은 것은 비록 재능이 아름다워서였다고는 하지만 임사원의 집안이 그다지 처지지 않는다고 생각했기 때문일 것이다.

임윤지당의 가계도

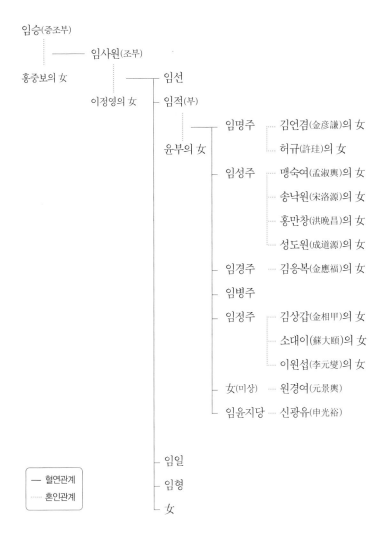

임승(증조부)

임사원(조부)

홍중보의 女

이정영의 女

임선

임적(부)

윤부의 女

임명주 ┈ 김언겸(金彦謙)의 女

┈ 허규(許珪)의 女

임성주 ┈ 맹숙여(孟淑輿)의 女

┈ 송낙원(宋洛源)의 女

┈ 홍만창(洪晩昌)의 女

┈ 성도원(成道源)의 女

임경주 ┈ 김응복(金應福)의 女

임병주

임정주 ┈ 김상갑(金相甲)의 女

┈ 소대이(蘇大頤)의 女

┈ 이원섭(李元爕)의 女

女(미상) ┈ 원경여(元景輿)

임윤지당 ┈ 신광유(申光裕)

임일

임형

女

─ 혈연관계
┈┈ 혼인관계

2장

여중군자(女中君子), 할머니 전주 이씨 부인

　임윤지당의 할머니 이씨 부인은 정종대왕의 열 번째 아들인 덕천군(德泉君) 이후생(李厚生)의 후손으로 호조판서 이경직(李景稷)의 손녀이고, 판돈녕부사와 예조판서를 지낸 효간공(孝簡公) 이정영의 막내딸이다. 이씨 부인의 어머니인 정경부인 유씨는 유기선(柳基善)의 딸이다. 이씨 부인은 현종 을사년(1665) 8월 20일에 태어나 15세에 임사원과 결혼했다.[8] 임사원이 죽었을 때 이씨 부인의 나이는 38세였다. 65세에 세상을 떠나기까지 윤지당의 아버지 임적을 비롯해 딸, 아들, 며느리의 죽음을 거듭 겪으며 집안을 이끌었다. 임성주가 쓴 이씨 부인의 묘지와 제문을 통해 이씨 부인의 생애를 짐작건대, 할아버지 임사원이 살아 있을 때부터 집안 살림을 도맡았고, 임사원의 사후에는 가풍을 엄격하게 유지하며 집안의 경제를 일으켰던 것으로 보인다. 윤지당 집안의 경제적 기반에 대해 정확히 알려주는 자료는 없지만 임성주의 묘지는 전주 이씨가 집안을 어떻게 경영했는지, 집안의 경제 사정이 어떠했는지를 어렴풋이나마 짐작하게 해준다.

　우리 증조부모님께서 모두 젊은 연세에 돌아가시고 할아버지는 외가에서 장성하여 엄숙한 종사가 실낱처럼 끊어지지 않게 되었다. 할머니가 시집와 전원(田園)을 정리해서 거두고 집안을 정돈하며 제사를 정성으로 받들고 남편을 예로 섬기며 집을 바르고 엄격하게 다스리니 수고하지 않아도 일이 모여들었다. 이 때문에 집이 예전부터 가난하고 생업이 없었으나, 규모가 정돈되고 온갖 물품들이 다 갖추어져서 비록 부유한 집이라도 미치지 못하는 것이 있었다. 친척과 친구들이 서로 전하여 모범으로 삼지 않음이 없었고, 증중조(曾仲祖) 참찬공과 할아버지, 둘째 숙부 감사 홍득우(洪得禹) 공이 매번 여자 중의 군자라고 칭송하셨다.

내가 뒤늦게 태어나 지각이 있게 되었을 때는 할머니께서 이미 50세를 넘기셨다. 할머니의 젊었을 때 일은 자세히 알 길이 없기에 그저 귀와 눈으로 보고 들어 기억하는 것만 기록한다.[9]

전주 이씨 부인이 정리해서 거두었다는 밭이나 동산의 규모나 물품들의 내역을 자세히 알면 집안 형편을 좀 더 구체적으로 파악할 수 있겠지만 임성주는 더 이상의 내용은 기록하지 않았다. 그러나 챙길 전원이 있었다는 것은 임사원의 집에 일정한 경제적 기반이 있었음을 말해준다. 이렇게 살림을 챙기고 집안을 엄격하게 다스린 결과 임사원의 집은 경제적으로 어느 정도 안정된 것으로 보인다. 이어지는 내용은 전주 이씨 부인이 집안을 어떻게 경영했는지를 구체적으로 보여준다.

매일 새벽에 일어나 세수와 빗질을 하고 마루에 앉아 계시면, 남종은 뜰에 물을 뿌려 청소하고 여종은 마루에 먼지를 털었다. 그리고 나면 안팎이 각각 자기의 일을 하는데 베 짜고 길쌈하는 일은 물론이고 땔감을 나르고 물 긷는 것 또한 맡겨진 역할이 있어 일에 따라 공을 들이며 한 시각도 감히 어김이 없었다. 며느리들도 매일 반드시 새벽에 일어나 할머니의 침소로 가서 곁에 모시고 앉아 일을 함에 공경하며 삼갔고, 물러나라 명하지 않으시면 감히 물러나지 못하였다. 밥을 먹을 때에는 아들과 손자, 그리고 부녀들이 차례대로 늘어서 모시고 먹었는데 감히 자기의 방으로 밥을 물리거나 나중에 오는 사람이 없었다. 평소에 엄숙하게 단정히 앉아 계셨으며, 잠자리에서 일어나고 먹고 마시는 것에 일정한 시간이 있었고, 앉고 눕고 움직이는 데 정해진 자리가 있었으며, 탁자 위의 물건들은 두는 곳이 정해져 있었다. 그 방에 들어가는 사람들은 마치 조정(治朝)에 들어선 것처럼 두려워져 움츠리지 않음이 없었다.[10]

정확하게 어느 시기의 생활을 묘사한 것인지는 알기가 어렵지만 전주 이씨 부인이 아들과 며느리, 손자와 손녀 등 대가족을 이끌 때였던 것으로 보인다.[11] 그러나 이 시기가 그렇게 길지는 않았을 것이다. 조선시대에는 주로 대가족을 이루며 살았을 것 같지만 실상은 그렇지 않았다. 임적이 여동생, 즉 윤지당의 고모가 죽은 뒤에 쓴 제문에 의하면 당시 임적의 형제들도 각각 따로 살고 있었다. 임적이 제문을 쓴 것은 34세 무렵인데 누이와 형제들이 늘 반곡(盤谷) 근처에 집을 짓고 아침저녁으로 왕래하기를 원했다고 하면서 자신은 그 무렵 반곡 근처 월암(月巖)에 집을 샀고, 셋째 동생도 근처 반곡 동구에 집을 샀으며, 막냇동생은 아직 집을 사지 않았지만 곧 살 거라고 했다.[12] 그러니까 위의 기록은 대가족을 이루어 살았을 어느 한 시기에 대한 기록인 동시에 가장 남기고 싶은 장면에 대한 기록일 것이다.

이 기록은 종들이 각자의 일을 일사불란하게 처리하고, 며느리들은 시어머니 옆에서 일하며, 온 가족이 차례대로 밥을 먹는 등 일상이 매우 엄격하게 규율되고 있는 모습을 보여준다. 또 베를 짜고 길쌈을 하고 물을 긷는 등의 가사노동을 나누어 하는 모습도 엿보인다. 이씨 부인은 이렇게 엄격하고 질서 정연하게 집안을 다스린 덕분에 임사원이 관직에 나가지 않았음에도 살림의 규모를 갖추었다. 그래서 친지들이 이 사례를 서로 전하여 모범으로 삼았다.

그런데 윤지당의 집안 모습은 당시 양반 가정에서 그리 낯선 풍경은 아니었다. 양반 부인들은 자신이 직접 농사를 짓거나 혹은 종들에게 농사를 짓게 하고, 누에치기나 베 짜기를 통해 적극적으로 생계를 해결하거나 부를 축적했다. 양반 부인들의 행장과 제문, 묘지 등에서 이러한 예가 풍부하게 발견된다. 그중 하나만 살펴보자. 다음은 영조대 관리였던 오광운(吳光運, 1689~1745)이 어머니 광주 안씨(1663~1730)에 대해 기록한 묘지의 일부다.

집안을 다스림에 민첩하면서 부지런하고 은혜로우면서도 위엄이 있고 일일이 살피지 않아도 훤히 알고 있었다. 집안은 마치 사람이 없는 듯 조용하고 아무 일이 없는 듯 고요하여 다만 탁탁 하는 칼질 소리, 찰찰 하는 베틀 소리만 들릴 뿐이었다. 친척들 가운데 부러워하던 사람들이 다투어 찾아와서 그 법을 배우려 했는데, 이를 배운 사람들은 능히 자기 집안 살림을 일으켰다.[13]

안씨 부인은 집안을 거의 가내수공업장같이 운영한 것으로 보인다. 부러워하며 배워간 사람들이 집안을 일으킬 정도였다는 것을 보면 안씨 부인의 베 짜는 일은 체계적이고 전문적이었을 것이다. 이외에도 밤새 도록 방적을 하고 농사를 관리해서 수천 냥의 돈을 모아 시부모와 남편 의 비석을 세운 부인이나 누에를 쳐서 돈을 모은 부인의 예도 드물지 않 다.[14] 이처럼 이씨 부인을 비롯한 조선시대 부인들은 가내노동을 주관하 거나 직접 노동하여 적지 않은 소득을 올리고 가정 경제를 실제로 이끌 었던 것으로 보인다.

한편 이씨 부인은 자녀 교육에도 철저해서 당시 임사원의 집안은 가정 교육이 잘된 것으로 알려졌던 모양이다. 임성주는 할머니의 자녀 교육에 대해 기록하면서 몽와(夢窩) 김창집의 부인 박씨로부터 칭송을 들었다는 말을 덧붙인다. 임성주의 기록에 따르면 이씨 부인은 아이들이 음식을 가리면 "어릴 때부터 욕심만 채우면 커서는 어떻겠느냐?"고 하고, 맡은 일을 부지런히 하지 않으면 "어린아이의 몸가짐이 응당 가벼워야 하는 데 어찌 게으르고 나태하냐?"고 꾸짖었다. 또 아이들이 처져 누워 있으 면 몸을 단속하지 않는다고 꾸짖고, 밥알을 남기면 하늘이 내린 물건을 함부로 버린다고 주의를 주었다. 언젠가 이씨 부인이 몽와 김창집의 부 인을 인척 집에서 만난 적이 있었다. 그때 김창집의 부인은 "귀댁의 어린 아이들은 모두 법도가 있어 집 안에 먹을 것이 흩어져 있어도 어른이 먹 으라고 말씀하지 않으면 먹지 않는다고 들었습니다. 어떻게 가르치시기 에 이와 같은 것인지 모르겠습니다"라고 하며 부러워하고 감탄해 마지 않았다.[15] 김창집은 김수항(金壽恒)의 장남이자, 김창흡(金昌翕), 김창협 (金昌協), 김창업(金昌業)의 형으로 당대 노론의 핵심인 안동 김씨 가문의 주요 인물이다. 여기서 김창집의 부인의 말을 인용한 것은 당대 중심 가문의 부인으로부터 인정받았음을 드러내려는 의도가 있을 것이다.

그러나 이씨 부인이 이끄는 집안 분위기가 이렇게 엄격하기만 했던 것은 아니다. 아들들은 바깥에 나갔다가 재미있는 일을 들으면 어머니 이씨 부인에게 시시콜콜 이야기해서 어머니를 즐겁게 해주고,[16] 홍계록(洪啓祿)과 결혼한 딸도 가끔 친정에 와서 어머니를 즐겁게 해주곤 했다는 기록을 보면[17] 가족 간의 친밀한 유대를 볼 수 있다.

이씨 부인은 1718년 딸을 잃고, 몇 년 뒤에는 막내며느리와 손자며느리를, 1724년에는 아들과 며느리를 잃었다. 그사이에 둘째 아들 임적이 양성 현감과 함흥 통판이 되었을 때는 부임지에서 함께 지내기도 했다. 하지만 1728년에는 임적마저 죽었다. 1729년에 이씨 부인은 홀로 남은 며느리를 만나고 아들의 기제사(忌祭祀)도 보기 위해 아들과 손녀를 데리고 임적의 집을 다녀갔다. 이씨 부인이 서울로 돌아간 뒤, 윤지당 가족은 청주 옥화대로 이사 가는 길에 한양에 들러 이씨 부인에게 인사를 했다. 그해 9월 청주에 있던 윤지당 가족은 할머니 이씨 부인이 8월부터 갑자기 체증으로 정신을 잃는 관격증(關格症)을 앓았는데 중간에 부창(浮脹) 증세가 생겨 위독하다는 소식을 들었다. 당시 청주에 있던 임성주가 그날 밤으로 갔으나 며칠 뒤에 이씨 부인은 세상을 떠났다.[18]

3장

부모의 자녀교육,
임윤지당에게 길을 열어주다

　　임윤지당의 아버지 임적은 지금의 서울 서대문 일대인 반송방(盤松坊)에서 태어나 26세이던 1710년 사마시(司馬試)에 급제했다. 사마시는 소과(小科)라고도 하는데 여기 합격하면 성균관에 입학할 자격과 문과에 응시할 자격이 주어졌다. 아들 임성주가 쓴 행장에 따르면 임적은 사마시에 합격한 뒤, 세상의 도가 날로 어긋나는 것을 보고는 청풍(지금의 충북 제천) 노은곡에 은거하며 세상에 나갈 뜻을 끊었다. 그리고 날마다 경서를 읽으며 즐겼다. 한번씩 불평한 마음과 우수로 격앙되면 시를 써서 풀곤 했는데, 그때 임적이 머물던 노은곡 가까운 황강에 송시열의 수제자로 알려진 권상하가 있었다. 권상하는 임적의 할아버지, 즉 임윤지당의 증조부인 임승의 묘표를 써준 인연이 있었다. 임적은 권상하의 문하를 왕래하며 공부했는데 권상하는 그를 매우 높이 평가했다. 1716년 양명하(梁鳴夏)를 비롯한 영남 유생들이 김장생(金長生, 1548~1631), 이이(李珥, 1536~1584), 성혼(成渾, 1535~1598)을 비방하는 소를 올린 일이 있었다. 임적이 이에 맞서는 소를 올려 변론했다. 권상하가 이런 크고 중요한 일은 임적에게 맡겨야 한다고 했던 것이다.[19] 임적은 죽음을 앞두고 임성주에게 "정자(程子)와 주자(朱子)의 법을 따르고, 우리나라에서는 조광조(趙光

祖, 1482~1519), 이황(李滉, 1501~1570), 이이, 송시열 선생을 따르며 함부로 비난해서는 안 된다"는 당부를 남겼다.[20] 임적의 이 당부는 사후에도 중요한 지침이 되었다.

임적은 대과(大科)에 합격하지 못하고 결국 음직(蔭職)으로 벼슬에 나갔다. 음직은 시험을 보지 않고 조상의 공덕으로 얻는 벼슬을 말한다. 임적은 1718년 장령전 참봉을 시작으로 의금부 도사, 1721년 1월에 장원서 별제, 4월에 양성 현감이 되었다. 장원서 별제와 양성 현감 모두 직급이 낮은 관리였다. 장원서는 원유(園囿), 화초, 과일 등의 관리를 관장하는 관서로서 제조, 별제, 장원이라는 관원이 있었다. 그중 별제는 정·종6품에 해당하는 관직으로 녹을 받지 않는 무록관(無祿官)이었다. 현감 역시 지방 수령 중에 직급이 가장 낮은 종6품에 해당했다. 양성은 지금 경기도 안성시 서부에 있었던 옛 고을이다. 임적은 함흥 판관을 마지막으로 관직에서 물러났다. 임적은 재능이 있었으나 낮은 관직에 머물러 주위의 안타까움을 샀다.

민공(민진후[閔鎭厚])의 성품은 민첩했다. 그는 계문의 초고를 쓸 때는 반드시 아버님을 시켰다. 쉬지 않고 빠르게 불러서 어떤 때는 수십 행이 되도록 잠시도 멈추지 않았으나 아버님은 부르는 대로 빠르게 글을 쓰고 조금도 지체함이 없었다. 상국 이관명, 판서 이만성이 옆에서 보다가 깜짝 놀라 탄식하며 서로 말하기를, "한림이나 주서를 할 재능인데, 하급 관리에 머물러 있으니 아깝구나"라고 하였다. 민공 또한 칭찬을 그치지 않았다.[21]

아들이 아버지를 기린 글이기 때문에 약간의 미화가 있을 것이다. 당시의 재상이나 판서가 알아보고 아까워할 정도의 재능이 있었다는 일화를 통해 아버지를 기리고자 하는 심사가 전해지기 때문이다. 그러나 없는 일을 쓰지는 않았을 것이므로 임적이 재능을 인정받았으나 낮은 벼슬에 머물렀음을 알 수 있다.

임적은 꽤나 엄격한 인물이었던 것으로 보인다. 임적이 소과에 합격했을 때의 일이다. 숙종이 심익현의 며느리인 임적의 이모에게 임적의 합격 사실을 미리 알려주어서 이모가 잔치 자리를 마련했다. 당시 과거 합격자에게 잔치를 베풀어주고 광대를 불러 노래를 하게 하는 것은 특별한 일이 아니라 관례였다. 그럼에도 임적은 이를 바로 물리치고 돌아왔다.

사마시에 합격하고 집에 돌아가는 길에 이모인 이부인에게 인사를 드리기로 했다. 그런데 임금께서 미리 이부인 집에 알려서 광대 놀이판을 열게 하고 후원에서 바라보셨다. 이부인은 바로 청평위의 며느님이어서 그 집이 대궐 부근에 있었기 때문이다. 부군이 그 말을 들으시고는 곧바로 광대를 물리치고 오셨으니 여기서도 그 성품의 일단을 엿볼 수 있다.[22]

이 일화는 임적의 엄정함을 보여주는 동시에 임적이 임금도 관심을 가질 정도의 가문 출신이라는 것을 보여준다.

임적은 집안의 부녀 교육에도 관심을 기울였다. 그는 옛날의 교훈을 널리 모아 「규범(閨範)」을 짓고 국문으로 번역하여 집안의 부녀를 가르쳤다.[23] 이 책은 임적의 문집인 『노은집(老隱集)』에는 수록되어 있지 않다. 조선시대에는 여성을 위한 교육제도가 없는 대신 각 집안에서 부녀를 가르치기 위한 여훈서(女訓書)를 많이 제작했다. 송시열이 딸에게 준 「계녀서(戒女書)」를 비롯해서 한원진(韓元震, 1682~1751)이 집안 부녀를 가르치기 위해 쓴 「한씨부훈(韓氏婦訓)」이 그 대표적인 예다. 임적이 쓴 「규범」도 그중 하나로 볼 수 있다.

윤지당의 어머니 윤씨 부인은 파평 윤씨로 중종 때 대사성을 지낸 윤탁 (尹倬)의 후예다. 윤씨 부인의 증조할아버지는 윤흡(尹熻, 1580~1633)으로 팔송(八松) 윤황(尹煌, 1571~1639)의 아우이고, 아버지 윤부는 호조 정랑으로 이조참판에 추증된 인물이다. 윤씨 부인의 어머니는 나주 임씨로 부호군(副護軍)을 지낸 임세온(林世溫)의 딸이고, 임상덕(林象德, 1683~1719)의 누이다. 임상덕은 윤증(尹拯, 1629~1714)의 문인으로 역사서인 『동사회강(東史會綱)』을 지었는데 백부인 임세온에게 아들이 없어 입양되었다. 윤씨 부인은 1683년 7월 19일 무안에서 태어나 17세에 임적과 결혼했다.

어머니 윤씨 부인의 집안은 몇 대에 걸쳐 이름 있는 사림(士林) 가문으로 꼽히는 명문가였다. 송시열은 「회덕향안서(懷德鄕案序)」에서 호서의 삼대 가문으로 연산 김씨, 이산 윤씨, 회덕 송씨를 꼽았는데[24] 이산 윤씨가 바로 파평 윤씨, 즉 윤씨 부인의 집안이다. 파평 윤씨는 고려 이래 명문으로 조선조에 들어서도 가풍을 유지했으며, 조선 중기 이후에는 노종오방파(魯宗五房派)가 그 중심이었다. 노종오방파는 노성에 살기 시작한 윤돈(尹暾, 1519~1577) 이하의 노종파와 윤창세(尹昌世)의 다섯 아들의 자손인 오방파를 일컫는 말이다. 노종오방파는 파평 윤씨 가문의 중심 집안이기도 하고 윤지당의 어머니인 윤씨 부인과 관련되기 때문에 좀 더 자세히 알아볼 필요가 있다.

파평 윤씨가 노성으로 들어간 것은 파주에 살던 윤돈이 처가가 있는 이산현으로 옮겨가면서부터였다. 윤돈은 처가에서 전답 174마지기와 노비 17구를 상속받았다. 그런데 처남 류서봉(柳瑞鳳)이 일찍 죽어 후손이 없었기 때문에 류서봉의 처 이씨가 윤돈의 아들인 윤창세의 막내아들을 지목해서 재산을 물려주고 외손자로서 제사를 받들게 했다. 이를 외손봉사(外孫奉祀)라고 하는데 조선 초기에는 이러한 관행이 드물지 않았다. 윤돈의 아들 윤창세는 청주 경씨와 결혼하고 처가가 있는 노성면으로 옮겨가 살다가 역시 처가의 재산을 상속받았다.[25] 윤돈과 윤창세는 이렇게 경제적 기반을 다지면서 크게 가문을 일으켰다. 윤씨 부인의 증조부인 윤흡은 윤창세의 후손인 오방파였다.

윤흡은 아홉 남매를 두었다. 그중 넷째 아들 윤해거(尹海擧, 1615~1684)가 윤씨 부인의 할아버지다. 윤흡이 지은 집은 지금도 대전 서구 괴곡동에 '파평 윤씨 서윤공 고택'으로 남아 있다. 윤흡이 남긴 '화회문기(和會文記: 재산 상속에 관한 문서)'를 보면 아홉 남매에게 토지와 노비를 균등하게 분배한 것을 알 수 있다. 윤해거는 호를 불우당(不憂堂)으로 짓고 평생 처사로 지냈으나 학문으로 이름이 높았다. 윤해거의 딸들은 각각 풍천 임씨, 은진 송씨에게 시집갔다.

노종오방파가 윤씨 가문의 중심이 되었던 것은 종손인 윤순거(尹舜擧)와 윤원거(尹元擧), 윤문거(尹文擧), 윤선거(尹宣擧) 형제의 교육 덕분이었다. 이들은 1637년 이후 과거시험 준비를 그만두고 은둔해 살면서 가문의 규약을 정해 실천했다. 여기에는 교육도 포함됐다. 1643년 윤씨 가문은 종회를 열고, 1645년에는 종손인 윤순거의 주도로 종약(宗約)을 제정했다. 종약은 묘제를 중심으로 한 제사와 종약의 실천, 자녀 교육, 종중 일을 수행하기 위한 재원 마련 등의 세 부분으로 이루어져 있다. 노종파 종약의 특징은 자녀 교육을 강조하고 그 구체적 실현 방법으로 종학을 운영한 것이다. 이러한 가문의 교육을 통해 문중 자제들이 대과와 소과에 많이 합격하고 다수의 관료가 배출되었다.[26] 이산에 살던 파평 윤씨 형제는 소론의 중심인물이다. 그러면 그 후손인 윤씨 부인이 어떻게 노론 가문과 혼인할 수 있었을까?

윤선거와 친형인 윤문거 그리고 종형인 윤원거는 1636년 병자호란과 1637년 삼전도의 치욕 이후 송시열, 송준길, 이유태(李惟泰, 1607~1684) 등과 함께 김집(金集, 1574~1656)의 문하에서 주자학을 공부했다. 그들은 모두 서인 학맥의 중심을 이루었으나 1684년 이후 송시열과 윤선거·윤증 부자 사이에 벌어진 '회니시비(懷尼是非)'로 인해 노론과 소론으로 분당하게 되었다. 회니시비는 회덕과 이산 사이의 논쟁이라는 뜻으로 '회'는 송시열이 있던 회덕을, '니'는 윤증이 있던 이산을 가리킨다. 병자호란 당시 윤선거는 가족과 함께 강화도로 피신하고 목숨을 함께하기로 했다. 성이 함락되자 처 이씨는 자결했으나 윤선거는 평민 복장으로 탈출했다. 이후 윤선거는 이를 자책하며 관직에 제수되어도 나가지 않고 은둔했다. 윤선거 사후 아들 윤증이 송시열에게 묘갈명(墓碣銘)을 부탁했으나 송시열은 무성의하게 써주었고, 몇 년간 수정해달라는 윤증의 부탁을 들어주지 않았다. 송시열이 윤증의 부탁을 들어주지 않은 것은 윤선거가 강화도에서 달아난 행적과 그의 주자학 사상을 탐탁잖게 여겨서였다. 이후 송시열은 노론으로, 윤증은 소론으로 갈라져 대립했다. 『택리지(擇里志)』의 저자인 이중환(李重煥, 1690~1756)은 세월이 오래되면

서 회덕의 문인과 이산의 문인들이 서로 공격하는 것이 마치 물과 불 같 았다고 했다.[27]

윤씨 부인이 임적과 결혼할 무렵인 1700년은 서인이 이미 노론과 소론으로 갈라진 이후다. 그런데 윤씨 부인은 소론 가문의 딸로 노론 가문인 풍천 임씨 가문으로 시집을 갔다. 윤씨 부인의 언니도 송준길의 증손자인 송요좌(宋堯佐, 1678~1723)와 혼인했으니 노론 가문과 혼인한 것이다. 윤지당 형제는 이종사촌인 송명흠(宋明欽, 1705~1768), 송문흠(宋文欽, 1710~1752) 형제와 가까이 지냈으며, 송명흠은 이모인 윤씨 부인의 묘지를 남겼다.

신임옥사 이후 조정의 분위기에 대해 이중환은 세 당파인 노론, 소론, 남인 사이에 원한이 나날이 깊어져서 서로를 역적이라고 불렀고, 그 영향이 시골에까지 미쳐서 전쟁터 같았으며, 서로 혼인도 하지 않았을 뿐만 아니라 서로를 용납하지 않았다고 기록하고 있다.[28] 특히 노론과 소론은 서인에서 분열된 지 겨우 40년밖에 지나지 않았기에 형제나 숙질 사이에도 노론과 소론으로 갈린 경우가 있었지만 한번 나뉘면 가까운 친척이라도 말도 하지 않았다고 한다.[29] 이처럼 당파는 사람들의 관계에 큰 영향을 미쳤다. 그러나 윤지당의 어머니나 이모가 임적이나 송요좌와 혼인한 것을 보면 예외적인 경우도 있었던 것으로 보인다.

윤씨 부인은 소론 가문 출신이기는 했지만 결혼 이후 그것이 크게 문제되지는 않았던 것 같다. 남편이 일찍 죽어 정치적으로 문제 될 만한 일이 일어나지 않았기 때문일 수도 있고, 시집에 와서 정치적 성향을 전혀 드러내지 않았기 때문일 수도 있다. 윤지당 형제들이 어머니나 할머니에 대해 남긴 글을 보면 할머니는 엄격함으로 기억하는 반면 어머니는 온화

함으로 기억하고 있는 것도 윤씨 부인이 자신의 주장을 드러내지 않았던 것과 관련 있을지 모른다.

어머니는 단정하고 정결하며 유순하셨고, 온화하고 공손하며 자상하셨다. 시어머니 이유인(李孺人)을 섬기면서 마음을 헤아려 뜻을 받듦에 공손하고 조심하였고, 모든 말씀을 받들어 삼가 행하였다. 비록 일을 하는 데에 난처한 점이 있다 해도 또한 반드시 정성으로 주선하여 행해지도록 하였다. 이유인은 성품이 엄격하여 인정함이 적었지만 어머니에 대해서만은 일마다 잘한다고 칭찬하였고, 손자며느리들을 경계하여 일깨울 때도 반드시 어머니의 일을 거론하며 보고 느끼고 본받도록 하셨다. 어머니는 매일 새벽에 일어나 세수하고 머리를 빗고 바느질 도구를 챙겨서 시어머니 곁으로 가셨다. 시어머니가 물러나라 명하지 않으면 감히 물러나지 않고 그대로 해가 지도록 있었으며 저녁 자리를 봐드린 이후에야 물러나 쉬셨다. 대개 하루 중에 당신의 방으로 물러나 쉬는 것은 한두 차례 잠깐에 불과할 뿐이었고 만년에도 그렇게 하셨다.[30]

임성주가 윤씨 부인의 평소 성품이 어떠했는지, 엄격한 시어머니인 이씨 부인을 어떻게 모셨는지를 기록한 것이다.

아들과 며느리에 대해서는 보듬어 사랑함을 극진히 하였다. 간혹 잘못이 있으면 또한 반드시 온화한 말씀으로 가르쳐 일깨워주셨으며 한 번도 무서운 기색이나 엄한 말씀을 하신 적이 없었다. 무릇 '순(順)'

이라는 한 글자가 어머니께서 한평생 실천하신 바이니 혼인하기 전부터 아내가 되고 어머니가 되어서도 모두 이것으로 도를 삼으셨다. 『예(禮)』에 이른바 "부인에게는 삼종지도(三從之道)가 있으며 전제(專制)하는 의리는 없다"고 하였는데 어머니에게는 이것이 있었다.[31]

삼종지도가 있고 '전제하는 의리'가 없다는 것은 여자가 자기 마음대로 결정하지 않고 아버지, 남편, 아들의 의견을 따르는 것을 말한다.

이외에도 임성주는 1747년 형 임명주(任命周, 1705~1757)가 상소하러 가기 전에 어머니에게 아뢰자 마땅히 네가 할 일인데 나 같은 부인네에게 왜 묻느냐고 했다고 기록했다. 또한 임성주 자신이 임실 현감으로 나갔을 때는 어머니가 정사에 전혀 관여하지 않았다고 쓰고 있다. 임성주는 윤씨 부인이 정치적인 문제에 전혀 관여하지 않았으며 아예 밖의 일을 알려고 하지 않았다고 기록했다. 그러나 당시에는 부인이 바깥일에 관여하지 않는 것이 미덕이었기 때문에 어머니의 미덕을 강조하기 위해 이렇게 기술했을 수도 있다. 한편으로 윤씨 부인의 이러한 태도는 친정의 정치적 입장이 달랐던 탓이 아닐까 짐작된다.

실제로 조선시대 양반 여성들은 정치에 상당한 관심을 가졌다. 특히 17, 18세기의 치열했던 정쟁에 연루된 집안의 여성들은 친정이나 시집 간 가문의 정치적 위치가 자신이나 가족에게 직접 영향을 미쳤기 때문에 관심을 가지지 않을 수 없었다. 직접 상언(上言)을 올리기도 하고, 정치적 사건에 개입하기도 했다. 시집과 친정이 정치적 입장이 다를 경우 친정 편에 서는 사람도 있었다.[32] 윤씨 부인의 경우 이런 갈등이 크게 있었던 것 같지는 않다. 무엇보다 시아버지와 남편이 일찍 죽는 바람에 직접 정치적 사건에 연루되지 않았기 때문이다.

이렇게 정치적 입장을 드러내지 않았던 윤씨 부인도 자녀 교육에는 관심이 많았다. 다음의 짧은 기록은 윤씨 부인의 자녀 교육과 그에 대한 당시 사람들의 평가를 보여준다.

모든 아들딸과 며느리가 아침저녁 공손하게 문안 인사를 하고 어머니를 모시고 앉을 때마다 경전과 역사책의 아름다운 말, 착한 행동을 논했다. 그리고 물러나면 각자의 일을 했으니 감히 주색에 빠지거나 놀 수 없었다. 이런 까닭에 아들 중에는 현명한 인재들이 많았고 딸들은 현명한 부인이 되었으니 세상사람들은 부인이 잘 가르친 것을 칭찬했다.[33]

윤씨 부인의 친정 조카인 송명흠이 쓴 묘지의 일부로 윤씨 부인이 이끈 가정의 분위기를 보여준다. 다음 기록은 이들이 모여서 토론하는 장면을 좀 더 구체적으로 보여준다. 임정주는 어린 시절 형제자매가 어울려 공부하던 모습을 다음과 같이 그리고 있다.

형제들이 어머니 곁에 모여 앉아 때로는 경전과 역사책의 뜻을 논하기도 하고 때로는 고금의 인물과 정치의 잘잘못을 논평할 때가 있었는데……[34]

눈여겨볼 대목은 형제들이 어머니 곁에서 토론하는 장면이다. 윤씨 부인은 자녀를 모아 공부를 독려했던 것으로 보인다. 친정에서 지켜봤던 종학이 영향을 미쳤을 것이다.

윤씨 부인이 친정 가문에서 영향을 받은 것이 있다면 아마도 자녀 교육이었을 것이다. 지방의 이름난 가문에는 집안사람의 교육을 위해 문중이 만든 서당이나 재실이 있었다. 파평 윤씨 노성파가 대표적인 경우로 꼽힌다. 그들은 10세 이상의 자제들을 한곳에 모으고 선생님을 두어 공부하게 했다. 서책을 비치해두고 10세 이상은 일일 과제를 주었고 30세 이상은 월별 과제를 주었다. 시험을 봐서 평가도 했다. 선생님은 매일 아침 일찍 옷차림을 바르게 하고는 자제들과 함께 산소를 향해 두 번씩 절을 했다. 윤씨 가문의 종학에서는 교육과정과 목표를 설정하고 철저한 규율 하에 자제들을 가르쳤다.[35] 비용은 의전(義田)을 두어 부담했다. 17세기 중반 이전에 소과와 대과에 합격한 윤씨 종족들이 주로 서울 출신이었던 반면, 17세기 후반 이후에는 주로 노성과 주변 지역 출신들로 바뀌었다. 이는 가문 단위의 작은 학교인 종학의 교육 효과였던 것으로 보인다.[36] 파평 윤씨 노종파의 종학이 모범적으로 운영된 시기는 17세기 후반에서 18세기 중반 무렵으로[37] 가문의 교육이 매우 성공적으로 이루어진 경우였다. 윤씨 부인의 아버지 윤부도 종학에서 수학했으며, 1675년 진사시(進士試)에 합격했다.

파평 윤씨 가문은 숙종대까지도 아들딸에게 재산을 고루 나누어주었다. 그만큼 아들딸에 대한 차별이 상대적으로 덜했던 것이다. 윤지당이 공부를 지속할 수 있었던 것도 이런 가문에서 자란 어머니의 지지 덕분이었던 것으로 보인다. 송명흠이 부인의 교육으로 아들은 현명한 인재, 딸은 뛰어난 재원이 되었다고 말한 것도 이런 맥락에서 이해할 수 있다. 이런 사실들을 종합해보면 윤지당이 계속 공부를 하고 학문을 할 수 있었던 것은 오빠인 임성주의 힘도 컸지만 어머니 윤씨 부인의 영향도 컸을 것으로 생각된다.

4장
남자 형제들 틈에서
공부하다

　임윤지당은 위로 오빠 임명주, 임성주, 임경주(任敬周, 1718~1745), 양자로 나간 임병주(任秉周), 원경여에게 시집간 언니가 있고, 남동생으로 임정주가 있었다. 이 가운데 임성주가 가장 널리 알려졌지만 당대 혹은 사후에 임성주를 비롯한 임명주, 임경주, 임윤지당, 임정주가 나란히 거론될 정도로 모두 뛰어났다. 이규상(李奎象, 1727~1799)은 18세기 인물들의 행적과 일화를 모아 『병세재언록(幷世才彦錄)』이라는 책을 저술했는데 임성주 형제에 대해 다음과 같이 기록하고 있다.

　녹문 임성주는 자가 중사(仲思)이며, 감사 임의백의 후손으로 음직을 통해 부사에 이르렀다. 귀 뒤에 총명골이 있어 경서·예서를 깊이 공부하였으며, 문사에 능하여 글솜씨가 아름답고 활달하고 읽을 만하였다.
　그의 형 임명주는 과거에 합격하여 정언(正言)으로 요절하였는데, 재간이 있고 장옥문(場屋文)을 잘하여 '큰 솜씨'라고 일컬어졌다. 과거는 '명경(明經)'으로 합격하였는데, 한번 읽으면 잊지 않아서 '웅경(雄經)'으로 칭찬받았다.

동생 임경주는 어린 나이에 재주가 빼어났으며, 약간의 글이 전해 온다.

동생 임정주도 또한 경전과 예에 익숙하였으며, 신광유(申光裕, 1722~1747)의 부인이 된 누이도 경전을 널리 연구하여 저술을 잘하였다. 뒤에 따로 「규수록(閨秀錄)」에 기록해두었다.[38]

임성주를 중심으로 형 임명주와 남동생들이 모두 뛰어났으며, 누이인 윤지당도 경전을 널리 연구해서 저술을 잘했다는 이규상의 기록을 통해 당시 임성주를 비롯한 윤지당의 형제들이 뛰어난 인물들로 기억되고 있음을 알 수 있다.

윤지당은 원주로 시집갔지만 친정에 있는 기간이 길었고, 친정 형제와 가깝게 지냈다. 앞으로 자주 등장할 윤지당의 형제를 살펴보면, 큰오빠인 임명주는 자가 백신(伯新)으로 나이가 윤지당보다 열여섯 살이나 많았다. 임명주의 부인 안동 김씨는 김수항의 손자이자 김창업의 둘째 아들인 김언겸(金彦謙, 1686~1738)의 딸이다. 노론 가문 간의 결혼이었다. 안동 김씨 가문은 노론의 중심 가문으로 신임사화 때 사사되거나 유배된 사람이 많았다. 김언겸의 아버지 김창업은 형인 김창집이 거제도에 유배된 뒤에 병으로 죽었고, 김언겸도 동생인 김신겸(金信謙)과 함께 유배되었다. 임명주는 일찍 관직에 나가 정언, 지평 등을 역임했으나 일찍 세상을 떠났다.

윤지당에게 가장 많은 영향을 미친 사람은 널리 알려진 대로 녹문 임성주다. 윤지당이라는 이름도 지어주었던 임성주와 윤지당은 평생을 가까이 지냈다. 임성주는 지방관으로 부임하면 윤지당을 불러서 같이 지내곤 했고, 서로 떨어져 지낼 때는 편지로 공부하는 내용에 대해 묻고 토론했다. 임성주는 말년에 윤지당이 사는 원주 가까이로 옮겨갔을 만큼 이들은 평생 뜻을 함께한 오누이였다.

임성주는 자가 중사, 호가 녹문으로 사후에 대사헌에 추증되었다. 만년에 공주의 녹문에 살았기 때문에 녹문 선생이라 불렸다. 1727년 12월 20일 당시 17세이던 임성주는 농암(農巖) 김창협의 문인으로 낙론을 이끈 조선 후기의 대표적 성리학자 도암(陶菴) 이재(李縡, 1680~1746)에게 편지를 보내 과거급제에 뜻을 두지 않고 성인이 되기 위한 공부, 즉 '위기지학(爲己之學)'을 하고 싶지만 혼자서는 꿰뚫어 알 수가 없고 경전이나 책들이 너무 많아 어디서 들어가야 할지 모르겠다며 배우기를 청하고[39] 그의 제자가 되었다. 임성주는 이후 관직에 나가 사도세자의 익위사 세마, 임실 현감, 양근 군수, 영주 군수 등을 지내기도 했으나 주로 성리학 연구에 전념하여 많은 저작을 남겼다. 임성주는 김원행(金元行, 1702~1772), 민우수(閔遇洙, 1694~1756), 송명흠, 송문흠, 송능상(宋能相, 1710~1758) 등과 함께 공부했다. 비슷한 시기의 학자로 이익(李瀷, 1681~1763)과 홍대용(洪大容, 1731~1783)이 있으나 이들과의 교유는 보이지 않는다. 임성주는 전통적인 주자학의 이론과 정신을 충실히 계승하면서 사서삼경을 비롯한 경학(經學) 연구와 주석에 열중했다. 그의 문제의식과 철학적 관심은 사서삼경과 송·명 시대의 정주학(程朱學)과 조선의 성리학에 집중되어 있었다.[40] 임성주와 더불어 윤지당도 평생 성리학에 집중했다.

저는 어려서부터 공의 지극한 우애와 올바른 가르침을 받았습니다. 제가 대략이나마 몸가짐을 갖는 법을 알아서 죄와 허물에 빠지지 않게 된 것은 공이 주신 것입니다. 남녀가 비록 가는 길이 다르기는 하나 하늘로부터 받은 본성은 같지 않은 적이 없습니다. 그러므로 경전의 뜻에 대해 의문을 품으면 공이 자상하게 깨우쳐주셨는데 분명히 깨닫게 한 뒤에야 그치셨습니다. 병오년(丙午年) 이후에는 글을 주고받으며 여쭙는 것으로 남은 날의 소일거리로 삼았었지요.⁴¹

임성주가 죽은 뒤에 윤지당이 쓴 제문의 일부다. 윤지당은 어렸을 때부터 나이가 들어서까지도 임성주의 지도를 받았다. 병오년 이후에는 글을 주고받으며 질문을 하고 답을 들었다고 했는데, 병오년이라면 1786년이다. 1786년은 가족을 이끌고 윤지당이 사는 원주 산호(山湖)로 이사했던(1782) 임성주가 공주 녹문으로 다시 돌아간 해였다. 그러니까 임성주가 녹문으로 돌아간 이후에도 서로 질문과 답을 주고받았다는 것이다.

셋째 오빠 임경주는 자가 직중(直中), 호가 청천(靑川)이다. 임성주가 쓴 임경주의 묘지명에 의하면, 임경주는 11세에 아버지를 여의고 그 이듬해에 형들을 따라 옥화산에 들어가 임성주로부터 『시경(詩經)』, 『서경(書經)』, 『논어(論語)』, 『맹자(孟子)』와 한유(韓愈)의 문장을 배웠다. 임경주는 특히 한유의 문장을 좋아해서 임성주에게 한유의 문장 가운데 좋은 것을 뽑아달라고 부탁했을 정도였다.

이런 글은 비록 문장을 깊이 이해하는 사람에게 고르라고 해도 눈이 휘둥그레지면서 안색이 변하고 당황하여 정신을 못 차릴 것인데, 내가 어떻게 그중에서 고를 수 있겠는가? 이제 여기 베껴 보내는 것은 선배 유자(儒者)들의 평가에 의거하여 초학자에게 꼭 필요한 것들만

뽑은 것이다. 뽑은 글은 50여 편인데, 점을 찍어 표시했다. 또 그중에서 더욱 좋은 것을 23편 골라 동그라미를 그려서 구별하였다. 우선 점을 찍은 것들부터 한 편씩 읽되, 이삼십 번을 반복하도록 해라. 다음에 동그라미로 표한 것들을 정독하되, 오륙십 번 혹은 백여 번을 반복해라. 그리고 그의 전집을 가져다가 처음부터 상세히 읽으면서 글이 일어나고 숨고, 갈라지고 합쳐지고, 꺾어지고 전환하는 대목을 자세히 눈여겨보고 대충 넘어가지 않으면 행하면서도 분명히 알지 못하고 익히면서도 자세히 살피지 않는 버릇이 없어질 것이다.[42]

1734년에 임성주가 임경주에게 보낸 편지의 일부다. 임성주는 중국의 문장가인 한유의 문장을 뽑아달라는 동생의 부탁을 받고는 문장을 선별하여 점과 동그라미로 표시하고, 읽는 방법까지 자세히 일러주었다. 그리고 한유를 배우려면 먼저 한유가 공부한 것부터 부지런히 읽어야 한다면서 동생의 글공부를 독려했다.

임경주는 18세에 서울로 가서 당시의 문사들인 황경원(黃景源, 1709~1787), 이인상(李麟祥, 1710~1760), 이보행(李普行, 1718~1787) 등과 교유했는데, 그들은 임경주를 극찬하며 자신들이 미치지 못할 정도라고 했다고 하니 재능이 뛰어났던 것으로 보인다. 임경주는 "옛날 문장을 좋아하여 한두 명의 벗들과 어울려 공부하면서 고금의 문장을 평하고 시문을 지어 주고받는 것으로 즐거움을 삼았다."[43] 임경주는 명이 망한 것을 애통해하면서 대명의리를 주장하는 한편, 경제나 정무에도 관심이 있어서 일찍이 개혁적인 사상을 가진 실학자 유형원(柳馨遠, 1622~1673)이 지은 『반계수록(磻溪隨錄)』을 보고 감탄하면서 형들과 당시의 정무에 대해 이야기하곤 했다. 임성주 형제는 유형원의 학문을 긍정적으로 평가한 듯하다. 1770년 1월 임성주가 임정주에게 보낸 편지에도 유형원의 책이 간행된 다는 소식에 기뻐하는 내용이 쓰여 있다.[44]

하지만 임경주는 재능을 제대로 꽃피우지도 못하고 28세의 나이에 병사했다. 사후에 첫째 누이의 남편인 원경여가 임경주의 유고를 정리하고, 1794년 임정주가 문집 『청천자고(靑川子稿)』로 간행했다. 이 문집은 현재 규장각에 전한다.

임경주 문집에 원경여에게 보낸 편지가 실려 있고 임경주 사후에 원경여가 그의 유고를 수습한 것을 보면 원경여와 임경주는 가깝게 지낸 것으로 보인다. 그러나 윤지당의 언니에 대해서는 기록이 많지 않다.

남동생 임정주는 자가 치공(穉共), 호가 운호(雲湖)다. 임정주 역시 형인 임성주에게 수학했다. 36세에 사마시에 합격한 뒤, 46세에 동몽교관이 되고, 이듬해 익위사 시직이 되었다. 익위사 시직은 세자를 모시는 직책으로 임정주는 당시 세자이던 정조를 모셨다. 이지수(李趾秀, 1779~1842)가 쓴 행장에 의하면, 임정주는 경전 강의 이외에도 삼대(중국 고대 왕국인 하·은·주)의 제도와 후대의 경제와 군사 문제까지 설명하고 유형원의 『반계수록』에 대해 이야기하면서 그대로 행하면 옛날의 융성한 다스림을 이룰 수 있다는 말을 했다고 한다. 당시 세자이던 정조가 귀를 기울여 듣고는 매우 칭찬했다고 한다.[45] 임경주에 이어 임정주도 유형원의 사상에 깊이 경도되었던 것으로 보인다. 임정주는 이후 공조좌랑, 호조정랑 등을 거쳐 청산 현감을 지냈다. 특히 청산 현감으로 있을 때는 아버지 임적의 문집, 임성주와 임경주와 임윤지당의 문집을 간행했다. 그의 문집으로 『운호집(雲湖集)』이 전한다. 임정주와 가까이 교유하던 박윤원(朴胤源, 1734~1799)의 편지에 의하면, 임정주는 누이 임윤지당의 학문에 대해서는 전혀 언급하지 않았던 것으로 보인다. 박윤원이 어디선가 듣고는 수십 년간 같이 어울렸는데 왜 말하지 않았느냐고 물었을 정도였다.[46]

이외 윤지당의 형제와 가까이 지낸 인물로는 이종사촌인 송명흠, 송문흠 형제가 있다. 송명흠 형제와 임성주는 이재의 문하에서 함께 공부한 동문이기도 했다. 이들 형제는 송준길의 증손자인 송요좌의 아들들이다. 송준길은 송시열과 학문적, 정치적 경향을 같이한 17세기의 대표적 성리학자다. 송명흠은 호가 역천(櫟泉)이고, 송문흠은 호가 한정당(閒靜堂)으로 특히 시와 문장에 뛰어났고, 글씨를 잘 써서 이인상과 함께 조선의 대표적인 서예가로 불렸다. 게다가 송문흠은 인물이 아름다워서 당시 팔미인(八美人)으로 꼽히기도 했고, 대장장이와 목공의 손을 빌리지 않고 자기가 거처할 집을 직접 지을 정도로 손재주가 좋았으나[47] 30대에 요절했다.

임윤지당의 형제는 임성주를 중심으로 문장을 익히고 성리학을 연구했으나 유형원과 같은 실학자의 사상에도 관심을 가졌다. 임경주, 임윤지당, 임정주에게 임성주는 문장을 일일이 뽑아서 어떻게 읽어야 할지 방법을 자세히 알려주고, 성리학의 주요 개념과 이론 그리고 처세에 대해 조언해주는 스승이었다. 임윤지당과 임정주 등은 임성주와 더불어 집안일을 의논하고 학문에 힘쓰면서 가학을 이룬 동학이었다. 임성주를 비롯한 남자 형제들이 스승을 찾아가 공부하고 또래의 문인 학자들과 함께 토론하며 학문의 세계를 넓혀가는 동안 윤지당에게는 그런 기회가 주어지지 않았다. 그런 기회가 윤지당에게만 막혀 있었던 것은 아니다. 이는 동시대 여성들 앞에 놓여 있던 공통의 조건이기도 했다. 그렇게 어울려 공부하고 토론하면서 지적 성취를 이루어가는 남자 형제들을 바라보며 윤지당은 늘 아쉬웠을 것이다.

만년의 윤지당은 "규방 안에는 가르쳐주고 바로잡아주는 사람이 없다"[48]라며 아쉬움을 토로하기도 했다. 그래도 다행이었던 것은 당대의 최고 학자인 임성주가 윤지당의 스승 역할을 해준 것이었다. 학문을 토론할 벗들은 없었으나 그녀가 공부하는 것을 이해해주고 도와준 형제들과의 교유는 평생 학문에 정진할 수 있는 큰 힘이 되었을 것이다.

5장

함흥에서의 잔치,
그리고 아버지의 죽음

1725년 4월 29일 임적은 함흥 판관에 제수되었다. 이때 윤지당의 나이 다섯 살이었다. 6월 9일 임적은 조정에 하직하고 함흥으로 떠났다.[49] 함흥은 현재 함경남도 중남부에 있는 도시다. 당시 함흥은 태조 이성계가 태어난 경기전이 있는 곳으로 조선왕조의 발상지라는 특별한 의미를 갖고 있었다. 판관은 종5품으로 행정 실무를 담당하거나 지방관을 도와 행정이나 군정에 참여하는 관직이다.

임적이 양성 현감을 거쳐 함흥 판관으로 있던 몇 년간이 윤지당의 가족에게는 가장 행복하고 풍성한 시기였다. 큰오빠 임명주는 이미 혼인했고, 1726년에는 둘째 오빠 임성주가 신창 맹씨와 혼인했다. 임성주는 신창 맹씨 부인과 혼인할 당시를 회고하며 "그대가 나에게 시집왔던 병오년, 그때 우리 집은 온전하고 융성하며 다른 일이 없었지요. 혼인이 성대하고 경사가 넘쳐나니 사람들이 부러워하지 않음이 없었소"[50]라고 했을 정도로 이 시기는 윤지당의 집안이 융성하던 때였다. 아버지 임적이 이제 막 관직에 나갔고, 임명주는 노론 가문의 중심인 안동 김씨 가문의 딸과 혼인했으며, 이어 임성주 자신도 성대한 혼인을 하게 되었으니 가문이 번창할 듯한 기분 좋은 예감이 들었을 것이다.

임적은 관직을 얻어 지방으로 가면서 어머니 전주 이씨를 모시고 다녔다. 이는 당시의 관행이기도 했다. 임적이 함흥 판관으로 있던 1727년은 마침 어머니 전주 이씨가 회갑을 맞은 해였다. 가족들은 함흥으로 가서 사흘간 성대하게 회갑연을 열었다. 임성주는 당시를 이렇게 회상했다.

지난 정미년(1727)에 아버지께서 함주 통판으로 가서 할머니의 회갑연을 성대하게 베풀었습니다. 그때 소자와 네 형님, 그리고 세 아우와 세 여동생이 함주의 관아로 같이 갔고, 백부·숙부·계부님과 큰형님이 한양에서 오셨습니다. 북두(北斗)를 노래하고 남산(南山)곡에 춤추며 음율에 맞추어 생황과 피리를 연주하니 자손들은 번갈아 일어나 술잔을 올리고 빈객과 주인이 번갈아 칭송하며 경하하였습니다. 이렇게 사흘을 보내며 날마다 모두 실컷 즐기고 잔치를 끝냈습니다. 당(堂)의 위아래에 둘러서서 구경하는 자들이 저자처럼, 담처럼 많았는데 다투어 부러워하며 "성대하구나! 성대하도다!" 하였습니다. 저희들 또한 서로를 돌아보며 기쁘게 웃었고 평생의 지극한 즐거움이리라 하였습니다.[51]

시기에 따라 차이가 있기는 하지만 보통 조선시대 양반 여성들은 여행을 자유롭게 하지 못했던 것으로 알려져 있다. 그러나 여행할 기회가 전혀 없었던 것은 아니다. 양반 여성들은 남편이나 아들이 지방관이 되면 함께 따라가거나, 임지를 방문할 기회가 있었다. 윤지당보다 6년 늦게 태어난 의유당(意幽堂) 의령 남씨(1727~1823)가 함흥 판관으로 부임하는 남편 신대손(申大孫)을 따라 함흥 근처를 유람하고 「의유당관북유람일기

(意幽堂關北遊覽日記)」를 남긴 것도 그런 경우였다. 어린 윤지당도 아마 집을 떠나 관북의 큰 도시를 구경했을 것이다.

전주 이씨의 회갑연은 임씨 일가에게 다시 돌아오지 않을 '평생의 지극한 즐거움'이 되고 말았다. 바로 그해 임적이 사헌부의 탄핵을 받아 벼슬을 사직하고 서울로 돌아왔기 때문이다. 이때 그의 나이 43세였다. 임적이 탄핵받은 이유는 무엇일까? 1727년 6월 12일 『실록』에는 사헌부 지평 안상휘(安相徽)가 임적의 파직을 요청하는 계를 올린 것으로 기록되어 있다. 그 이유는 "함흥 판관 임적이 시노비(寺奴婢)를 얻어 본부에 소속을 옮겨놓자고 청하였는데 그들을 찾아 모아들일 때 한 지방이 시끄러웠다"[52]는 것이다. 『실록』에는 한 줄로 요약 서술되어 있지만 『승정원일기(承政院日記)』에는 그 내용이 자세하게 기록되어 있다. 요약하면 다음과 같다. "함흥은 본래 관노비가 많아서 그 수가 300여 명에 이르는데도 임적이 일을 부리기에 부족하다는 구실로 관노를 시켜서 시노비 30구를 본부로 옮겨 소속시켜주기를 청했으며, 옮겨 소속시키는 과정에서 관리들이 고을 내에 거주하는 시노비들을 두루 수색하며 갖가지로 침탈했다. 이 일로 고을에서 부르짖는 소리가 마치 난리를 만난 듯했는데도 임적은 그들의 횡포를 내버려두고 금지하지 않았다. 관노로 택한 사람 중에는 혼약해서 날을 정한 사람들도 많았는데 하루아침에 몰입하여 관기(官妓)로 삼아서 원성이 이루 말할 수가 없이 많으니 임적은 파직해야 한다." 그러나 영조는 허락하지 않았다.[53] 6월 13일 안상휘가 다시 계를 올려 목시룡(睦時龍), 이중환 등의 죄를 감하고 임적 등을 파직할 것을 청했으나 임금은 번거롭게 하지 말라며 거부했다.[54] 6월 29일에는 함경 감사 조상경(趙尙絅)이 임적을 두둔하면서 함흥 부윤을 겸하고 있는 자신이 그만두겠다는 상소를 올렸다. 영조는 조상경에게 사직하지 말 것을 명했다.[55] 이후 조정의 대응에 대해서는 달리 기록을 찾아보기 어렵다. 임적은 결국 스스로 사직했다. 임성주에 의하면, 이 일의 단초는 다른 곳에 있었다. 한 기녀가 사사롭게 관아의 일을 사신에게 하소연하자 임적이 노하여 매를 때렸다고 한다. 그러자 사신이 분을 품고 있다가 대관을 사주해서 무고하게 다른 일로 엮어 탄핵했다는 것이다. 영조는 임적의 사직을 받아들이지 않았다. 그러나 임적은 사대부는 염치를 중히 여기는 바, 임금이 윤허하지 않았다고 해서 구차하게 남을 수는 없다면서 집으로 돌아왔다. 임성주는 그해 8월에 고을 사람 오륙백 명이 임적을 위해 연명하여 관영에 하소연했고 이에 조정에서도 놀라지 않는 사람이 없었다고 했다.[56] 임적의 사직이 억울하다는 것을 에둘러 표현한 것이다. 1727년은 정미환국으로 소론이 진출한 해이기도 하다. 임적의 사직은 이러한 정치적 변화와도 무관하지 않을 것이다. 이후 임적은 세상에 더욱 뜻이 없어졌다.

윤지당이 7세가 되던 1727년 임적은 관직을 사직하고 서울로 돌아왔다. 임적은 지금의 관훈동과 송현동 일대인 송현방(松峴坊)에 셋집을 얻어 살면서 청주의 옥화대(玉華臺)로 이사할 준비를 했다. 옥화대는 이전에 이미 점쳐둔 곳으로 산이 굽이치고 물이 맑은 곳이었다. 임적은 다음 해(1728) 봄에 식구들과 옥화대로 이사하기로 마음먹고 있었는데 그해 정월 전염병에 걸렸다. 이어서 부인 윤씨도 전염되어 다른 집으로 옮겨갔다. 부인은 매일 밤 여종에게 의지해서 뜰로 나가 남편의 목숨을 구해달라고 기도했으나 임적은 결국 세상을 떠났다. 그의 나이 44세였다.

그해 3월 15일 이인좌(李麟佐, ?~1728)를 중심으로 정권에서 배제된 소론과 남인이 난을 일으켜 청주성을 함락했다. 소론 강경파와 영남·기호 지역에 살던 남인과 소론 명문의 후손이 적극 가담한 이 사건은 충청도 청주에서 반란을 이끈 이인좌의 이름을 따서 '이인좌의 난'이라고도 하고, 무신년(戊申年)에 일어났다고 해서 '무신란'이라고도 한다.[57] 이 일로 임성주는 7월에 어머니를 모시고 북쪽으로 갔다. 8월에는 할머니 이씨 부인이 숙부와 사촌 여동생을 데리고 와서 윤지당 가족과 얼마간 지내다 서울로 돌아갔다. 윤지당이 아홉 살이 되던 1729년 윤지당의 가족은 아버지가 마련해둔 청주 옥화대의 집으로 이사했다. 이 무렵의 상황을 송명흠은 이모인 윤씨 부인의 묘지에서 이렇게 묘사하고 있다.

> 장례를 마치고 황량한 골짜기로 집을 옮겼으니 그 유언을 따른 것이었다. 떠돌아다니며 몹시 고생하고 시달려 거의 마음대로 할 수 있는 것이 없었으나 평소처럼 지내며 슬퍼하거나 탄식하지 않으셨다. 종들 또한 감동하여 모시면서 끝끝내 달아날 마음을 갖지 않았다.[58]

임적이 죽고 이인좌의 난으로 북쪽으로 갔다가 청주 옥화대로 옮기게 되기까지 윤씨 부인과 가족들의 고생을 짐작할 수 있다. '황량한 골짜기'라는 말에서 서울 같은 큰 도시에 있다가 시골에서 생활하게 된 어려움을 짐작할 수 있다. 이제 윤지당의 형제들은 어머니와 함께 아버지가 부재한 집안을 이끌어가야 했다. 주도적으로 나선 것은 둘째 아들 임성주였다. 큰아들 명주는 관직에 나가 다른 곳에 있었기 때문이다. 그런데 그해 9월 그믐날, 할머니의 병세가 위태롭다는 전갈이 왔다. 임성주가 달려간 지 7일 만에 할머니 전주 이씨마저 65세의 나이로 세상을 떠났다. 연이은 상사(喪事)였다.[59]

2부

내 이름은
아녀자가 아니다

가문의 위기,
가례로 집안의 규율을 잡다

임윤지당의 가족이 아버지가 생전에 집과 전답을 마련해둔 청주 옥화
대로 이사했을 때 임성주는 19세, 윤지당은 9세였다. 모든 가족이 함흥
에서 할머니의 회갑연을 열며 즐거운 시간을 보낸 것이 불과 두 해 전이
었다. 두 해 사이에 아버지와 할머니가 세상을 떠나면서 아직 상도 끝나
지 않은 채로 서울 생활을 접고 시골로 내려온 길이었다. 윤지당 가족은
1737년 경기도 여주로 옮기기 전까지 이곳에서 약 8년을 지냈다.

청주는 조선시대에는 청주목으로 불렸으며 서울에서의 거리는 약
300리였다. 도보로는 사흘이 걸리는 거리였다.[1] 임성주는 형인 임명주와
함께 어머니 윤씨 부인을 모시고 옥화대로 이사한 뒤, 아침저녁으로 어
머니를 살펴며 봉양했다. 그는 바깥일을 사절하고 날마다 형제와 학자들
과 함께 경전을 강독하고 공부하여 학문이 깊이를 더해갔다. 이때 임성
주는 책을 읽고 이치를 밝히는 것은 이를 실천하기 위한 것이고, 이 실천
은 집에서 가장 먼저 이루어져야 한다면서 가례(家禮)를 행했다. 이는 법
도 있는 가문의 형식을 유지하려는 노력이기도 했다.

임성주가 죽은 뒤에 임정주는 당시 가례를 행하던 집안 분위기와 윤지
당의 어린 시절을 다음과 같이 행장으로 기록하고 있다.

일찍이 "책을 읽고 이치를 밝히는 것은 장차 그것을 실행하기 위한 것이다. 도는 집에서 가장 먼저 실행해야 한다"고 말씀하시고는 맏형과 더불어 사마광의 「거가의(居家儀)」를 본떠 홀기(笏記)를 만들고 그대로 행하였다. 이에 규문 안에 예의가 잘 행해져서 훌륭하게 법도를 이루니 이웃 사람들이 서로 전하여 이야기했다. 아직도 어렸을 때의 일이 기억난다. 매월 초하루와 보름에는 여러 형제와 형수 그리고 누이가 이른 새벽에 세수하고 머리를 빗고 의관을 단정히 하고는 어머니가 계신 곳에 가서 북쪽을 향하여 동서 양쪽으로 나뉘어 서서 남자는 두 번 절하고 부인은 네 번 절한 뒤에 각자 자리에 가서 앉았다. 신씨 가문에 시집간 누이가 그때 언문(諺文)으로 번역한 훈계를 읽었는데, 목소리가 낭랑하여 아직도 귀에 들리는 듯하다.

그런 뒤에 남녀 종이 뜰 아래에 좌우로 나뉘어 차례대로 서서 재배하고, 이량(己良)이라는 남자 종이 또 큰 소리로 남녀 종을 경계하는 글(언문으로 번역된 것-옮긴이)을 읽고 재배한 뒤에 물러났다. 나머지 날에는 남자들만 이 예를 행했는데, 어른들은 읍하고 아이들은 절하였다. 어른 앞에서는 자기 이름을 대고 '나'라고 하지 않고, 어른이 들어오고 나갈 때는 반드시 일어서니 어른과 아이 사이에 차례가 있고 남자와 여자 사이에 분별이 있었다. 내가 예닐곱 살 때에도 이러한 뜻을 잘 알아서 감히 형수들 곁에 가지 않았으며, 비록 비복이라 해도 예의의 중함을 알아서 싸우고 속이는 것이 점차 변하였다. 만일 오랫동안 시행하고 이를 신장해서 부족한 것을 보완했다면 아마도 집안 전체가 좋은 풍속을 이루어 충분히 세상 사람들의 모범이 되었을 것이다. 아쉽게도 이후에는 동서로 흩어져 한곳에 계속 살지 못해서 이러한 예

를 마침내 그만두게 되었다. 공께서 이 말씀을 하실 때마다 깊이 안타까워하셨다.[2]

임정주가 자신이 예닐곱 살 때라고 했으니, 1734년에서 1735년 무렵이었을 것이다. 이때의 가족 구성은 어머니를 중심으로 아들, 딸, 며느리, 남녀 종들로 이루어져 있었다. 임성주는 사마광의 「거가의」를 본떠서 의례의 순서를 적은 홀기를 만들고 그대로 실행한 것으로 보인다. 매달 초하루와 보름에 그의 가족은 마루에서, 종들은 마당에서 이런 의례를 행했으나 나중에 가족들이 뿔뿔이 흩어지는 바람에 그리 오래 유지되지는 못했던 것 같다. 여자를 대표해서 언문으로 번역한 훈계를 낭랑한 목소

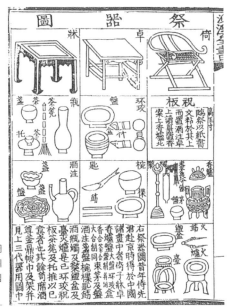

김장생의 『가례집람도설(家禮輯覽圖說)』 중 제기를 그린 그림. 이외에 예복, 읍하며 예를 올리는 것 등을 그림으로 그려 가례의 지표로 삼게 했다.

리로 읽은 사람은 바로 윤지당이다. 얼마나 또랑또랑하게 읽었는지 임정주는 그 소리가 들리는 듯하다고 했다.

임성주가 시도한 가례는 사마광의 「거가의」에 실린 내용과 거의 비슷하다. 남자가 두 번 절하고 나면, 여자가 네 번 절한다. 또한 주인 가족은 집 안에 앉고, 남녀 종들은 뜰 아래 선다. 이런 형식 자체가 남자와 여자, 어른과 아이, 주인과 종의 위계를 엄격하게 보여준다. 이러한 의례를 통해 집안의 구성원들은 자신의 위치를 매일 확인했을 것이다. 윤지당의 집에서 실행한 가례는 특이한 사례가 아니었다. 16세기 이후 성리학에 대한 이해가 심화되면서 조선의 사대부들은 성리학에 바탕을 두고 관혼상제(冠婚喪祭)는 물론, 일상의 세세한 일들까지 예법으로 규율하고자 했다. 이것이 바로 가례다.

각 집안에서 행해진 가례의 양상은 16세기부터 발견되는데 이때 모범으로 삼은 것이 사마광의 「거가의」다. 사마광은 북송대의 정치가이자 학자로서 역사서인 『자치통감(資治通鑑)』을 저술한 인물이기도 하다. 그는 관혼상제에 의거해서 집에서 지켜야 할 규범을 정리하여 「거가의」를 지었는데, 주희는 가례를 정리하면서 사마광의 『서의(書儀)』와 「거가의」의 많은 부분을 이어받아[3] 『주자가례(朱子家禮)』를 완성했다. 다음은 『주자가례』에 나오는 내용으로 조선시대 양반 가문들도 대체로 이렇게 집안을 규율한 것처럼 묘사되곤 한다.

자식이 부모를 섬기고(손자가 조부모를 섬기는 것도 같다) 며느리가 시부모를 섬김에 있어서 날이 밝으려고 할 때 모두 일어나 세수하고 양치질하고 머리를 빗어 묶으며 관대를 갖춘다(남편은 모자를 쓰고 띠를 매며,

부인은 관을 쓰고 배자[背子]를 입는다). 어두운 새벽에(날이 밝고 어두운 것이 교차되는 때를 말한다) (시)부모의 처소에 나아가 아침 문안을 드린다. (시)부모가 일어나시면 자식은 약물을 올리고 며느리는 새벽에 아침을 차린다. 차린 것을 바치고 나면 곧 물러나서 각각 맡은 일을 한다. 장차 식사할 때면 며느리는 가장 드시고 싶은 바를 묻고 물러나 음식을 차려서 올린다.

존장이 수저를 들면 아들과 며느리도 이에 각각 물러나 식사를 한다. 장부와 부인은 각각 다른 장소에 음식을 차려놓고, 장유의 순서대로 앉아 식사하되 그 음식은 반드시 균일해야 한다. 어린아이들도 또한 다른 곳에서 식사를 하는데, 역시 장유의 순서대로 땅에 자리를 깔고서 앉는다. 남자는 왼쪽에 앉고 여자는 오른쪽에 앉는다. 저녁 식사도 역시 이와 같다. 밤이 되어 (시)부모가 잠자리에 드시면 편안히 주무시라고 하고 물러난다. 한가하여 일이 없으면 (시)부모의 처소에서 시중을 들되 용모는 반드시 공손해야 하고, 일을 처리함에는 반드시 삼가야 하며, 말을 하고 응대함에는 반드시 기운을 가라앉히고 목소리를 온화하게 해야 한다.[4]

임성주는 서울에서 청주 옥화대로 이사한 뒤에도 공부한 것을 일상에서 실천하는 것과 아울러 예법을 지키는 가문으로 격을 유지하기 위해 노력했다. 그의 노력은 오래가지 못했지만 그래도 주변으로부터 집안을 신실하게 교화시켰다는 평가를 받았다.

보내온 글에서 "집안을 신실하게 감화시켰다"고 하셨는데 이것이 무슨 말씀입니까? 지난번에 나름대로 '예(禮)'에 뜻을 두고 대략 사마광의 「거가잡의(居家雜儀)」를 본받아 「거가의절(居家儀節)」 1권을 지어보았습니다. 그리고 처음에는 하나하나 그대로 실천해보려고 했으나 그 뒤에는 옛날 습관에 젖어 흐지부지되었으므로 지금에 와서는 있는 듯 없는 듯, 백에 하나도 실천하지 못하니 도대체 거론할 게 뭐가 있겠습니까?[5]

임성주가 윤중삼(尹重三)에게 보낸 편지의 일부다. 윤중삼이 집안에서 행한 가례를 칭찬하자 임성주가 사마광의 「거가잡의」를 본받아 「거가의절」을 짓고 그대로 실천하려 했으나 제대로 하지 못했다고 겸양하는 내용이다.

임성주가 1736년에 쓴 「거가의절」은 정월초하루·동지·초하루·보름의 의례를 담은 '정지삭망의(正至朔望儀)', 생일의 의례를 담은 '생조의(生朝儀)', 일상의 예를 담은 '축일잡의(逐日雜儀)', 손님을 접대하는 예를 담은 '접빈객의(接賓客儀)'의 네 조목으로 이루어져 있다. 「거가의절」에 의하면 이 무렵 윤지당의 집에서는 정월초하루·동지·초하루·보름이면 앞에 소개한 것과 같은 의례를 행했으며, 날마다 지켜야 하는 '축일잡의'에 이런 규칙을 정해두었다.

○ 매일 동틀 무렵 일어나서 세수를 하고 양치질을 한 뒤, 장부는 도포와 갓과 띠를 갖추고, 부인은 머리를 빗어 비녀를 꽂고 당의를 입는다. 안채로 가서 어머니께 문안하며 남자는 첨례를 행하고 한 번 읍하고, 부인과 아이들은 한 번 절한다.

○ 아침에 문안 인사를 드린 뒤, 주인은 남자들을 이끌고 가묘의 중문 밖에서 아침 인사를 드린다.

○ 밤에는 시중드는 사람을 시켜 이부자리를 펴게 하고 잠자리에 드시기를 기다렸다가 물러난다.

○ 부모, 형수, 누이, 동서가 출입할 때에는 반드시 일어나 맞고 보내야 하지만 만약 방 안에서 소소하게 움직일 때는 반드시 그렇게 하지 않아도 된다. 어른 앞에서는 반드시 이름을 대고 감히 나라고 하지 않는다.[6]

16세기 이후 조선의 성리학자들이 「거가의」에 따라 가례를 시행한 사례로 이이와 송시열의 집안을 들 수 있다. 이이는 1576년 해주 석담으로 돌아가 청계당(淸溪堂)을 짓고 형제, 형수, 조카들과 함께 살면서 '삭망의(朔望儀: 초하루와 보름에 행하는 의례)'를 행했다. 이이는 사당에 참배한 뒤 내외 친족들을 남녀, 장유의 위계에 따라 차례대로 큰방에 앉게 하고는 아우와 아들에게는 함께 살면서 지켜야 할 일을 담은 「동거계사(同居戒辭)」를 읽게 했다. 송시열도 회덕의 쌍청당(雙淸堂) 근처에서 지낼 때 초하루와 보름에 부인과 함께 큰방에서 사마광의 가법(家法)대로 남녀 자손들에게 절을 받은 뒤 큰며느리 박씨에게 『소학(小學)』의 「유개중도장(劉開仲塗章)」과 「강주진씨장(江州陳氏章)」을 읽게 하고 다른 부인들은 듣게 했다. 「유개중도장」은 집안에 분란이 일어나는 것은 부인들 탓이니, 부인들 말에 미혹되는 것을 경계하는 내용이다. 「강주진씨장」은 700명이나 되는 강주 진씨 집안이 식사 때마다 넓은 자리를 펴고 어른과 아이가 차례로 앉아 함께 먹었다는 내용을 담고 있다. 강주 진씨 집안은

개를 100마리 이상 길렀는데 그중 한 마리라도 오지 않으면 다른 개들도 먹이를 먹지 않고 그 개를 기다렸다고 한다. 이런 내용들로 집안을 규율하는 한편 송시열은 집안의 여성들에게 명나라 여성의 머리 모양을 따라하게 했다. 중화의 제도를 따르자는 취지였다. 윤지당의 집안도 이를 따랐다. 이이나 송시열의 집안뿐만 아니라 안동 김씨 집안 등에서도 이러한 의례를 지켰다는 기록들이 남아 있다.[7] 윤지당 집안의 사례는 17세기 이후 사대부 집안에서 이루어진 가례의 실천이라는 맥락에서 이해할 수 있다.

윤지당은 집안의 규율을 누구보다 잘 따르며 자란 것으로 보인다. 동생 임정주의 기록에 의하면, 어린 윤지당은 집에 과일이 아무리 많아도 사당에 바치기 전에는 입에 가까이 하지 않았고, 제사를 앞두고는 고기를 먹지 않았다고 한다. 또 일고여덟 살 무렵 외가에서 몇 달을 머물 때는 매일 어른이 잠자리에 들고 나서야 잠옷으로 갈아입고 옷을 정리해 선반에 올린 다음 잠자리에 들었으며, 아침에는 항상 어른보다 먼저 일어나 이부자리를 개고 세수를 하고 머리를 빗고 옷을 갈아입었다고 한다. 그러고는 종일 집 밖으로 나가지 않고 어른을 모셨다고 한다. 윤지당은 외가에서 집으로 돌아올 때까지 한결같이 이런 일상을 이어갔다.[8]

이것들은 윤지당의 사후 「유사 16조(遺事十六)」에 남은 기록들로서 어쩔 수 없이 상투적인 면이 있기 마련이다. 그럼에도 이 기록을 통해 윤지당은 유교적 규범을 충실하게 따르는 집안 분위기에서 성장했고 윤지당 스스로도 그런 규범에서 벗어나지 않은 모범적인 인물이었음을 알 수 있다. 윤지당의 집에서 행해진 의례는 윤지당의 집안이 상하와 남녀 그리고 장유의 구분이 분명하고 위계적인, 매우 잘 규율된 공간이었음을 보여준다. 윤지당은 이러한 규율을 잘 따랐던 것으로 보인다. 그러나 윤지당이 벗어난 것이 있었다. 바로 성리학을 공부한 것이었다.

2장

성리학에
빠져들다

아직 아버지가 살아계실 때 윤지당은 오빠들이 공부하는 옆에서 경서와 역사서를 읽는 것을 듣다가 간혹 어려운 질문을 해서 사람들을 놀라게 하곤 했다. 둘째 오빠 임성주는 이를 기특하게 여기고 윤지당에게 『효경(孝經)』, 『열녀전(列女傳)』, 『소학』, 사자서(四子書), 즉 『논어』, 『맹자』, 『대학(大學)』, 『중용(中庸)』 등의 책을 읽게 했다. 여기에는 여성들이 주로 읽어야 하는 책을 비롯해서 유교 경전이 포함되어 있었다.

윤지당은 곧고 한결같으며 정성스럽고 엄격했다. 어려서부터 빠르게 말하거나 급히 걷지 않았다. 성품은 총명하고 영특했다. 형제들을 따라 경전이나 역사서를 읽는 것을 옆에서 들었다. 때때로 어려운 구절에 대해 따지곤 했는데 사람들을 놀라게 하는 말이 많았다. 둘째 형님이 기특하게 여기시고 『효경(孝經)』, 『열녀전』, 『소학』 및 사자서 등의 책을 주자 누이가 몹시 기뻐했다. 낮에는 종일 여자가 해야 할 일을 하고 밤에야 낮은 소리로 책을 읽었다. 뜻이 소리를 따라 나오고 정신은 마치 종이를 꿰뚫을 듯했다. 그러나 깊이 감추어 아무것도 모르는 것처럼 하니 친척들도 이를 아는 사람이 없었다.[9]

임정주가 윤지당에 대해 기록한 「유사」의 첫 부분이다. 임정주는 윤지당이 낮에는 여자가 할 일을 하고 밤에는 '종이를 뚫을 듯이' 집중해서 책을 읽었다고 했다. 그러나 윤지당이 책을 읽는 체를 하거나 책에서 읽은 것들을 이야기하지 않아 친척들도 윤지당이 공부하는 것을 몰랐다고 하는 말도 잊지 않고 덧붙였다. 윤지당이 공부를 하면서도 여자의 규범을 넘어서지 않았다는 일종의 방어막을 치고 있는 셈이다. 이어서 윤지당이 매사에 규방의 범절을 따르며 하나도 어긋남이 없었다고 기록한 것도 윤지당이 공부에 몰두했으나 여자의 규범을 준수했음을 말하기 위한 것으로 보인다.

그러나 윤지당의 말은 다르다. 그녀는 공부를 시작했을 때를 회고하면서 그 즐거움을 알고 깊이 몰두하게 된 것에 대해 이렇게 썼다.

나는 어려서 성리의 학문이 있음을 알았고 조금 자라서는 고기 맛이 입을 즐겁게 하듯이 더욱 좋아하여 도저히 그만둘 수가 없었다. 그래서 감히 세상의 법도에 얽매이지 않고 경전에 실린 성현의 교훈을 깊이 생각하고 조용히 탐구한 지가 수십 년이었다.[10]

윤지당은 그동안 썼던 글을 모아 동생 임정주에게 보내며 이렇게 썼다. 성리학이라는 학문을 알게 된 뒤로 너무 재미있어서 그만둘 수 없었다는 고백이다. '감히 세상의 법도에 얽매이지 않고'의 원문은 '내감불구방내(乃敢不拘方內)'다. 기존 번역에서는 '방내'를 대부분 아녀자나 규방이라는 뜻으로 보고 '감히 아녀자의 분수를 넘는 일임에도 불구하고'로 해석했다. 그러나 방내는 방외(方外), 즉 세상 바깥과 대비되는 말로 세상

또는 세상의 법도나 가르침이라는 뜻도 갖고 있다.[11] 넓은 의미에서는 세상의 법도에 아녀자의 분수도 포함되지만, 방내를 아녀자의 분수로 보는 것과 세상의 법도로 보는 것에는 차이가 있다. 세상의 법도라고 했을 때는 세상에서 규정한 것을 넘어섰다는 윤지당의 의식이 더 분명하게 드러나기 때문이다.

양반 가정에서 태어난 여성들 가운데는 공부하는 오빠나 남동생 옆에서 함께 공부한 사람도 종종 있었다. 윤지당도 이런 경우였다. 양반 여성들은 남성들처럼 체계적으로 교육을 받을 기회는 없었지만 집안에서 여자들이 해야 하는 가정일 이외에 읽기와 쓰기, 역사와 예절 등에 관한 교육을 받았다. 이때 여성들에게 읽힌 책은 『효경』, 『열녀전』, 『소학』, 『여사서(女四書)』와 같은 절행(節行)이나 효 또는 유교적 생활 규범을 다룬 것이었다. 그러나 여성들이 이 책들만 읽은 것은 아니었다. 조선시대 문집에 수록된 여성 관련 기록을 대상으로 여성의 독서 목록을 조사한 연구에 의하면 당시 양반 여성들이 가장 많이 읽은 책은 『소학』, 『내훈(內訓)』, 『열녀전』이다. 그 외 『여범』, 『여계(女誡)』, 『내칙(內則)』, 『여훈(女訓)』, 『효경』, 『십구사략(十九史略)』, 『논어』, 『강목(綱目)』, 『좌씨춘추전(左氏春秋傳)』, 『상서(尙書)』 등의 책도 읽은 것으로 나타났다.[12] 여성들은 이외에 중국에서 수입된 소설들의 번역본이나 당시 조선에서 창작된 소설들도 많이 읽었지만 이것은 드러내고 이야기할 만한 것은 아니었다.

임성주는 동생 윤지당이 가진 공부에 대한 흥미와 자질을 보고 본격적으로 책을 읽게 했다. 이때 시작한 공부가 평생 이어졌다. 임성주는 이런 누이에게 윤지당이라는 호를 지어주었다.

'윤지당'은 누님이 어렸을 때 둘째 형님이 지어준 이름이다. 이 말은 주자의 '태임(太妊)과 태사(太姒)를 존경한다'라는 구절에서 가져왔는데, 그 뜻에는 사실 지중(摯仲)의 '지' 자도 담겨 있다. 이 말은 '오로지 지임씨(摯任氏)만 믿고 따른다'는 것이다. 이종형인 한정당 송공은 누님을 위해 손수 도장을 새겨주셨다. 이로부터 집안에서는 모두 윤지당이라 불렀다.[13]

임성주는 누이에게 윤지당이라는 이름을 지어주었다. 태임과 태사를 존경한다는 주희의 말에서 가져온 이름이었다. 한나라의 사상가 유향(劉向, 기원전 77~기원전 6)은 『열녀전』에서 주나라 왕실을 대표하는 세 어머니로 태임, 태강(太康), 태사를 꼽았다. 태임은 주나라 문왕(文王)의 어머니로 지임씨의 둘째 딸이다. 유향은 태임이 성품이 곧고 성실하여 오로지 덕으로 행동했다면서 특히 태교를 잘한 것으로 기록하고 있다. 무왕(武王)의 어머니 태사는 유신(有莘) 사씨(姒氏)의 딸이다. 유향은 태사에 대해 시할머니와 시어머니를 잘 모셨으며, 인자하고 명석하고 후덕했다고 기록하고 있다. 유향의 기록에서 보듯 이들은 유가 사회에서 가장 모범이 되는 여성상으로 이후 여성들이 따라야 할 본보기로 두고두고 언급되었다.

임성주가 윤지당이라는 호를 지어주자 조선의 대표적인 서예가로 꼽히는 이종사촌 한정당 송문흠이 도장을 새겨주었다. 이것이 윤지당의 학문에 대한 지지였는지는 분명하지 않다. 윤지당이라는 이름에 여자라는 한계가 너무도 분명하게 새겨져 있기 때문이다. 윤지당이라는 이름에는 아마도 태임이나 태사 같은 훌륭한 어머니가 되라는 뜻이 담겼을 것이다. 그럼에도 집안의 남자 형제들이 당호를 지어주고 도장까지 새겨 준 것은 윤지당에 대한 특별한 기대를 표현한 것이었다. 윤지당이 아무리 공부를 열심히 하고 학문에 관심을 가졌다 한들 좋은 어머니와 아내가 되는 것 이외에 무엇을 기대할 수 있었을까? 그래서 형제들은 윤지당을 보며 남자로 태어나지 못한 것을 안타까워하곤 했다.

형제들이 어머니 곁에 모여 앉아서 경전과 역사서의 의리를 논하거나 고금의 인물과 치란의 잘잘못을 논할 때마다 누이는 조용히 한마디 말로 시비를 가리곤 했는데 핵심에 딱 들어맞았다. 형들이 탄복하며 "네가 남자로 태어나지 못한 것이 한이로다"라고 말했다.[14]

윤지당은 이 시기 경전과 역사서를 읽고 이를 형제들과 토론하며 자신의 생각을 다듬은 뒤, 그것을 글로 썼다. 다른 남자 형제들처럼 공부해서 능력을 발휘할 기회가 없었던 윤지당이 할 수 있었던 유일한, 혹은 최대한의 선택이었을 것이다.

윤지당이 살았던 18세기 무렵에는 양반 가정에서 딸에게 공부를 시키는 것이 아주 특이한 경우는 아니었다. 농암 김창협의 딸 김운(金雲, 1679~1700)이나 곽청창(郭晴窓)은 성리학을 공부한 여성들로 알려져 있다. 김운은 일찍 죽어 글이 남아 있지 않고, 곽청창의 글만 일부 남아 있다. 김운은 일찍 세상을 떠난 데다 글도 전하지 않지만 노론 가문의 중심인 안동 김씨 가문에서 태어나 집안의 인정을 받았기 때문에 그 재능이 일찍부터 알려져 있었다. 김창협이 쓴 딸의 묘지명에 의하면, 김운은 남동생 김숭겸(金崇謙, 1682~1700)과 함께 아버지로부터 글을 배웠다. 문장에 곧 익숙해진 김운은『주자강목(朱子綱目)』을 술술 읽었다. 매일 문을 닫고 들어앉아 꼼짝도 하지 않고 책을 읽었는데 얼마나 집중했던지 밥을 먹고 잠을 자는 것도 잊을 정도였다.『주자강목』은 주희가 여러 역사서에서 중요한 부분을 모아 편찬한 역사서『자치통감강목(資治通鑑綱目)』을 말한다. 딸의 재주를 확인한 김창협은 사서의 하나인『논어』와 오경(五經)의 하나인『상서』를 가르치기 시작했다. 이는 유교 경전인 사서와 오경을 본격적으로 가르치기 시작했다는 뜻이며, 당시 여성들이 받던 교육의 범위를 넘어서는 것이었다. 이를 의식했는지 김창협은 '딸의 성정이 고요하고 순박해서 글을 알아도 해가 되지 않을 것' 같았다는 말을 덧붙였다. 이렇게 학문의 세계로 들어간 김운은 당대를 대표하는 문인이었던 큰할아버지 곡운(谷雲) 김수증(金壽增, 1624~1701), 숙부 삼연(三淵) 김창흡 등의 대화 상대가 되었고, 그들은 김운의 재능을 인정하여 여자 선비(女士)로 대우했다. 그러나 김운은 일찍 죽어 학문이 결실을 맺지는 못했다.

  김운은 아버지를 비롯해서 아버지의 제자와 남편의 친구들이 쓴 묘지명, 애사 등을 통해 후세에 전해지게 되었다. 그들은 그 재능을 칭송하며 남자로 태어나지 못한 것을 안타까워하는 한편, 시집간 뒤에는 재능을 숨기고 여공(女工: 여자들의 일)에만 힘을 쏟은 것을 칭송하며 그 죽음을 애통해했다. "남자로 태어난다면 깊은 산속에 집을 짓고는 수백 수천 권의 책을 쌓아두고 그 가운데서 늙어가고 싶다"는 김운의 말은 18세기 조선 사회의 여성이 학문에 대해 가졌던 열망과 좌절을 보여준다.[15] 김운의 이 말은, "나는 어려서 성리의 학문이 있음을 알았고 조금 자라서는 고기 맛이 입을 즐겁게 하듯이 더욱 좋아하여 도저히 그만둘 수가 없었다"던 윤지당의 말과 겹치면서도 차이를 드러낸다. 깊은 산속에 집을 짓고는 수

백 수천 권의 책을 쌓아두고 평생 공부하고 싶다는 열망을 갖지만 그런 상상의 그림 속에 여자를 넣지 못하고 '남자로 태어난다면'이라는 한계를 짓기 때문이다. 김운의 이 말은 한계를 넘고자 하는 상상을 보여주지만, '끝내 그만두지 못했다'는 윤지당의 말과 비교해보면 오히려 소극적이다.

어유봉(魚有鳳, 1672~1744)은 김운의 남편인 오진주(吳晉周)의 친구이자, 남동생인 김숭겸의 친구였다. 그는 오진주와 김창협의 청을 받아 김운의 애사(哀辭)를 썼다. 그는 애사에서 "내가 옛날 사람들을 보니 애초에는 남녀의 차이가 없었다. 그래서 남자는 『유의(幼儀)』를 익히고 여자는 『내훈(內訓)』을 암송하는 것으로부터 시작해서 모두 다 문자를 배웠기 때문에 경전과 역사서를 공부한 부인이 많았다"면서 우리나라는 풍속이 고루해서 고인의 가르침이 전해지지 않고, 규방의 도는 더욱 어렴풋해져서 총명하고 뛰어난 사람이 아니면 이런 옛일을 생각하고 도리를 밝히기 어렵다고 했다.[16] 그리고 김운이 공부를 했더라면 남동생보다 뛰어나 아버지를 더 빛나게 했을 것이라고도 했다.

김운의 사례는 예외적이었을까? 김운과 같이 재능 있는 여성의 존재가 예외적이지는 않았을 것이다. 다만 유교 가부장제 사회에서 남성들이 이를 어떻게 바라보았느냐에 따라 그 재능이 드러나기도 하고 은폐되기도 했다. 유교 가부장제 사회는 여자의 직분을 '주식시의(酒食是議)', 즉 술이나 밥을 의논하는 것에 한정하고, 재능이 있어도 이를 감추는 것을 미덕으로 여겼다. 여성이 학문을 하는 것은 허용되지 않았다. 그러나 여성들은 끊임없이 지식 세계를 넘보면서 자신들이 익히고 생각한 것을 글로 남겼다. 이를 바라보는 남성 지식인의 태도는 이중적이었다. 여자의 일은 술과 밥을 의논하는 것을 넘어서지 말아야 하고 재능이 있어도 숨기는 것을 미덕으로 여기는 규범을 늘 의식하면서도 지적인 능력을 발견하고 인정했다. 김창협도 예외는 아니어서 딸의 재능을 이야기하면서도 평소에는 이를 철저히 숨기고 드러내지 않았다. 그래서 딸이 시집간 뒤에도 시집 식구들은 이를 전혀 알지 못했을 정도였다. 그럼에도 딸의 재능은 인정했다. 그러나 이를 여성 일반의 일로 확대해서 생각하는 대신 집안의 다른 딸들은 감히 바라보지 못할 정도로 특별한 것으로 보았다.[17] 딸이 죽은 뒤에는 묘지명과 제문을 써서 이름을 남기고 싶어했던 딸의 바람을 이루어주고, 또 자신의 문인이자 아들의 친구인 어유봉, 이하곤 등에게 애사를 써줄 것을 부탁하기도 했다. 앞서 언급했듯 여기에는 김운의 학문적 재능이 집중적으로 기록되어 있다. 비록 죽은 뒤이기는 하지만 딸의 학업과 재능이 밖으로 드러나게 했던 것이다. 이는 곽청창의 경우도 마찬가지였다.[18] 혹시 이름이 남아 있지 않은 경우에도 어려서 학문이나 시문에 재능을 보였던 여성의 예는 행장이나 묘지명을 통해 드물지 않게 드러나곤 한다. 결국 죽은 뒤에야 그 재능이 드러날 수 있었던 경우다.

당시 안동 김씨 가문을 비롯한 중심 가문에서는 재능 있는 딸을 인정하고 공부시키는 분위기가 있었다. 그러나 그것도 한계가 뻔한 것이어서 딸이나 누이의 재능과 덕망을 지켜본 남성들은 아버지나 형제의 입장에서 여자의 운명에 대해 안타까움과 착잡한 심정을 드러내기도 했다. 임성주와 함께 수학한 김원행은 15세에 죽은 홍문관 교리 홍재(洪梓)의 딸 홍주임(洪周任)을 위해 쓴 애사에서 규방 밖을 한 발짝도 벗어나지 못하고 아무리 재능과 덕망이 있어도 알려지지 않는 여자의 처지를 슬퍼했다. 그리고 아무리 총명하고 뛰어난들 바랄 수 있는 것은 명문가에 시집 가는 것이라고 하여 여자의 처지에 대한 이해를 보여주었다. 임성주도 이런 분위기를 알고 있었기에 윤지당에게 책을 주어 읽게 하고 평생 학문적인 토론을 이어갔던 것으로 보인다. 윤지당이라는 이름이 보여주듯 그 기대는 여자의 범위를 넘지 않는 것이었다. 그러나 윤지당은 평생 공부를 하고 글을 썼으며, 임성주는 그런 누이와 평생 학문적 대화를 나누고 윤지당을 한 사람의 성리학자로 대우했다.

3장

재능 있는 여성들을 향한 관심
─「송능상 부인의 전」

임윤지당은 역사서와 경서를 읽고 형제들과 토론하며 자신의 견해를 드러내는 한편, 이를 글로도 남겼다. 윤지당은 여성들이 주로 사용한 한글이 아니라 한문으로 글을 썼다. 일상적인 편지는 한글로 썼다고 하지만 윤지당의 한글 편지는 전하지 않는다.

그는 청주 옥화대 혹은 여주에 살 무렵에 두 편의 전과 여섯 편의 논설을 남긴 것으로 보인다. 두 편의 전은 조선의 여성 인물을 다룬 「송능상 부인의 전〔宋氏能相婦傳〕」과 「최씨와 홍씨, 두 여성의 전〔崔洪二女傳〕」이고, 여섯 편의 논설은 중국의 역사적 인물인 예양(豫讓), 보과(輔果), 미생고(微生高), 안회(顔回, 또는 안연〔顔淵〕) 자로(子路), 가의(賈誼)를 다루었다. 윤지당은 만년에 문집을 간행하기 위해 원고를 정리하면서 이 여덟 편은 결혼 전에 쓴 것이라고 밝혔다. 윤지당이 19세에 결혼했음을 고려하면, 이 글들은 십대 시절에 쓴 것이다. 십대의 윤지당이 무슨 생각을 했는지, 문집의 가장 처음에 나오는 「송능상 부인의 전」부터 살펴보자.

「송능상 부인의 전」은 송능상(宋能相, 1709~1758)의 부인 한씨(?~1730)에 대한 글이다. 한씨의 아버지는 한계진(韓啓震), 어머니는 여주 이씨다. 한계진은 그다지 알려지지 않은 인물이다. 그러나 그의 형인 한원진은 권상하의 제자로서 당시 성리학의 호락논쟁(湖洛論爭)에서 호론을 주장한 학자로 널리 알려진 인물이다. 윤지당의 아버지 임적도 권상하의 문하에서 공부를 했으니 한계진은 윤지당 집안과 인연이 있는 인물이다. 한씨의 어머니 여주 이씨는 이번의 딸이라는 것만 알려져 있다. 한씨의 남편 송능상은 송시열의 5대손으로 한원진의 문하에서 공부했으며, 임성주와는 친구 사이로『녹문집』에 주고받은 편지들이 남아 있다. 윤지당은 오빠 친구의 부인이 죽은 뒤에 그 전을 쓴 것이다. 무슨 말을 하고 싶었던 것일까?

한씨 부인은 송능상의 첫 부인으로 딸 하나를 낳고 일찍 죽었다. 한씨가 죽은 1730년에 윤지당의 나이는 아홉 살이었다. 이 무렵 윤지당은 아버지와 할머니의 상을 당하고 청주 옥화대에 있었다. 송능상의 친구였던 임성주는 어머니와 동생들과 함께 집안을 돌보며 공부를 하고 있었다. 윤지당이 한씨와 서로 만날 기회가 있었는지는 알 수 없다. 아마도 윤지당은 임성주를 통해 한씨에 대해 전해 들었을 것이다.

「송능상 부인의 전」은 한씨의 식견과 덕행에 대해 기록한 글이다. 윤지당은 이 글에서 한씨가 일찍 돌아가신 어머니에게 효성스러웠고, 남편을 바르게 이끌어 학문에 정진하게 했으며, 시어머니를 잘 섬겼다고 간명하게 쓴 뒤에 자신의 평가를 덧붙였다. 이 글은 짧지만 전(傳)의 형식을 제대로 갖추고 있다. 딸로서, 아내로서, 며느리로서 역할을 잘 수행했음은 물론 학식도 뛰어났던 한씨의 삶을 효과적으로 전달한다. 윤지당이 어느 부분에 강조를 두었는지를 보기 위해 전문을 소개하면 다음과 같다.

지평(持平) 한계진의 딸은 송씨 집의 며느리다. 어려서 어머니를 잃고 몸이 여윌 정도로 지극히 슬퍼하였다. 한씨는 시집갈 무렵 상자를 들추다가 어머니의 필적이 나오면 문득 눈물을 참지 못해 치마저고리를 적시곤 했다.

일찍이 사촌형제들이 남편과 더불어 각자의 포부에 대해 이야기하다가, "나는 율곡 이이 선생의 도덕과 영귀함을 흠모한다"라고 했더니 남편도 여기에 맞장구를 쳤다. 사람들이 나간 뒤에 한씨가 물었다. "형제들의 말을 어떻게 생각하십니까?" 남편이 "괜찮지!"라고 하자 한씨가 빙그레 웃었다. 남편이 "왜 웃으시오?" 하니 한씨가 대답했다. "제 생각에는 율곡 선생이 율곡 선생일 수 있는 것은 그분의 도덕 때문입니다. 가령 율곡 선생께서 빈천하여 두메산골의 초라한 집에서 사셨다 해도 그분의 덕에 무슨 흠이 되겠으며, 영달하여 존귀하게 되셨다 해서 그 덕에 무슨 보탬이 되겠습니까? 지금 여러 형제들께서 그 도덕만 말씀하셨다면 이는 참으로 그 덕을 사모하는 것이 되겠지요. 하지만 그 도덕과 영귀함을 함께 말씀하셨으니 이는 그 덕을 흠모하는 것이 아니라 실은 그 존귀함을 부러워하는 것입니다. 그런데 당신이 그것을 괜찮다 하시니 잘못된 것 아닌가요?" 남편이 이 말을 듣고 아내의 식견에 탄복하고는 드디어 분발하여 학문을 닦아 훌륭한 선비가 되었다.

한씨는 시부모를 섬기는 데도 며느리의 도리를 다하였다. 시어머니가 언젠가 직접 누에고치를 켜자 며느리들이 대신하겠다고 했으나 시어머니가 허락하지 않아 며느리들이 각자의 방으로 돌아갔다. 한씨만은 감히 돌아가지 않고 불을 붙이며 그 일을 도왔는데 삼가고 조심하며 공손히 하여 흐트러지지 않았다. 이는 그 수고로움을 걱정하여 불이라도 때서 일을 쉽게 해드리려는 것이었다.

한씨는 학식과 덕행이 있었을 뿐만 아니라 글재주도 갖추고 있었다. 친정아버지가 세속의 쓸데없는 말을 믿고 글을 가르치지 않았으나 가끔 경서와 역사에 관한 글을 읽어서 그 대강을 깨달았다. 불행히 일찍 죽었으니 아깝지 않은가?

찬하여 말한다.
송씨 댁 부인 한씨여
아름다운 덕성에 행동도 삼갔네.
부모에게 효성스럽고
식견도 뛰어났네.
남편을 이끌어 바른길로 나아가게 하고
뜻을 격려하여 학문을 이루게 했네.
예로부터 일컫는 여자 선비란
이런 사람을 말하는 것이 아니냐.
명이 길지 않았으나
멈추는 것을 보지 못했네.
태어남은 무슨 까닭이며 죽음은 무슨 까닭인가.
하늘의 이치는 알 수가 없구나.[19]

첫 번째 일화는 어려서 어머니를 잃은 한씨가 어머니의 필적을 보고 슬픔을 참지 못했다는 내용이고, 두 번째 일화는 남편 송능상과 사촌형제들이 각자의 포부를 말하는 것을 들은 한씨가 남편을 일깨우는 내용이다. 세 번째 일화는 시어머니를 잘 섬긴 일을 담고 있다. 이 가운데 남편과의 일화가 여러 연구자들의 관심을 끌어왔다. 다른 일화들과 달리 장면이 직접 묘사되어 있고 분량도 가장 많은 것으로 미루어보건대, 윤지당은 이 일화를 중요하게 여긴 듯하다.

이 일화는 송능상이 부인의 말을 받아들이고 힘써 공부해서 훌륭한 선비가 되었다고 마무리된다. 얼핏 보면 현명한 부인이 남편을 잘 인도했다는 단순한 이야기로 보인다. 그러나 좀 더 파고들어 가보면, 남편과 그의 사촌형제들이 이이를 흠모한다고 하면서 실은 그 명예나 귀함을 흠모하는 것을 비판하고 있다. 다시 말해 이이의 인품을 흠모하는 척하지만 사실은 벼슬에서의 영달을 바라는 남성들의 소망을 예리하게 지적하고 허위성을 폭로하고 있는 것이다. 이를 통해 여성은 벼슬을 꿈도 꾸지 못하지만 지적으로나 도덕적으로는 남성보다 우위에 있는 것으로 그려진다.[20] 여성인 한씨가 남성인 송능상, 그것도 송시열의 현손인 남편보다 도덕적인 태도를 취하고 있기 때문이다.

윤지당의 전에 대해 연구한 임유경은 이 일화가 『논어』 「선진(先進)」 편에서 공자(孔子)와 그 제자들이 각자 자신의 포부를 말하는 장면을 연상시키며, 문장 형식도 유사하다고 분석했다. 『논어』의 장면을 재구성하면 이렇다.

공자가 제자들에게 각자의 뜻을 말해보라고 했다. 자로가 먼저 일어나 "큰 나라 사이에 끼어 군사적 위협을 받고 흉년이 계속되는 나라의 백성들을 3년 안에 용감해지게 하고 의리를 알게 만들겠다"고 한다. 그러자 공자가 빙그레 웃었다. 나중에 제자들이 나간 뒤, 증석(曾晳)이 공자에게 웃은 이유를 물으니 공자가 "나라는 예로 다스리는 것인데 그 말에 양보함이 없어서 웃었다"고 설명했다.

여기서 웃는다는 표현으로 '신(哂)'이라는 글자를 썼다. 빙그레 웃는다는 뜻이지만 사실은 비웃음에 가깝다. 윤지당은 『논어』에서 이 장면을 가져오면서 빙그레 웃는 공자의 위치에 한씨를 놓았다. 그 결과 한씨의 위치가 남편보다 우위에 있는 것처럼 보이게 된다.[21]

이 일화는 흥미롭다. 대화를 나누는 남편과 사촌형제들, 그리고 이를 엿보는 (또는 엿듣는) 부인 한씨의 관계가 묘한 틈새를 만들어내고 있기 때문이다. 윤지당의 서술 속에는 물론 한씨가 보았다거나 들었다는 말이 없다. 그러나 정황상 한씨가 이들의 대화를 보거나 듣고 있었음이 분명하다. 이 이야기의 틀을 한번 생각해보자.

젊은 유학자들이 모여 대화하는 공간이 있다. 그들은 신나게 자신들의 포부를 이야기한다. 그 공간의 바깥에는 대화를 엿보는 (혹은 엿듣는) 또 하나의 눈이 있다. 이 외부의 시선은 대화하는 자리에 낄 수 없는 위치에 있기 때문에 그 존재가 드러나지 않다가 한씨의 발화를 통해 비로소 드러난다. 그리고 윤지당의 전은 젊은 유학자를 바라보는 외부의 시선, 즉 한씨 부인의 시선을 보여준다.

이이의 도덕과 영예를 흠모한다는 남성 유학자들의 말은 흠잡을 데 없는 것처럼 들린다. 대화를 나눈 송능상과 그 사촌들은 별문제 없이 자리를 끝냈을 것이다. 그러나 한씨의 눈에 그들의 태도는 허위적인 것으로 보였다. 한씨는 남편에게 질문을 하고는 아직 문제를 느끼지 못하는 남편에게 잘못을 짚어주었다. 부인의 말을 받아들인 남편은 분발해서 훌륭한 학자가 되었다.

앞서 말했듯이 윤지당은 이 일화에서 한씨의 시선, 즉 엿보는 한씨의 시선을 통해 틈새를 보여준다. 이 틈새는 남편과 아내의 역전된 관계를 보여준다. 중심의 입장에서 늘 시선의 주체였던 양반 남성이 시선의 대상이 되고 있기 때문이다. 이러한 역전이 어떻게 가능했을까? 여성이 여성을 주인공으로 글을 썼기 때문에 가능했다. 그래서 글을 쓰는 주체가 된다는 것이 중요하다. 글을 쓴다는 것은 곧 시선의 주체가 된다는 의미이며, 나아가 시선의 권력을 갖는다는 의미이기 때문이다. 이런 점에서 「송능상 부인의 전」은 『논어』의 대화 장면보다 복잡한 구조를 내포한다. 「송능상 부인의 전」에 담긴 한씨의 시선을 윤지당에게 견주어 이야기해보면, 윤지당의 공부와 글쓰기 자체가 여성에게 금지된 영역을 엿보는 시선이었을 수 있다.

한씨에 대한 남편 송능상의 글과 윤지당의 글을 비교해보면 그 점을 다시 확인하게 된다. 송능상은 부인 한씨의 제문에 이런 이야기를 쓰지 않았다. 제문이라는 글의 특성도 있겠지만, "평생을 생각하니 경계하고 수련하는 사우(師友), 스승 같은 벗의 이로움을 집안에서 얻었소. 만약 아직도 당신이 살아 있다면 나에게 찬란한 빛이 되었겠지요"[22]라고 하여 부인을 스승 같은 벗, 찬란한 빛이라 부르고 있을 뿐, 부인의 재능에 대해 직접 언급하지는 않았다.

하지만 윤지당은 달랐다. 윤지당은 한씨를, 남편을 분발시켜서 훌륭한 선비로 이끈 어진 부인으로 평가하는 데에서 그치지 않았다. 일찍 죽었다는 것 이외에도 안타까운 점이 있었기 때문이다. 그것은 한씨의 아버지가 딸에게 공부를 시키지 않은 것이었다. 한씨는 학식과 덕행을 갖추고 글재주도 있었으나 제대로 교육을 받지는 못했다. 당시 사회는 딸에게 글을 가르치지 않는 것을 크게 문제 삼지 않았다. 그러나 윤지당은 딸을 가르치지 않은 것에 대해 '친정아버지가 세속의 쓸데없는 말을 믿고 글을 가르치지 않았다'고 지적했다. 이 말은 아버지가 가르치지 않았음에도 혼자 경서와 사서를 읽고 대강의 뜻을 알았다고 하여 한씨의 재능이 뛰어났음을 드러낸 것일 수도 있다. 그런데 여기서 '세속의 쓸데없는 말(區區之語)'은 많은 의미를 담고 있다. 이 짧은 말은 여성의 잠재력을 계발하기는커녕 오히려 억누르려고 했던 것을 비판한 것으로 볼 수 있다.[23] 윤지당은 이 말을 통해 여성 교육에 부정적인 당시의 풍속은 물론, 이런 쓸데없는 말을 믿은 한씨의 친정아버지를 비판했다. 그러나 아버지, 즉 가부장제를 정면으로 비판할 수는 없었기 때문에 이렇게 스치듯 말했던 것이다.

이 말은 윤지당의 삶과 학문 세계를 따르고자 했던 강정일당(姜靜一堂, 1772~1832)에 의해 메아리처럼 반복되었다. 정일당은 남편에게 보낸 짧은 편지에서 부모들이 세속의 말을 믿고 딸에게 책 읽기를 가르치지 않는 바람에 부녀자들이 종종 의리를 전혀 알지 못한다고 했다.[24] 윤지당을 의식한 말임에 틀림없다. 바로 다음 편지에 윤지당의 말을 인용하고 있기 때문이다.

윤지당은 재능과 지조가 있는 여성이 일찍 죽은 것을 아쉬워하면서 자신의 평가를 담은 찬(讚)에서 한씨 부인에게 최고의 찬사를 표한다. 사마천(司馬遷)의 『사기』 「열전(列傳)」에서 유래한 전은 보통 인물의 일대기를 기록한 부분과 그에 대한 논평을 담은 찬 부분으로 구성된다. 찬을 통해 인물에 대한 최종 평가가 이루어지기 때문에 전에서 찬은 중요한 의미를 갖는다. 윤지당은 찬에서 한씨 부인의 덕성과 효성과 식견을 칭찬했다. 그리고 남편을 바른길로 이끌고 격려를 통해 학문을 이루게 했다면서

'여자 선비'로 평가한다. 마지막 부분의 '그 멈춘 것을 보지 못했네(未見其止)'는 『논어』 「자한(子罕)」 편에서 공자가 안회의 죽음을 애석해하며 "나는 안회가 계속 발전하는 것만 보았지, 그 멈추는 것을 보지 못하였다(吾見其進也 未見其止也)"라고 말한 대목에서 따왔다. 주희가 정정사(程正思)의 화상(畫像)에 찬을 쓰면서도 인용한 대목이다. 공자가 가장 아끼는 제자인 안회의 죽음을 슬퍼하며 한 말이라면 이는 최고의 찬사에 가깝다. 당시 유학자라면 공자가 안회에게 했던 말을 여자에게 쓰지는 않았을 것이다. 그러나 윤지당은 이 말을 한씨 부인에게 썼다. 여자에게도 이런 평가를 할 수 있다는 생각을 담은 의도적인 배치로 보인다.

앞서 김운의 예에서도 보았지만 조선사회의 남성 문인들은 재능 있는 딸이 재능을 펼치지 못하는 것에 몹시 안타까워했으며, 딸의 재능에 대해 기록을 남기기도 했다. 딸뿐만 아니라 아내나 어머니가 가진 재능에 대해서도 마찬가지였다. 물론 이는 부덕(婦德)을 해치지 않는 범위 내에서의 인정이라는 한계를 지니지만, 재능 있는 여성에 대해 관심을 가졌음에는 틀림없다.

우연인지는 몰라도 윤지당보다 세 살 위의 오빠 임경주는 네 편의 전을 남겼는데 그중 세 편이 여성 인물에 대한 것이었다. 「굴씨전(屈氏傳)」은 명나라 궁녀였으나 소현세자를 따라 조선에 와서 살다가 죽은 굴씨의 전이다. 앞서 송시열의 집안을 비롯한 양반가에서 명나라의 머리 모양을 따라했다고 했는데, 그때 모델이 된 것이 바로 이 굴씨였다. 「하씨녀전(何氏女傳)」은 부모가 일찍 죽고 남동생과 단둘이 남은 하씨녀가 결혼 후에 남편이 재산을 차지하기 위해 남동생을 죽이자 관아에 가서 자살하여 남편의 죄를 고발한 일을 다룬 전이다. 「매죽당 이씨전(梅竹堂李氏傳)」은 학문이 남자 못지않았던 이씨가 조옥잠(趙玉簪)과 남다른 교분을 맺었는데 조옥잠이 병들어 죽자 슬픔을 이기지 못하고 19세의 나이로 세상을 떠났다는 내용을 담고 있다.

매죽당 이씨는 종실 완원군(完原君)의 후예다. 이씨는 어려서부터 꽃을 키우기를 좋아했는데 얼마 후에 탄식하며 말하기를, "이는 부인이 할 일이 아니다" 하고는 꽃을 모두 없애고 매화와 대나무 몇 그루만 남겼다. 그리고 스스로 매죽당이라는 호로 불렀다. 이로부터 날마다 여공을 부지런히 닦았다. 그러나 본래 총명하고 공부하기를 좋아해서 『주역(周易)』에 제법 능통했으며, 또 노래와 시를 잘했다. 당시 조옥잠이라는 여자가 있었는데 사람됨이 맑고 고상했으며 문장을 알았기 때문에 이씨와 옥잠은 친구가 되어 몹시 친하게 지냈다. (……) 그 담론과 의기에 군자의 풍모가 있었다. 그 뒤 옥잠이 죽었다. 이씨가 옥잠을 잃은 뒤 근심을 이기지 못하고 글을 지어 말하기를, "하늘이 쇠한 것은 이미 오래되었다. 안회는 요절하고 도척(盜跖: 춘추시대 도적 무리의 우두머리-옮긴이)은 수를 누렸으니 그 외에 또 무슨 말을 하겠는가? 아아, 옥잠이여. 그 천운을 어찌하겠으며, 그 운명을 어찌하겠는가?"라고 하였다. 몇 년 뒤에 이씨가 피를 토하고 죽었는데 열아홉 살이었다. (……) 이씨의 성품은 지극히 효성스러웠다. 부모가 어린 아들을 잃고 몹시 슬퍼하자 다섯 살이었던 이씨가 울면서 사람들에게 말하기를, "내가 딸로서 어떻게 하면 동생을 대신할 수 있을까요?"라고 하였다. 죽을 때까지 부모를 옆에서 모셨는데 조금도 어긋남이 없었다.[25]

매죽당 이씨가 누구인지는 정확히 알 수 없다. 임경주는 이씨가 꽃을 좋아했으나 부인의 일이 아니라며 꽃을 없애버렸고, 시도 잘 쓰고 학문도 깊었으나 여자의 할 일을 소홀히 하지 않고 지극히 효성스러운 여성이었다고 기록하고 있다. 매죽당과 조옥잠에 대한 이야기는 조금 변형된 형태로 『좌계부담(左溪裒談)』에도 실려 있다. 『좌계부담』은 광해조 연간부터 영조 연간까지 약 250여 년 동안 사대부에 대한 전기, 일화, 시화 등을 담고 있는 책인데 작가가 신돈복(辛敦復)이라는 설도 있지만 분명하지는 않다. 따라서 임경주의 「매죽당 이씨전」과의 선후 관계도 분명치 않다.

『좌계부담』은 매죽당을 사족(士族) 한생의 부인 이씨로 소개하는 한편, 조옥잠을 중인 처녀로서 호가 현포(玄圃)라고 소개하며 중인 여성을 부르는 소사(召史)라는 명칭으로 지칭한다. 『좌계부담』에는 이씨가 먼저 죽는 것으로 서술되어 있다. 그러면 『좌계부담』의 내용을 살펴보자. 이씨는 홀어머니 밑에서 자라면서 오빠들이 글 읽는 소리를 귀담아들었다가 외우고 기억해서 잊지 않았으며, 그렇게 문장을 이루어 이씨가 꺼내는 한마디 한마디가 사람을 놀라게 했다. 결혼한 뒤에도 부귀영화에는 전혀 뜻이 없었으며, 길쌈이나 바느질에도 처음부터 흥미를 갖지 않았다. 이씨는 그의 명성을 듣고 집으로 찾아온 중인 처녀 조소사와 경전과 역사를 토론했는데 속세의 남자들이 감히 그들 규방의 세계를 넘볼 수 없었다. 얼마 뒤에 이씨가 낙태하여 죽자 조소사는 영전에 통곡하며 글로 제를 지내고 돌아오는 길에 시를 읊었다. 그 뒤로 조소사는 세상에 뜻이 없어 꽃피는 아침, 달 뜨는 저녁에 눈물을 흘리고 한숨을 쉬기도 하며, "이 매헌의 아리따운 용모와 슬기로운 언어를 다시는 보고 들을 길이 없으

니, 내가 사는 것이 슬픔이 될 뿐이다"라고 하고는 음식을 전폐하다가 병이 깊어져서 죽었다.[26]

　매죽당 이씨와 조옥잠의 이야기는 두 여자의 깊은 우정과 의리를 전해주는 한편, 재능 있는 여자들이 행복한 삶을 살지 못했음을 이야기하고 있다. 여기에 비하면 「송능상 부인의 전」은 재능 있는 한씨가 일찍 죽은 것을 안타까워하면서도 한씨에게 여사의 칭호를 붙이며 그 덕을 칭송한다는 점에서 차이를 드러낸다.

4장

남자도 하기 어려운 일이 아닌가
—「최씨와 홍씨, 두 여성의 전」

윤지당은 「송능상 부인의 전」에 이어 당시 조정에서 논란을 일으켰던 두 여성을 주인공으로 「최씨와 홍씨, 두 여성의 전」을 썼다. 최씨와 홍씨 역시 실존했던 인물로 삼가현(지금의 경상남도 합천군 삼가면, 쌍백면, 가회면, 대병면 일대)에 살았던 무인(武人)의 아내와 딸이다. 이 모녀는 왜 논란을 일으켰을까? 다음은 그 전문이다.

최씨와 홍씨, 두 여자는 삼가현의 무인 홍씨의 아내와 딸이다. 무인 홍씨가 다른 사람에게 살해당하자 두 여자는 함께 원수를 갚기로 맹세했다.

"무릇 사람이 짐승과 다른 점은 효성과 절개가 있기 때문이다. 아내가 남편의 원수를 갚는 것은 절개요, 자식이 아버지의 원수를 갚는 것은 효성이다. 이제 남편이 불행히 남에게 살해되었는데도 우리가 살기를 탐하여 원수를 갚지 않는다면 지하에 가서 어떻게 남편을 보겠으며, 또 어찌 이 세상에서 살아갈 수가 있겠는가?"

그러고 나서 칼을 품고 원수의 집을 엿본 지 여러 해 만에 원수를 만나 칼로 찔러 죽이고 고을 관아로 들어가 그대로 고하였다. 태수가 그 말을 듣고 조정에 아뢰니 조정에서 이들을 의롭게 여겨서 살인죄를 사해주고 세금을 면해주게 했다.

군자는 말한다. 두 여자가 한 일은 열이고 효이며, 또 용기 있는 행위로서 남자도 미치기 어려운 것이다. 『시경』에서 이르기를, "자식 된 자여, 목숨을 버릴지언정 절개를 변치 않네"라고 했으니 바로 이 두 여자를 말한다![27]

윤지당은 최씨와 홍씨가 남편이자 아버지를 위해 복수한 내용과 그에 대한 조정의 처분 그리고 그에 대한 자신의 의견을 간명한 문장으로 썼다. 두 여자의 이야기는 『실록』을 비롯해서 『국조보감(國朝寶鑑)』, 『연려실기술(練藜室記述)』, 각종 문집 등에 실려 있을 정도로 당시 꽤 관심을 끌었다.

숙종 36년(1710) 10월 19일 『실록』에는 '남편을 죽인 사람을 보복 살해한 홍방필의 처 최씨와 딸 홍씨의 조세를 면해주다'라는 제목으로 이 사건에 관한 내용이 실려 있다. 이 사건을 보고받은 숙종은 "늠름한 절의가 옛사람에게 부끄러울 것이 없다. 이는 함부로 죽인 죄를 용서해주는 데서 그쳐서는 안 된다"라고 하고는 대신에게 의논해서 처리하게 했다. 그러자 판부사 이유(李濡)와 좌의정 서종태(徐宗泰, 1652~1719)가 정려(旌閭)를 내리는 것은 가볍게 시행하기 어렵다고 하면서 특별히 조세를 면해주어 가상하게 여기는 뜻을 보이는 것이 좋겠다는 의견을 올렸다. 숙종은 이 의견을 따랐다.[28] 사람을 죽인 것에 정려를 내린다면 이후 폐단이 생길 수 있기 때문에 대신 조세를 면제해주는 정도가 마땅하다는 의견을 따른 것이다. 서종태의 의견은 그의 문집 『만정당집(晚靜堂集)』에 「최와

홍, 두 여자의 복수에 대한 의견」이라는 제목으로 실려 있다.[29] 당시 우의
정이던 몽와 김창집의 『몽와집(夢窩集)』에도 「홍방필의 아내 최씨와 그
딸이 남편과 아비를 위해 복수한 일을 처결하는 데 대한 의견」이라는 글
이 실려 있다.[30] 두 글은 모두 최씨와 홍씨의 절의와 효성이 무너진 풍속
을 일으키고 교화에 도움이 될 것이라면서도 정려를 내리기에는 조심스
럽다는 의견을 밝히고 있다.

　비록 사람을 죽였지만, 목숨을 걸고 아내가 남편을 위해, 딸이 아버지
를 위해 복수한 것은 조선사회가 그토록 중시한 절의와 효를 적극적으
로 실천한 것이었다. 남편과 아비를 위한 이들의 절의와 효는 임금을 위
해 목숨을 바치는 충(忠)으로 연결된다. 당시 임금을 비롯한 지배층이 이
사건에 관심을 가진 것은 청나라로부터 수난을 겪은 조선의 현실에서 나
라의 원수도 그렇게 갚을 수 있다는 정치적 복선 하에 절의와 효를 더욱
표창하고 장려한 것이라고 볼 수 있다.[31] 따라서 이 사건은 하나의 판례
로서 이후 참조가 되었을 법하다. 이후 이 사건은 『국조보감』에 실렸다.
『국조보감』은 선대 왕의 업적 가운데 모범이 될 만한 일들을 모은 일종
의 역사책이다. 또한 이긍익(李肯翊, 1736~1806)은 『연려실기술』에 『국조
보감』의 내용을 인용하여 이 사건을 소개하고 있으며, 다산 정약용(丁若
鏞, 1762~1836)은 『흠흠신서(欽欽新書)』에 「아내가 남편의 원수를 갚다」라
는 제목으로 이 사건을 싣고 있다. 이긍익이 인용한 『국조보감』은 1730
년 이덕수(李德壽, 1673~1744) 등이 숙종대의 사적을 엮어 완성한 『숙묘보
감(肅廟寶鑑)』으로 보인다. 시기상 십대인 윤지당이 『숙묘보감』을 직접
보았는지는 알 수 없다. 아마도 당시 사대부 사회에서 돌아다니던 이야
기를 오빠들에게 전해 듣고 글을 썼을 가능성이 크다.

윤지당이 전에서 서술하고 있는 사건 개요는 『실록』을 비롯해 다른 책에 실린 것과 유사하다. 다른 기록들에 없는 것은 모녀가 원수를 갚기로 맹세하면서 했다는 말과 '군자는' 이하의 말이다. 여기서 군자는 작가, 즉 윤지당을 의미한다. 우리는 이 두 부분을 통해 이 사건에 대한 윤지당의 생각을 엿볼 수 있다. 윤지당은 모녀의 입을 빌려서 사람이 짐승과 다른 것은 효성과 절의를 지키는 점이라고 한다. 그러면서 남편과 아버지가 살해당했는데도 살기를 탐해서 원수를 갚지 않으면 죽어서 남편과 아버지를 대할 수도 없고, 세상에 살아 있을 수도 없다고 이야기한다. 모녀의 행위를 철저히 효성과 절의의 관점에서 보고 있는 것이다.

앞서 보았듯이 숙종은 그 절의를 칭찬하면서 죄를 용서하는 것 이상으로 포상해야 한다고 했다. 이 일을 논의했던 사대부들 역시 모녀의 행위를 효성과 절의로 보았지만 정려를 내리는 것에는 반대했다. 윤지당도 효성과 절의를 강조한 점에서는 숙종을 비롯한 사대부들의 생각과 다를 바가 없다. 차이가 있다면 두 여자의 입을 통해 직접 자신들의 행위가 효성과 절의에서 나온 것임을 밝혔다는 점이다. 그 대상이 오로지 남편과 아버지라는 한계가 있기는 하지만 이들의 발화는 여성들 스스로 도덕적 주체임을 선언한 것으로 볼 수 있다.[32] 그리고 또 하나 인상적인 것은 '군자는' 이하의 말이다. 윤지당은 여기서 두 여자의 행동을 절의와 효성을 실천한 용기 있는 행위라고 보고, 남자도 미치기 어려운 일을 했다고 평가했다. 그리고 『시경』 「정풍(正風)」의 '목숨을 버릴지언정 절개를 변치 않는다'라는 구절을 인용하여 두 모녀를 높이 평가했다. '남자도 하기 어려운 일을 했다'는 표현은 『열녀전』 등에서 여성을 칭찬할 때 흔히 쓰는 말이고, 서종태도 같은 표현을 쓰고 있다. 따라서 윤지당이 같은 여자라서 이렇게 말한 것만은 아닐 것이다. 그러나 같은 내용이라도 남자가 말할 때와 여자가 말할 때 맥락이 달라진다. 남성 사대부가 이렇게 말하면, 사대부 자신의 반성과 자아성찰을 함축한 것이기는 하지만 그 이면에는 자신들의 우월성에 대한 전제가 깔려 있는 반면,[33] 여자가 이렇게 말할 경우에는 여자의 자신감을 표현한 것이거나 남성에 대한 비판적 견해를 드러낸 것으로 볼 수 있기 때문이다.

「송능상 부인의 전」과 「최씨와 홍씨, 두 여성의 전」은 윤지당이 당대 사회뿐만 아니라 여성의 삶에도 관심이 많았음을 보여준다. 이 두 편의 전을 통해 우리는 십대의 윤지당이 여성으로서의 정체성과 올바른 삶에 대해 고민한 흔적을 엿볼 수 있다. 또한 성리학을 공부하는 사람으로서 일상생활에서 그것을 어떻게 실천할지에 대한 고민과 함께 여성들의 삶의 태도와 이념의 실천 양상에 대한 관심도 엿볼 수 있다.

5장

의리란 무엇인가
– 예양과 보과를 논하다

임윤지당은 두 편의 전 외에 중국의 역사를 읽고 의리의 관점에서 인물을 평가한 글을 남겼다. 그녀가 다룬 인물들은 예양, 보과, 미생고, 안회, 자로, 가의, 이릉(李陵), 온교(溫嶠), 사마광, 왕안석(王安石), 악비(岳飛) 등이다. 예양부터 안회까지 네 인물에 대한 네 편의 논은 결혼 전에 썼고 나머지는 결혼 후에 썼다. 결혼 전에 윤지당은 사마천의 『사기』, 반고(班固)의 『한서(漢書)』, 사마광의 『자치통감』 등을 읽으며 역사를 공부한 것으로 보인다. 윤지당이 이 인물들을 어떤 기준으로 뽑았는지 정확하게 알기는 어렵다. 그러나 글의 내용으로 미루어 보면 충과 의를 기준으로 행위가 잘못되었거나 잘못 평가되었다고 생각한 인물들을 고른 것으로 보인다. 그래서 윤지당은 안회를 제외한 나머지 인물들에 대해 비판적인 태도를 취하고 있다. 우리는 역사적 인물에 대한 글을 통해 윤지당이 어떤 이념적 지향을 가졌으며, 어떤 인간형을 추구했는지를 짐작할 수 있다.

먼저 「예양을 논하다(論豫讓)」를 보자. 윤지당은 먼저 "세상 사람들은 예양을 '의사(義士)'라고 하지만, 내가 보기에는 참된 의사가 아니다"라고 자신의 주장을 제시한 뒤, 근거를 들어 이를 입증하는 방식으로 글을 전개한다. 윤지당이 보기에 예양은 의로운 선비가 아니다. 효자라면 어버이가 자애롭지 않아도 효도해야 하고, 충신이라면 임금이 예로 대우하지 않아도 충성해야 하는데, 예양은 자기를 알아주는 사람에게만 충성했고, 임금이 잘못해도 그 허물을 바로잡지 못했기 때문이다.

예양은 누구인가? 사마천의 『사기』 「자객열전(刺客列傳)」에 실린 인물로 주군을 위해 목숨을 바친 의리 있는 인물로 알려져 있다. 『사기』에 의하면, 예양은 춘추전국시대 진(晉)나라 사람으로 처음에는 범씨와 중행씨를 섬겼다. 그러나 그때는 그의 이름이 별로 알려지지 않았다. 인정을 받지 못했던 예양은 그들을 떠나 지백(智伯)을 섬겼다. 지백은 그를 매우 존중하고 총애했다. 이후 지백이 조양자(趙襄子)를 공격했으나 패하고 말았다. 조양자는 지백뿐만 아니라 지백의 후손까지 멸한 다음 그의 토지를 셋으로 나누고 지백의 두개골에 옻칠을 해서 술잔으로 사용했다. 이에 예양은 자신을 알아준 지백을 위해 기필코 원수를 갚고 죽음으로 보답하기로 결심했다.

예양은 이후 여러 차례 조양자를 죽이려 했으나 모두 실패했다. 처음에는 이름을 바꾸고 죄수로 변장한 다음 조양자의 궁에 들어가 뒷간에 숨었다. 몸에 비수를 품고 있다가 기회를 틈타 찔러 죽이려는 계획이었으나 조양자에게 발각되었다. 예양이 원수를 갚으려 했다고 큰 소리로 말하자 좌우에 있던 사람들이 그를 죽이려 했다. 그러자 조양자가 예양을 '의로운 사람'이라고 하고는 후사도 없이 죽은 지백을 위해 원수를 갚으려 하니 '천하의 현인'이라며 놓아주었다. 그러나 예양은 여기서 멈추지 않았다. 얼마 뒤에는 몸에 옻칠을 해서 문둥이로 가장하고 숯을 삼켜서 목을 쉬게 하여 자신의 모습을 아무도 못 알아보게 한 뒤, 다시 조양자를 죽이려 했다. 아내도 알아보지 못했으나 친구가 예양을 알아보았다.

친구는 울면서 그런 재능으로 조양자를 섬기면 조양자의 인정을 받을 텐데, 그렇게까지 자기 몸을 해치고 모습을 추하게 하면서 복수하는 것이 어렵지 않느냐고 했다. 그러자 예양은 두 마음을 품고 주인을 섬기는 것은 부끄러운 일이라고 하고는 복수하러 떠났다. 예양은 조양자가 지나가는 다리 밑에 숨어 있었다. 조양자가 다리를 지나가다 타고 있던 말이 놀라는 것을 보고는 예양이 숨어 있는 것을 알아챘다. 조양자가 예양에게 물었다. 이전에 섬기던 범씨와 중행씨를 지백이 멸했을 때는 복수를 하지 않고 도리어 지백의 신하가 되더니, 유독 지백을 위해서만 이토록 끈질기게 복수를 하는 이유가 무엇이냐고. 그러자 예양이 대답했다. 범씨와 중행씨는 자신을 보통 사람으로 대우했기 때문에 자신도 보통 사람으로 대우했을 뿐이고, 지백은 국사(國士)로 대우했기 때문에 자신도 국사로 보답하려는 것이라고. 이 말을 들은 조양자가 탄식하고 눈물을 흘리면서 지백을 위한 충절도 다했고 자신의 용서도 충분하다고 하고는 군사를 시켜 예양을 포위했다.

그러자 예양은 자신이 죽어 마땅하다면서 조양자의 옷이라도 칼로 쳐서 원수를 갚게 해달라고 부탁했다. 조양자가 자기 옷을 예양에게 가져다주게 하니 예양이 칼을 뽑아들고 세 번을 뛰어 그 옷을 치면서 이제야 지백에게 보답했다고 하고는 칼에 엎어져서 자결했다. 사마천은 예양이 죽던 날에 조나라의 지사들이 모두 그를 위해 눈물을 흘리며 울었다는 말로 그에 대한 기록을 마무리하고 있다.

자신의 모습과 목소리까지 바꾸어 복수를 꾀하다가 끝내 실패하자 원수의 옷이라도 베고서야 자결한 예양. 끝내 복수하고자 했으나 실패한 예양의 일은 비장하면서도 허무하다. "선비는 자기를 알아주는 사람을 위해서 죽고, 여자는 자기를 좋아해주는 사람을 위해 얼굴을 꾸민다"던 예양의 말은 여성의 입장에서는 불편한 말이지만 이후 문사들의 시문에 줄곧 인용되었다. 그리고 예양은 자신의 몸을 바쳐 의리를 지킨 인물로 칭송되었다. 조선시대의 선비들도 예양을 절의의 상징으로 수용했다. 허목(許穆, 1595~1682)은 예양이 몸을 바쳐 의리를 따랐기 때문에 죽은 뒤에도 그 명성이 없어지지 않고 지사들의 마음을 울컥하게 한다고 했고,[34] 정두경(鄭斗卿, 1597~1673)은 「자객열전」의 인물들을 다룬 시 「자객가(刺客歌)」에서 예양의 충정을 기리며 "지사들은 눈물 속에서 장렬함을 슬퍼했네"[35]라고 읊었다. 정몽주가 살해당한 선죽교를 예양이 조양자를 기다리며 숨어 있었던 예양교와 비교하면서 그 충절을 기렸다.[36] 이처럼 예양은 장렬한 일을 한 인물로서 뜻있는 선비들의 모범이 되었다.

그러나 성호(星湖) 이익부터 평가가 달라진다. 이익은 「예양론(豫讓論)」을 쓰면서 이전의 유학자들은 조양자가 예양을 죽인 것을 잘못이라고 하지만 자신은 그렇게 생각하지 않는다고 하고는 예양이 지백이라는 인물에게 충성하는 것을 문제 삼았다.[37] 이익에 의하면 천하의 폭군 주왕(紂王)과 비슷할 만큼 악행을 저지른 지백에게 충성을 다한 신하들은 자신을 돌봐준 소소한 은혜에 감복한 잔당들에 불과하다는 것이다. 그들은 "저분이 일찍이 나를 국사로 대우해주었다"라고 했으나 이런 부류들이 국사가 무엇인지 알기나 했겠느냐고 반문하고는 '예양이라는 사람은 충성을 다하고자 했지만, 재주가 모자란 사람'이라고 결론지었다.[38]

이익과 마찬가지로 윤지당도 예양에 대한 평가를 달리하였다.

세상 사람들은 예양을 의로운 선비라 일컫지만 내가 보기에는 진정으로 의로운 선비가 아니다. 무릇 효자는 아버지가 비록 자애롭지 못해도 효로 섬기고, 충신은 임금이 비록 예에 어긋난다 해도 충으로 섬긴다. 예양은 일찍이 범씨와 중행씨를 섬기다가 지백이 그를 멸하여도 원수를 갚지 않고 도리어 신하가 되어 지백을 섬겼다. 이는 중행씨가 예양을 보통 사람과 똑같이 대우했기 때문이다. 조양자가 지백을 죽이자 예양은 지백의 원수를 갚기 위해 두 번, 세 번 시도했다. 이는 지백이 예양을 국사로 대했기 때문이다. 이는 예양이 단지 예우를 받아서이지 충으로 보답한 것이 아니다. 만약 지백이 예양을 대우하기를 중행씨처럼 했다면 예양은 다시 조양자를 섬겼을 것이다. 예양이 예양처럼 행동한 것은 특별한 총애를 받았기 때문이다.

또 예양이 이미 국사의 대우를 받았으니 그가 말하는 것은 마땅히 모두 들어주었을 것이다. 그렇다면 지백이 한(韓)나라와 위(魏)나라의 땅을 뺏으려 했을 때 예양은 왜 죽음으로써 잘못을 바로잡아 지백의 불의한 일을 막지 않았는가? 지백이 진양(晉陽)을 공격할 때 예양은 어찌 죽음으로써 간하여 그 임금이 죽을 지경에 빠지지 않게 못하였는가? 도리어 구구하게 칼을 품고 원수를 갚겠다는 것은 무엇인가? 아아, 예양은 중행씨에 대해 절조를 지키지 못했고 지백의 허물을 바로잡지도 못했다. 그러고는 마침내 죽고 말았으니 일개 필부의 도량에 지나지 않을 뿐, 어찌 충성스럽고 의롭다 하겠는가?[39]

윤지당은 예양의 행위를 충이나 의가 아니라고 단언하고는 예양은 의인이 아니라 한낱 필부에 지나지 않는다고 평가했다. 효자는 자애롭지 않은 부모라도 효도해야 하고, 충신은 임금이 예로 대우하지 않더라도 충을 지켜야 하지만 예양은 자기를 알아주는 사람에게만 충성했다는 것이다. 게다가 자기를 알아주는 임금이 잘못을 저질렀으면 허물을 바로잡았어야 하지만 그것도 하지 못했다는 것이다.

이어서 윤지당은 보과라는 인물에 대한 글을 썼다. 보과는 예양이 목숨을 바쳐 충성한 지백이 후계자가 되는 것을 반대한 인물이다. 보과는 중국 춘추전국시대의 인물로 본래 이름은 지과(智果)다. 보과는 당대의 영주였던 지선자(智宣子)의 친척이었다. 그는 지선자가 인품이 좋지 않은 만아들을 후계자로 정하려 하자 이를 반대하며 인품이 훌륭한 서자(庶子)를 추천했다. 보과가 반대한 만아들이 바로 예양을 국사로 대우했던 지요(智瑤), 즉 지백이다. 사마광은 『자치통감』 권 1 주기(周紀) 위열왕 23년조에 이렇게 기록하고 있다.

애초에 진(晉)의 대부 지선자가 장차 지요를 후사로 삼으려고 하자 지과가 말하기를, "지소(智宵)로 하는 것만 못할 것입니다. 지요는 다른 사람보다 현명한 것이 다섯이나 있지만 모자라는 것이 하나 있습니다. 아름다운 턱수염이 길고 풍성한 것이 훌륭하고, 활쏘기와 말달리기를 하기에 충분한 힘을 가진 것이 훌륭하고, 기예가 넉넉한 것이 훌륭하고, 교묘한 문장과 은혜를 베푸는 말솜씨가 훌륭하고, 세고 군고 과감한 것이 훌륭합니다. 이와 같이 뛰어나다고 해도 매우 어질지 못하니, 다섯 가지 뛰어난 점으로 남을 업신여기면서 어질지 못하게 행동한다면, 누가 그를 기다리겠습니까? 만약 지요를 세운다면 지씨 종족은 반드시 망할 것입니다"라고 했으나 지선자는 그의 뜻을 받아들이지 않았다. 지과는 성을 보(輔)씨로 바꾸고 숨어 살았다. 뒤에 지백이 조양자에게 패하여 지씨 일족이 모두 죽음을 당했으나 보과 일족만은 살아남자 사람들이 그의 선견지명에 감탄했다.[40]

그러나 윤지당은 보과라는 인물도 졸렬하다고 평가했다. "신하가 자기 몸만 아긴다면 충성을 다할 수 없고, 왕족이 자기 몸만 아긴다면 종사를 지켜나갈 수 없다. 보과의 별족이 바로 그렇다"[41]는 것이다. 윤지당은 보과를 자기만 생각한 인물로 보았다. 윤지당은 지과가 성을 바꾸고 숨어서 화를 피한 것에 대해 "자기 한 몸을 도모하는 데는 어찌 그렇게 능숙하며, 나라의 큰일을 위하는 일에는 어찌 그렇게 졸렬했던가?"[42]라고 비판했다. 윤지당은 보과가 종사의 중요함을 알고 의리가 있는 인물이라면 지백을 보좌하여 온 마음을 다해 잘못을 바로잡았어야 하고, 끝내 어쩔 수 없었다면 죽음으로써 바른길을 보여줘야 했다고 주장한다. 그랬다면 지백이 비록 고집이 세다고 해도 그 충성에 감동하여 잘못을 고쳤을 것이고, 결과적으로 지씨의 종사는 망하지 않았을 것이며, 보과는 죽은 것이 산 것보다 나았을 것이라고 했다. 그것도 아니면 종사의 제기를 안고 도망이라도 쳐서 종사를 보존하는 것이 성을 바꾸고 목숨을 부지하는 것보다는 낫다고 보았다.

보과의 행위에 대해 윤지당은 "임금을 배반하고 선조를 잊고 구구하게 자신의 몸만 아낌으로써 홀로 화를 면했으니, 그의 불충과 불효는 이보다 더할 수 없다"[43]라고 했다. 그리고 예양 같은 뜨내기 신하도 국사의 대우를 잊지 않고 목숨으로써 임금의 은혜를 갚았는데, 보과는 고귀한 왕족으로 이렇게 처신했으니 예양보다 못하다고 평가했다.

윤지당이 예양과 보과에 대한 글에서 일관되게 주장한 것이 있다. 바로 충과 의리에 대한 결연한 태도이며, 자신을 위해 이로움을 택하는 것에 대한 비판으로 이는 윤지당이 성리학자의 입장에서 이들을 평가하고 있음을 드러낸다.

6장

내 이름은 아녀자가 아니다
― 공부의 목적, 성인(聖人)

임윤지당이 결혼 전에 마지막으로 쓴 글은 안회에 대해서다. 안회는 중국 춘추시대 노(魯)나라 사람으로 공자가 가장 사랑한 제자로 알려져 있다. 공자는 안회에 대해 칭찬을 아끼지 않았는데 특히 가난 속에서도 즐거워하는 것을 훌륭하게 여겼다. "어질다, 회여. 한 그릇의 밥, 한 표주박의 물로 가난한 마을에 살게 되면 다른 사람들은 그 근심을 견디지 못하는데 회는 그 즐거움이 변치 않으니 어질도다, 회여!"[44] 유학을 공부하는 학자라면 누구라도 이런 칭찬을 받은 안회를 선망했을 것이다. 윤지당도 마찬가지였던 것 같다. 윤지당은 안회가 즐긴 것이 무엇인지 질문하고 그것에 답하는 형식으로 한 편의 글을 썼다. 이 글은 그동안 크게 주목받지 못했지만 윤지당이 학자로서의 정체성을 확립하고는 어떻게 살아야 할지, 어디에 인생의 목표를 두어야 할지에 대한 고민을 정리했음을 보여준다는 점에서 중요한 의미를 갖는다. 이 글의 제목은 「안자가 즐긴 바를 논함(論顔子所樂)」이고 '어떤 사람(或)'과 '나(余)'가 주고받는 문답의 형식을 취하고 있다. 이 글은 윤지당의 다른 글들에서 반복되어 나오는, 윤지당이 평생 추구한 질문을 담고 있다. 그 내용을 들여다보자. 다음은 문답을 축약해서 정리한 것이다.

문 : 공자께서는 그 즐거움이 변치 않음을 두고 안자를 칭송하셨다. 안자가 즐거워한 것이 대체 무엇인가?

답 : 천(天)을 즐긴 것이다. 천이란 무엇인가. 천이란 곧 이(理)다. 내 본성 중에는 본래 하나의 천이 있는데 안자가 즐긴 것이 바로 천이다. 보통 사람은 이 즐거움을 가졌으나 이를 잃어버린 사람이고, 성인은 이 즐거움을 본성으로 삼아 그것을 다하는 사람이고, 학자는 이 즐거움을 알고 그것을 구하는 사람이다. 그런데 이 즐거움은 배워서 얻어지는 것이니 배우지 않으면 얻을 수 없다. 맹자는 "순(舜)은 어떤 사람이고 나는 어떤 사람인가를 묻고 그렇게 되려고 노력하는 사람은 그렇게 된다"고 했다.

문 : 가난으로 인해 부모님을 편히 모시지 못하는 것도 문제다. 안자가 부모를 편하게 모시지 못하는 것을 걱정하지 않고 태연하게 지낼 수 있었을까?

답 : 증자(曾子)는 몹시 가난했지만 부모를 모실 때는 반드시 술과 고기를 드렸으니 안자도 비록 가난했지만 부모의 끼니를 거르게 하지는 않았을 것이다. 그는 부모를 편히 모시지 못하는 것을 근심했을 것이나 그가 진정으로 걱정한 것은 천리(天理)였다. 안자가 자주 끼니를 거른 것은 하늘을 즐긴 것이다. 하늘을 즐기며 가난을 잊었기 때문에 스스로 가난을 느끼지도 않았고, 그것을 면하려고 하지도 않아서 여러 차례 끼니를 거르곤 했던 것이다. 공자가 안자를 칭찬한 것은 이 때문이다. 그런데 공자의 즐거움과 안자의 즐거움에는 차이가 있다. 공자는 나물밥을 먹고 팔베개를 하고 잠을 자도 즐거움이 그 가운데 있다고 했으나, 안자는 표주박으로 물을 마시고 가난한 마을에 살아도

그 즐거움이 변치 않는다고 했다. 즐거움이 그 가운데 있다는 것과 그 즐거움이 변치 않는다는 것의 차이는 애씀과 애쓰지 않음의 차이, 지킴과 조화의 차이다. 그러니 즐거움이 두 가지인 것이 아니다. 안자가 오래 살았다면 그의 즐거움은 성인에 버금가는 것이 아니라 성인과 똑같아졌을 것이다.

문 : 성인은 태어나면서부터 아는 자, 즉 생이지지자(生而知之者)이니 배워서 도달할 수 있는 존재가 아니다. 안자가 오래 살았으면 성인과 같아졌을 거라고 했는데 그렇다면 성인도 배워서 알 수 있는가?

답 : 성인은 우리와 같은 사람이다. 보통 사람과 성인은 다 같이 태극의 이치를 본성으로 삼았다. 다만 기품에 구애받고 물욕에 가려서 지혜로운 사람과 어리석은 사람, 어진 사람과 못난 사람의 차이가 생기는 것이지, 부여받은 본성은 같다. 맹자가 "사람은 누구나 요순이 될 수 있다"고 했다. 보통 사람도 요순이 될 수 있는데, 하물며 안자 같이 성인에 버금가는 자질을 가진 사람은 말할 것도 없다. 그러니 성인이 되고자 한다면 먼저 안자가 즐기는 바를 구할 것이고, 안자의 즐기는 바를 구하려면 먼저 안자가 학문을 좋아하는 자세를 배워야 할 것이다. 학문을 좋아하려면 어떻게 해야 하는가? 네 가지 하지 말아야 할 것, 즉 "예가 아니면 보지 말고, 예가 아니면 듣지 말고, 예가 아니면 말하지 말고, 예가 아니면 움직이지 말라(非禮勿視, 非禮勿聽, 非禮勿言, 非禮勿動)"는 말을 지키고, 널리 배우고 절제하는 것〔博約〕으로 시작한다.

문답의 형태는 철학적인 담론을 전개할 때 많이 써오던 방식이다. 쟁

점이 될 만한 문제를 여러 측면에서 묻고 답하면서 결론에 이를 수 있기 때문이다. 윤지당은 먼저 배움, 즉 학문을 통해 성인에 이를 가능성이 자신에게도 있음을 논리적으로 확인하고 있다. 이어서 안회가 가난해서 부모를 편하게 모시지 못하면서도 편안할 수 있을지 묻고 아마도 증자처럼 부모를 효성스럽게 모셨을 것이라고 답한다. '가난한 가운데 부모를 모실 수 있었는가'라는 질문은 현실적이다. 그런데 윤지당은 증자처럼 모셨을 것이라고 하고는 안회가 더 중요하게 여긴 것은 천리였다고 한다.

공자와 안회의 차이를 지적한 부분도 흥미롭다. 애씀, 즉 노력의 차이다. 성인도 우리와 같은 사람이지만 우리는 기품과 물욕에 가려서 성인과 달라진 것이다. 그러므로 성인이 되려면 먼저 안회와 같이 천명을 즐길 수 있어야 하고, 그렇게 되려면 안회의 학문하는 태도를 배워야 한다. 그리고 학문을 좋아하는 것은 네 가지 하지 말아야 할 것으로부터 시작해야 한다. 이것이 윤지당의 결론이다. '네 가지 하지 말아야 할 것'은 『논어』「안연(顔淵)」편에 나온다. 안회가 공자에게 인(仁)이 무엇이냐고 질문하자 공자는 '극기복례(克己復禮)'라고 대답했다. 안회가 그 방법을 질문하자 공자가 알려준 것이 "예가 아니면 보지 말고, 예가 아니면 듣지 말고, 예가 아니면 말하지 말고, 예가 아니면 움직이지 말라"는 것이었다. 여기서 윤지당이 말하려는 것은 누구나 성인이 될 수 있다는 것이다. 이는 윤지당이 학문을 통해 평생 추구했던 것이다. 그러나 이러한 추구는 성인이 되는 것을 이상으로 삼은 성리학자들이 가졌던 기본적인 태도를 충실히 보여주는 것일 뿐, 여기에 윤지당만의 특별한 생각이나 태도가 들어 있는 것으로 보기는 어렵다.

윤지당은 「안자가 즐긴 바를 논함」 외에도 「안자의 배우기 좋아함을 기림〔顏子好學贊〕, 자신을 경계하는 「비검명(匕劍銘)」에서도 안회를 기리고 모범으로 여겼다. 「안자의 배우기 좋아함을 기림」에서는 안회를 성인의 경지에 이른 백세의 스승이라고 했다. 다음은 그중 일부다.

> 공자의 삼천 제자
> 배우지 않음이 없었으나
> 안자의 배우기 좋아함에는
> 특별함이 있었네.
> 자기를 이기고 예로 돌아가며
> 두 가지 하지 않음, 네 가지 하지 말아야 할 것에 힘썼네.
> 위대하구나, 가난을 편히 여기고
> 학문은 미치지 못할 듯했네.[45]

「비검명」에서도 윤지당은 안회가 자신의 분노를 남에게 옮기지 않고 잘못을 되풀이하지 않은 것을 모범으로 삼았다. 자신의 분노를 남에게 옮기지 않고 잘못을 되풀이하지 않은 것은 두 가지 하지 않음에 해당한다. 이는 『논어』 「옹야(雍也)」편에 나오는 내용으로 애공(哀公)이 제자 중에 누가 배우기를 좋아하느냐고 묻자 공자가 안회가 배우기를 좋아했다고 답하면서 안회는 분노를 다른 사람에게 풀지 않고, 잘못을 되풀이하지 않았다고 했다. 이어서 공자는 안회가 불행히도 단명했는데 지금은 배우기를 좋아하는 사람에 대해 듣지 못했다는 말로써 안회 이상으로 배우기를 좋아한 사람은 없었다고 칭찬했다. 윤지당은 공자로부터 이토록 칭찬을 받고 성인에 버금가는 인물로 자리매김했던 안회를 자신이 닮아야 할 사람으로 보았다.

칼에 새긴 글이라는 뜻의 「비검명」에서 칼날은 마음속의 칼날을 의미한다. 마음속의 칼날이 왜 필요하다고 했을까? 마음속의 욕심을 제거하기 위해서다. 「비검명」에서 윤지당은 사람의 본성은 모두 선하지만 다들 요(堯), 순, 주공(周公), 공자가 될 수 없는 이유는 욕심 때문이라고 보았다. 사사로운 욕심을 제어할 수만 있다면 천리가 살아나서 누구나 요, 순, 주공, 공자가 될 수 있다고 했다. 그리고 "순은 어떤 사람이고 나는 어떤 사람인가. 노력하는 사람은 그처럼 될 수 있다"라고 했다. 노력하는 사람은 천리와 욕심을 분별하고 열심히 행하는 사람으로서 날카로운 칼날로 베듯 한 치의 머뭇거림도 없이 단호하게 실천해야 한다고 했다. 이 날카로운 칼날이 비검이다. 윤지당은 공자가 칭찬한 두 가지, 즉 안회가 분노를 남에게 옮기지 않고 잘못을 되풀이하지 않았던 것은 칼날이 있었기 때문이며, 칼날이 있고 없고는 용기에 달려 있다고 했다.

찬 서리로다 그 빛이여.

뜨거운 해로다 그 칼날이여.

형체 없는 칼이

그 날카로움으로 쇠를 끊네.

칼끝이 가리키는 곳에

모든 악이 사라지네.

너의 위엄 장대하고

너의 공로 신기하다.

도와다오 비검이여.

나를 부인으로 여기지 말고

그 날카로움 더욱 힘쓰라.

숫돌에 새로 간 듯이.[46]

윤지당이 「비검명」을 언제 썼는지는 정확히 알 수 없다. 안회를 닮은 성인이 되겠다는 도덕적 실천 의지를 강렬한 어조로 표현한 이 글은 욕심을 버리고 천리를 따라 성인이 되고자 하는 윤지당의 의지를 단호하게 보여준다.[47] 부인이라 여기지 말고 숫돌에 처음 갈았을 때의 날카로움을 유지하라는 당부는 윤지당이 자신에게 말하는 것이다. 스스로 부인의 한계를 넘고자 하는 의지와 함께 한 치의 곁길도 허용하지 않는 도덕적 결단을 보여준다. 늘 이렇게 마음의 칼날을 갈았으니 그녀의 평생은 긴장의 연속이었을 것이다. 그러나 이런 날 선 마음이 아니었다면 규방에서 학문을 하는 것은 애초에 불가능하지 않았을까?

「안자가 즐긴 바를 논함」을 보면 윤지당은 이미 결혼 전에 어떤 사람이 될지, 어떻게 살아야 할지를 결정한 듯한 인상을 준다. 윤지당은 성인이 되기 위해 결단한 한 사람의 학자였던 것이다.

3부

시련이 찾아오다

1장

원주의 선비 신광유와
혼인하다

1739년 임윤지당은 19세의 나이로 한 살 아래인 원주 출신 선비 신광유와 결혼했다. 결혼 당시 윤지당의 가족은 청주 옥화대를 떠나 지금의 경기도 여주인 여강(驪江)에 살고 있었다. 여강은 황강(黃江)이라고도 하는데 이곳은 권상하를 비롯해서 민우수, 김원행 등 많은 학자들이 살았던 곳이다. 한편 신광유가 살았던 원주는 당시 원주목으로 서울과의 거리는 240리, 여주목과의 거리는 70리였다.[1]

윤지당의 가족이 여주로 이사한 것은 윤지당이 17세이던 1737년(영조 13) 겨울이었다. 당시 큰오빠 임명주는 청풍에 있었기 때문에 둘째 오빠인 임성주가 대신 집안 살림을 맡아 직분에 맞게 농사일을 부과하여 먹을 것을 마련하고 남는 시간에는 민우수, 김원행 등과 더불어 공부를 했다.[2] 그러나 경제적으로 그렇게 넉넉하지는 않았던 것으로 보인다. 최근 발굴된 임명주의 1738년 자필 편지는 칠촌 아저씨에게 보낸 것인데 칠촌 아저씨가 누구인지는 정확하게 밝혀지지 않았다. 이 편지에는 임명주가 과거 시험을 보러 가기 위해 필요한 비용을 빌려달라는 내용과 이미 오래전에 집안의 식량이 떨어졌다면서 쌀 두 섬을 빌려달라는 내용이 들어 있어 윤지당이 혼인할 당시의 집안 형편을 엿볼 수 있다.[3]

다시 본론으로 돌아와서, 윤지당과 결혼한 신광유는 어떤 인물인가? 신광유는 평산 신씨인 신보(申普)의 장남으로 태어났다. 그의 집안은 5대 조 신상(申恦, 1598~1662)이 원주에 터를 잡으면서 원주와 관련을 맺고 원주의 주요 가문이 되었다. 원주의 양반사회는 16세기 후반부터 형성되기 시작해서 17세기에는 기존의 토착 양반 외에 외부에서 새로운 성씨가 들어와 자리를 잡았다. 그중 평산 신씨 가문은 원주 지역에서 사마시 합격자를 많이 배출한 가문으로 알려져 있다.[4] 신상은 자가 효사(孝思), 호가 은휴와(恩休窩)로 문과에 합격하고 종성 부사를 지냈다. 신상이 원주와 인연을 맺은 것은 1637년 병자호란 때 척화(斥和)를 주장하다가 면직되어 원주에 머물며 독서하면서부터였다. 신상은 장남 신명규(申命圭),

청풍, 황강, 원주를 표시한 「대동여지도」. 황강에는 권상하를 비롯해 민우수, 김원행 등의 학자들이 모여 있었다.

신명기(申命基) 등 2남 4녀를 두었다. 증조부는 신탁(申鐸), 조부는 신사경(申思敬)이다.[5] 신사경은 신계(申啓), 신보(申普), 신저(申著), 신진(申晉) 4남을 두었는데 신광유는 신보의 세 아들 중 장남으로 태어났다. 신광유는 아들이 없는 백부 신계에게 양자로 들어갔다. 동생은 신광우(申光祐, 1726~1798), 신광조(申光祚, 1732~1791)로 윤지당은 신광유가 일찍 세상을 떠난 뒤에는 시동생들의 가족과 살았다.

신광유의 가문은 경제 형편도 부유했던 것으로 보인다. 오영교 교수는 신상의 6대손인 신재복이 기록한 「발인일기(發引日記)」의 안표지 비망록에 있는 '오가세거(吾家世居)'를 정리해서 소개했는데, 이 글을 통해 신상 이후 신재복 대에 이르기까지의 주거 상황이나 경제 상황을 짐작해볼 수 있다. 오영교 교수가 약술한 내용을 인용하면 다음과 같다.

6대조(신상)에 비로소 원주 주촌(舟村, 또는 이촌[梨村])에 정착하게 되었다. 원주 성동(城東) 봉천(鳳川)의 위이며, 봉황산 아래 소옥(小屋: 옥명[屋名]은 은휴와)을 건축하고 적목(赤木) 한 그루를 심었던바 지금의 천변(川邊)에 있었다. 점차 집이 누추하고 벌레가 들끓어 6대 조모((성산[星山] 이씨[李氏])께서 늘 탄식하셨다. 5대조의 동생(신명기)이 옆에서 듣다가 상심해 있던 차, 결혼 때 폐물을 노비로 하여금 팔게 하여 1647년(인조 25)에 60칸의 집을 주촌 남단(南端) 임천(臨川) 지역에 지었다. 이후 5대조(신명규)께서 벼슬을 받아 모친을 모시고 상경하여 제생동(濟生洞)에서 다시 서울 생활을 시작하였다. 증조(신사석[申思奭])께서 비로소 제동에 거하시기 시작하였는데 50여 칸의 안채에 북쪽 담장 옆에 별사(別舍) 10여 칸이 있고 내외원(內外園)이 있었다. 일사

(一射) 거리쯤에 뽕나무 수십 그루, 내원(內園)에 커다란 소나무, 수십 척 높이의 느티나무가 있었다. 담장을 마주한 이웃에는 이건명(李健命)을 비롯한 전·현직 고관들이 살고 있었다. 증조께서 집을 구입하여 사시다가 선친(신광주[申思厚])께서 1758년 심이(沈履)의 집과 서로 바꾸었는데 이 집도 제동이었고 그전에 살던 집에서 400~500보 떨어진 곳이었다. 1763년 부친께서 돌아가시자 4만 5,000량에 세를 주고 가족을 거느리어 이곳 구석정(龜石亭)으로 다시 돌아왔다. 구석정이 퇴락하여 중수(重修)했는데 이에 앞서 조부(신철[申鐵])께서 1729년에 중창하였다. 지붕을 수리해야 하는 바, 재력이 미치지 못하니 어찌해야 할 바를 모르겠다.[6]

패물을 팔아 집을 짓게 했다는 인물이 신광유의 5대조 신명기다. 이후 신명기의 형 신명규가 벼슬에 나가면서 서울 생활을 하다가 다시 원주로 돌아와 구석정에서 살았다. 신명규의 아들, 손자, 증손자는 한성부판윤, 대사헌, 영의정 등 벼슬을 역임했다. 신명기는 후손이 없어 신명규의 다섯째 아들 신탁을 양자로 들여 대를 이었다. 하지만 신탁 또한 후사가 없어서 신명규의 넷째 아들인 신구(申銶)의 둘째 아들 신사경을 양자로 들여 대를 이었다. 신사경은 계와 보, 두 아들을 두었고 장남 계가 아들이 없어 다시 보의 아들인 광유를 들여 후사를 이었다. 그런데 광유도 일찍 죽어 둘째 아들 광우의 아들 재준(在竣)을 입양하여 대를 이었다. 이처럼 신광유의 집안은 계속 양자를 들여 대를 이었고 벼슬에 나가지도 못했다. 그러다 신광우에 이르러 문과에 급제하고 대사헌을 지냈다. 신명규의 후손과 신명기의 후손은 대대로 우애 있는 근친으로 가까이 지냈다.[7]

앞의 기록에서 신명규 대로부터 1763년 신재복의 아버지 신광주가 죽기 전까지 서울 제동에 집이 있었던 것으로 보아 서울의 관료 문인들과도 지속적인 교류가 있었을 것으로 추측된다. 혼인한 가문들도 꽤 명망 있는 가문들이었다. 신광유의 아버지 신계와 결혼한 풍산 홍씨 부인은 좌랑 홍중석(洪重錫)의 딸로 선조의 부마였던 영안위(永安尉) 홍주원(洪柱元)의 증손녀였다. 신광유와 윤지당의 결혼도 명망 있는 가문들의 만남이라 할 수 있다.

신광유과 윤지당이 결혼하게 된 경위에 대해서는 별로 알려진 것이 없다. 당시의 결혼 관행으로 미루어 보건대 어차피 윤지당 자신의 의사와는 무관하게 진행되었을 것이고, 집안이나 당파 같은 정치적 경향이나 학문적 자질이 중요하게 고려되었을 것이다.

신광유와 윤지당의 혼인은 임성주를 통해 이루어졌을 것으로 추측된다. 신광유가 죽은 뒤에 임성주가 제문에서 '더벅머리에 이를 갈 무렵' 신광유가 왔다고 했기 때문이다.[8] 이로 미루어 임성주는 신광유가 어렸을 때부터 알고 있었던 것으로 보인다. 신광유가 임성주를 찾아온 이유는 정확하게 알 수 없다. 그러나 녹문 임성주의 교유 관계를 보면 신광유와 연결되는 실마리가 보인다. 임성주가 뜻을 함께하며 가까이 지낸 사람들은 이종사촌인 역천 송명흠과 한정당 송문흠 형제, 미호(渼湖) 김원행, 운평(雲坪) 송능상, 함일재(涵一齋) 신소(申韶), 지암(止菴) 김양행(金亮行) 등이었다.[9] 여기서 우리는 신소라는 인물에 주목해야 한다. 신소는 다름 아닌 신명규의 후손으로 신광유와 같은 집안사람이기 때문이다. 신소의 할아버지는 대사간을 역임한 신심(申鐔), 아버지는 대사헌을 역임한 신사건(申思健)이다. 앞에서도 말했듯이, 신명규의 후손과 신명기의 후손이

근친으로 가까이 지낸 것을 고려하면 신광유는 신소를 통해 임성주와 만났을 가능성이 높다. 신소는 자가 성보(成甫) 또는 성중(成仲), 호가 함일재로 어려서부터 학문에 매진하여 경전과 예학에 조예가 깊었는데, 청나라의 배신(陪臣)이 되기를 거부하여 끝내 과거를 보지 않고 일찍 죽었다. 신소는 황경원, 송명흠, 송문흠, 송능상, 이인상, 임성주 등과 교유했으며 이들의 문집에 신소에게 보낸 편지나 관련 글이 실려 있다. 『녹문집』 3권에도 윤지당이 결혼한 해인 1739년부터 1748년 사이에 신소와 주고받은 편지 네 편이 실려 있다. 다음은 임성주가 1741년 2월에 신소에게 보낸 편지의 일부로 신소에게 아프다는 핑계를 대지 말고 『대학』을 읽을 것을 권하고 있다. 두 사람은 꽤나 친밀한 사이로 보인다.

성보 씨와 같은 탁월한 식견과 아름다운 자질은 실로 쉽게 얻을 수 있는 것이 아닌데, 다만 문자상의 공부가 부족할까 염려됩니다. 비록 아픈 탓이라고는 하지만, 그래도 여기에만 핑계를 대서는 안 되겠지요. 주자의 책은 몇 권이나 보았습니까? 제 생각엔 그보다는 먼저 『대학』에 힘쓰는 것이 나을 듯도 합니다.[10]

임성주는 '더벅머리에 이를 갈 무렵'에 신광유를 알게 되었다고 했다. 이로 미루어 신광유는 임성주의 문하에서 공부를 하거나 임성주가 교유했던 인물들의 문하에서 수학했던 것으로 추측된다. 아니면 신소를 통해 연결되었을 수도 있다. 신광유는 어떤 인물이었을까? 그에 대한 자료는 거의 남아 있지 않지만 단정한 선비였던 것만은 분명해 보인다.

윤지당은 신광유와 결혼한 뒤, 시집이 있는 원주로 간 것으로 보인다.

시동생인 신광우가 쓴 「언행록」에는 윤지당이 시집가서 사당에 인사를 올릴 때의 모습이 기록되어 있다.

처음 시집와서 사당에 인사를 올릴 때 다른 사람[11]의 도움을 물리치고 손수 제기를 받들어 모셨는데, 예의와 거동이 익숙하여 나아가고 물러나는 것이 법도에 맞았다. 숙부 참봉공이 몹시 칭찬하시기를, "나이도 어리고 체구도 작지만 몸가짐을 보니 높은 산처럼 의젓하다"고 하셨다.[12]

윤지당이 결혼할 무렵 양반사회의 혼례에서는 『주자가례』에 나오는 친영례(親迎禮)를 행하고자 했지만 그대로 실천하기는 어려웠다. 그러나 윤지당은 혼례를 올린 뒤 시집으로 가서 사당에 인사하고 그곳에 머물며 시집살이를 했던 것으로 보인다. 조선 초기에는 고려 혼인 풍속의 영향으로 남자가 여자 집으로 가는 혼인 형태, 즉 서류부가혼(婿留婦家婚)이 많았으나 17세기 이후 조선의 양반사회에서는 『주자가례』의 영향으로 여자가 시집으로 가는 혼인 형태, 즉 친영제에 대한 논의가 활발하게 일어났고, 친영제 혹은 반친영(半親迎)제를 정착시키려는 노력이 이뤄졌다. 친영례는 여자가 혼례 이후 시집에서 생활하는 것이다. 하지만 18세기까지도 혼례를 올린 뒤에 여자가 친정에 몇 년씩 머물다가 시집에 가거나, 남자가 처가에 같이 몇 년간 머물러 있는 경우도 많았다.[13] 윤지당은 남편이 죽은 뒤에 친정에서 지내는 시간이 많아졌지만 그래도 결혼한 뒤에는 주로 원주에서 지냈던 것으로 보인다. 신광우의 「언행록」에는 윤지당이 시집에서 어떻게 지냈는지가 기록되어 있는데, 시어머니가 아플 때

극진히 돌보고 아랫동서가 산통으로 힘들어할 때 몸소 약을 달이며 간호했다고 한다. 동서 간에 우애 있게 지내고 정성스럽게 제사를 지내는 등 여느 며느리들과 다를 바가 없는 생활이었다.

2장

남편의 요절,
아이의 죽음

지난겨울 멀리서 자네 집안이 만난 재앙이 심상치 않다는 소식을 들었네. 신생(申生)의 요절 같은 것은 너무 놀라워 차마 들을 수가 없었네. 얼른 편지를 보내 위로하는 것이 마땅했지만 참혹한 화를 만나 겨우 목숨을 부지하면서 인사를 모두 끊어버렸기에 결국 보내지 못했네. 또 형님께서 육지로 나오셨다는 소식을 들었으나 조문이건 축하건 모두 끊어버린 터라 한 글자 문안도 하지 못했네.[14]

1748년 임성주와 평소 친하게 지내던 민우수가 보낸 편지의 일부다. 임윤지당의 남편 신광유가 요절했다는 소식과 임명주가 유배지 제주도에서 나왔다는 소식을 듣고 보낸 것으로 보인다. 자신도 아들 민백겸(閔百兼)이 죽는 참혹한 화를 겪은 뒤라 바로 위로하지 못했다는 말과 더불어.

1747년 신광유는 불과 스물여섯의 젊은 나이로 죽었다. 결혼 8년째 되던 해였고 윤지당의 나이 27세였다. 그동안 신광유가 어떤 인물인지, 신광유가 왜 죽었는지에 대해서는 거의 알려지지 않았다. 주로 평산 신씨 가문 출신이라는 점을 통해 신광유라는 인물을 그려볼 따름이었다. 그런데 다행히도 임성주가 신광유를 위해 쓴 제문이 남아 있어, 신광유가 죽을 당시 윤지당의 상황을 어렴풋하게나마 보여준다. 그런데 요절한 매부와 홀로 남은 누이를 애통해하며 쓴 이 제문은 우리의 궁금증을 얼마간 채워주는 동시에 새로운 궁금증을 불러일으킨다.

> 그대가 우리 집에 장가든 지 아홉 해
> 그대가 나를 안 것은 더벅머리에 이를 갈 무렵이었지.
> 온화한 바탕에 빛나는 재주
> 말은 거칠게 함부로 하지 않고
> 뜻은 비루함이나 인색함과는 거리가 멀었지.
> 맑고 우아하며 아름다운 선비, 세상에 실로 드물게 보는 사람
> 향기로움과 깨끗함으로 저 혼탁함을 경계했네.
> 하물며 그대의 모습 아름다운 덕과 단정함 갖추었네.
> 마음을 밝게 닦아 옛날의 장요 같은 이와 결혼했으니
> 내 말이 사사롭지 않음은 그대가 밝히 아는 바라.
> 마땅히 군자를 짝하여 큰 복을 받아야 할 것인데
> 기른 것이 잘못되지 않았음을 증거를 대서 따져야겠네.
> 누가 알았으랴, 난초가 꺾어질 줄을.
> 아침 해처럼 바야흐로 떠오르는데
> 싹이 열매를 맺지 못하니 그 이치 참으로 알 수가 없네.
> 혹자는 하늘의 뜻이 저 태 안에 있다 하니
> 불씨를 전해 살려서 명대로 따르게 하라 하네.
> 하지만 반드시 기약할 수 없으니 그대 저승에서 살펴주시라.
> 옛날 정씨녀(程氏女)는 나이가 내 누이와 같았는데

임신하기 전에 요절했으니 이와 비교하면 더욱 가련하도다.

이것으로 누이를 위로하자니 연평(延平: 주희의 스승 이동[李侗])의 말

과 같구나.

말을 하다 이에 이르니 내 마음 끊어질 것만 같다.

그대 병들었을 때 내가 간호했고, 저 강곡(江曲)에 있을 때는

잠시도 떨어지지 않고 그대 혹시 편치 않으면

밥을 먹이고 약을 먹이니 나를 믿고 위로를 삼았지.

그대 반드시 죽지 않으리라 나는 실로 깊이 믿었는데

묻을 날을 받고 흰 장막을 덮었구나.

꿩고기와 술을 가지고 와서 곡을 하니 가슴이 먼저 내려앉는다.

그대 만약 움직일 수 있다면 우리를 보우하기를.[15]

　제문인 데다 임성주 자신이 아끼는 누이의 남편을 대상으로 했기 때문에 약간의 과장이나 미화가 있을 수 있다. 그러나 우리는 이 글을 통해 신광유에 대해 몇 가지 사실을 알 수 있다. 임성주는 신광유가 어릴 때부터 알고 지낸 사이였으며, 임성주의 눈에 신광유는 '온화하고 맑은 선비, 세상에 드물게 보는 사람'이었다. 그래서 그토록 아끼고 "우리 집의 태임, 태사요, 정씨녀도 이에 못 미친다"[16]고 칭찬하던 누이를 시집보냈을 것이다.

　또 이 제문에서 알 수 있는 것은 신광유가 병을 앓다 죽었다는 것, 임성주가 병시중을 들었다는 것, 병이 들었을 때 강곡에 있었다는 것이다. 그런데 신광유는 병시중을 드는 임성주가 잠시라도 옆에 없으면 불안해하고, 밥이나 약을 먹는 것도 모두 그에게 의지했다고 한다. 강곡은 임성주

가 머물었던 여강으로 추측된다. 여강에는 임성주뿐만 아니라 민우수, 김원행 등의 학자들이 있었기에 젊은 선비인 신광유가 공부를 하기 위해 이곳에 혼자 머물렀을 수도 있다. 그러나 당시의 관행으로 미루어 윤지당과 같이 처가에 머물렀을 가능성도 높다. 우리는 조선시대 여성들은 출가외인으로 시집을 가면 친정과 아주 멀어졌을 거라고 생각하지만 그건 오해다. 물론 신분에 따라 다른 특징을 보이겠지만 양반사회는 시집간 딸이 혼례를 치른 뒤에 친정에 머무는 경우가 많았고, 아예 사위가 처가에 머물며 경제적 도움을 받는 경우도 많았다. 이는 특별한 일이 아니었다.

또 하나, 이 제문을 통해 짐작할 수 있는 것은 신광유가 죽을 무렵 윤지당이 임신 중이었을 수도 있다는 것이다. '하늘의 뜻이 저 태 안에 있다'는 말과 임신하기 전에 요절한 정씨녀의 예를 든 것이 그런 추측을 가능하게 한다. '임신하기 전에 요절했으니', 즉 '미자이요(未字而夭)'란 구절에 나오는 '字'에는 임신한다는 뜻이 있다. 여기에 정씨녀의 이야기를 더하면 더욱 확실해진다. 정씨녀는 송나라의 도학자 정호(程顥)의 딸로 흔히 정효녀(程孝女)로 불린다. 정씨녀는 식견이 높고 행실이 뛰어났는데 25세에 어머니의 상을 치르다가 병으로 죽었다. 숙부인 정이(程頤)가 묘지명을 써서 조카딸을 기렸는데, 이 묘지명은 조선의 학자들이 딸이나 조카딸 등의 묘지명이나 행장을 쓰는 데 지침이 되었다. 임성주는 정씨녀가 아이를 낳지 못하고 죽은 것에 비하면 그래도 네가 낫다고 위로하고 있는 것이다.

퍼즐을 계속 맞춰보면, 임정주가 쓴 임성주 행장에서 누이가 출산할 때 임성주가 노심초사하던 모습을 그린 부분은 아마 윤지당과 관련이 있는 것으로 보인다. 임정주는 임성주 행장에서 임성주의 우애에 대해 이야기하면서 원경여에게 시집간 누이와 윤지당에 대한 일화를 한 가지씩 쓰고 있다. 하나는 임성주가 윤지당의 언니를 보러 갔다가 빚쟁이가 빚독촉을 하는 것을 보고는 자신이 타고 갔던 말을 주고 왔다는 이야기고, 다른 하나는 누이가 출산할 때 손으로 난간을 하도 문질러서 손바닥에 피가 흥건했다는 이야기다. 뒤의 일은 윤지당에 해당하는 것으로 생각된다. 앞부분에서 했던 태에 관한 이야기와 이 장면을 연결해보면 이렇게 생각하는 것이 무리한 추측은 아닌 것 같다.

누나가 어느 날 출산할 때가 임박하자 혼절하여 정신을 잃으니 어머니가 끌어안고 애태우며 우셨다. 공이 차마 보지 못하고 사랑으로 나가 속으로 기도하고 자기도 모르게 손으로 난간을 문질렀다. 조금 있다 또 들어갔다 나왔다 하기를 세 번이나 했다. 조금 있다 누나가 순산하자 공이 몹시 기뻐하며 비로소 손바닥이 아픈 것을 깨달았다. 보니 살이 다 벗겨지고 피가 흥건했다.[17]

출산한 아이에 대해서는 더 이상 기록이 없는 것으로 보아 태어난 지 얼마 지나지 않아 죽은 것으로 보인다. 나중에 윤지당은 시동생 신광우의 아들을 양자로 들인다. 시집에서는 두 시어머니, 두 시동생(신광우와 신광조)의 가족과 함께 살았다. 신광유의 집안은 대대로 높은 벼슬을 지내서 원래 살림이 넉넉한 데다 시동생 신광우도 문과에 급제한 뒤 사간원 대사간에 이르기까지 벼슬을 했기 때문에 가세가 그대로 유지되었다.

윤지당은 남편이 죽었을 때의 일에 대해서는 거의 기록을 남기지 않았다. 언문 편지들도 많이 주고받았다고 하니 그 속에 있었을지는 모르겠지만 문집에는 남기지 않았다. 왜 그랬을까? 양아들 재준이 죽었을 때나 오빠들이 죽었을 때 절절한 감정을 담은 꽤 긴 제문을 남긴 것과는 대조적인 태도다.

신광유가 세상을 떠날 무렵을 전후하여 임윤지당은 힘든 시기를 보냈다. 남편이 죽은 것은 물론, 영조 21년(1745)에는 셋째 오빠 임경주가 요절하고 영조 23년(1747)에는 큰오빠 임명주가 제주도로 귀양을 가게 되었기 때문이다. 임명주는 1747년 식년시(式年試)에 합격하고 10월에 사간원의 정6품 관직인 정언에 임명되었다. 집안사람들은 이제 집안의 장남인 임명주에게 원대한 앞날이 활짝 열리고 드넓은 길로 나아가게 되었으니 임씨 가문도 장차 번성하고 빛날 것이라고 기대했다.[18] 그해 12월 17일 임명주는 지평으로 임명되었다. 지평은 사헌부의 정5품 관직으로 자신의 소신대로 직언할 수 있는 젊고 유망한 관료들이 임명되는 자리였다.

임명주는 지평으로 임명된 닷새 뒤에 열 가지 문제에 관해 차자(箚子)를 올렸다. 차자란 간단한 형식의 상소를 말한다. 차자의 내용은 형조와 한성부(서울)의 장관이 공사(公事)를 총괄하고 참판, 참의 등에게 일을 맡기지 않는 것, 기강이 해이해진 것, 지난날 삼사(三司: 사헌부, 사간원, 홍문관)가 함께 소를 올려야 하지만 임금이 두려워서 그러지 못했으니 당시 삼사였던 자들을 파직할 것, 전 대사간 유건기(兪健基)와 전 교리 서지수(徐

志修)의 관직을 삭탈할 것, 분관(分館)의 법을 제대로 시행할 것, 이조참판 김상로(金尙魯)와 그 지방관의 죄를 물을 것, 탕평이 제대로 시행되게 하려면 장령 홍서(洪曙)와 지평 남덕로(南德老)를 삭직하라는 전교를 거둘 것, 전 승지 김상적(金尙迪)을 사판(仕版: 관리의 명부)에서 삭제할 것 등 실무나 기강에 관한 것과 인재 등용, 나아가 탕평에 대한 것이었다. 정치적으로 민감해서 말하기 어려운 문제들이었다.

집안사람들은 임명주가 차자를 올리기에 앞서 앞일이 어떻게 될지 두려움에 술렁댔다. 앞서 말했듯이 임명주는 관아에 나가기 전에 어머니에게 자신이 할 일에 대해 이야기했다. 어머니는 "네가 마땅히 할 일인데 왜 나 같은 부인에게 묻느냐"고 했다. 용기를 얻은 임명주는 나가서 차자를 올렸다.

영조는 이 차자를 받고는 임명주를 들어오게 해서 대답을 하다가 임명주를 친히 국문하겠다고 했다. 그러자 당시 영의정 김재로(金在魯), 영부사 김흥경(金興慶) 등이 친국의 하교를 거둘 것을 요청하는 차자를 올렸다. 영조는 이 요청을 받아들이고 임명주를 제주에 유배 보내는 것으로 마무리했다. 이 차자의 무엇이 영조의 심기를 건드렸을까? 영조 23년 12월 22일 『실록』에는 영조가 비답(批答)을 내리는 자리에 임명주가 들어와서 듣게 하고 하나하나 답을 하는 장면이 기록되어 있다. 이를 보면 임명주의 차자가 어디를 겨냥하고 있고 영조는 어느 대목에서 역정을 냈는지를 짐작할 수 있다.

분관의 법은 인재를 조용(調用)하는 것이기 때문에 털끝만치라도 사사로움을 따를 수 없는 것인데, 근래에는 사사로운 뜻이 멋대로 끼

어들고 공법(公法)이 점점 어긋나서 그 좋아하고 싫어하는 것에 따라
올리고 내리는 것을 마음대로 합니다. 갑자년 식년과(式年科)의 분관
으로 말하면, 유주남우(遺珠濫芋)의 탄식이 없지 않으니, 청컨대 그 당
시 상박사(上博士)와 장무관(掌務官)은 아울러 파직을 명하소서.[19]

분관법이란 새로 문과에 급제한 사람을 승문원, 성균관, 교서관의 관
(館)에 배치해서 권지(權知)라는 이름으로 실무를 익히게 한 법이다. 임명
주는 분관법은 인재를 등용하는 것이기 때문에 사사로움이 없어야 하는
데 근래에 점점 공정성을 잃고 있다고 지적하고, 갑자년(1744) 식년과의
경우 유주남우, 즉 제대로 된 사람은 쓰지 않고 무능한 사람을 등용했으
니 해당 인물들을 파직하라고 요청했다. 영조는 '유주'라는 말이 걸렸다.
유주는 구슬을 잃어버린다는 말로 좋은 인재를 놓쳤다는 의미이니 인재
를 잘못 등용했다는 지적이었던 것이다. 영조는 임명주에게 이를 따져
물었다.

　또 분관의 일을 읽는 데 이르자 임금이 말하기를, "유주란 누구를
말하는 것인가?" 하니, 임명주가 말했다.
　"이익보(李益普)입니다."
　"이익보가 누구인가?"
　"이익보는 이정휘(李挺徽)의 종질입니다. 그의 형이 이정휘의 양자
가 되었는데 이 때문에 막힌 것이라고 합니다."
　"이정휘는 어떠한 사람인가?"
　"모르겠습니다."

"이는 곧 이인좌가 대원수(大元帥)라고 칭하고 첩보를 도와준 이정 휘다. 네가 어찌 모르느냐?"

"신이 그때에 나이가 어려서 그 본래의 일을 알 수가 없습니다."

"누가 이정휘를 모르겠는가? 그런데 너는 감히 '모른다'고 하느 냐?"[20]

임명주는 또 이조참판 김상로가 스스로 권세를 믿고 감히 수원의 쌍부창(雙阜倉)이 있는 산을 차지할 계책을 세워 지방 수령에게 부탁하고 이 익으로 시골 백성을 부추겨서 민원을 가탁(假託)하여 억지로 하소연하게 했다면서 이조참판 김상로와 그 지방관을 잡아들여 신문해야 한다고 요 청했다. 김상로가 창고가 있는 땅을 탐내서 지방 수령에게 청탁하고, 민 원을 넣게 하는 등 부정을 저질렀다는 것이다. 이에 대해 영조는 오히려 임명주를 문제 삼았다.

김상로의 일에 이르러 임금이 말했다.

"그때 지방관이 누구인가?"

"정휘량입니다."

"너는 매우 교묘하고 치밀하다. 정휘량이라고 하지 않고 다만 지방 관이라고 하다니 너는 누구를 속이려 하는가?"

그리고 윤허하지 않는다고 답했다.[21]

임명주는 김상로와 그 지방관이라고 하며 지방관의 이름을 밝히지 않 았다. 영조는 이것을 교묘하다고 꾸짖었다. 임명주는 소론계 인사였던 정휘량을 직접 거론하면 소론을 공격하는 것으로 보일까 봐 일부러 이름을 밝히지 않았지만, 영조는 그렇게 받아들이지 않았다. 임명주는 마지막에 이르러 탕평을 문제 삼았다. 임명주는 영조에게 지난 20년간 하루같이 탕평에 힘썼으나 명분과 절의는 날로 떨어지고 조정의 기상도 날로 무너져 조금도 효험이 없다면서 그것은 제대로 된 도리로 시행하지 않기 때문이라고 했다. 탕평이라는 명분 하에 양쪽이 옳고 쌍방이 그르다고 양쪽을 대립시켜 거론하여 눈앞의 미봉책으로 삼는다고 비판했다. 즉 양비론(兩非論)과 양시론(兩是論)에 대한 불만을 강하게 표현한 것이다.

> 전하께서 지성으로 탕평하게 한 것이 20년을 하루같이 하셨으니 탕평이란 황왕(皇王)이 법도를 세우는 정치입니다. 진실로 그 도를 얻으면 어찌 효험이 없겠습니까마는 명분과 절의가 날로 떨어지고 조정의 기상이 날로 더욱 무너져서 조금도 말할 만한 효험이 없으니 실로 그 도를 제대로 얻어 시행하지 못했기 때문입니다. 지난날 홍서·남덕로가 뭇사람들이 떠드는 가운데 초연히 스스로 벗어나 오랫동안 굽혀져 펴지 못했던 논의로 대항하였으니 만약 조정에 있는 신하들로 하여금 모두 두 신하가 한 것처럼 능히 하게 한다면 옳고 그름이 저절로 밝혀지고 의리가 하나로 될 수 있을 것이니 탕평의 다스림이 날로 성공하리라 믿을 수 있겠습니다. (……) 청건대 홍서·남덕로를 삭직할 때 내렸던 전교를 거두소서.[22]

임명주는 탕평이 제대로 이루어지지 않았다고 지적한 뒤, 홍서와 남덕로를 삭직하라는 명을 거둘 것을 요청하고, 마지막으로 남인계였던 임상원(林象元)과 그를 비호한 전 승지 김상적을 공격하고 그를 사판에서 삭제하라고 청했다. 홍서와 남덕로는 영조 23년 8월 계를 올려 전(前) 영의정 이광좌(李光佐)의 죄를 밝히고 관직을 추탈해야 한다고 아뢰었다가 삭직된 인물들이다. 이들이 이광좌를 거론한 것은 신임옥사를 비롯해서 노론이 소론의 공격을 당할 때 이광좌가 가장 중심에 있었다고 보았기 때문이다. 임명주는 언관인 이들을 삭직한 것은 언로를 막는 것이나 다름없다고 보고 이들에게 내린 벌을 거두어달라고 했다.

영조는 임명주에 대해 당심(黨心), 즉 노론의 입장을 따라가는 것이니 그 의도가 대부분 불경하다고 하면서 비답을 내릴 수 없다고 하고는 임명주를 직접 국문하겠다고 했다. 여기에 대해 당시 영의정 김재로는 바로 차자를 올려 "이에 경악하고 탄식하며 바로 아무 말도 하고 싶지 않습니다"[23]라면서 예전에 반역이 아니면 친국을 하지 말라고 영조가 말해놓고서는 어찌 화가 난다고 앞의 가르침을 잊느냐면서 빨리 친국의 명을 거두라고 했다. 영부사 김흥경도 차자를 올려 명을 거둘 것을 요청하자 영조는 이를 받아들였다. 다음 날인 12월 23일 영조는 임명주가 역적을 보호한 것은 아니지만 윗사람을 속이고 역적을 호도했으니 귀양을 보내라는 명을 내렸다. 임명주는 제주에 유배되었다가 이듬해 봄에 나주로 이배되었다. 1750년 겨울 유배에서 풀려난 뒤 1757년 장령에 임명되었다.

영조는 임명주가 당심, 즉 당파적 시각에서 차자를 올렸다고 판단했다. 임명주는 과연 당심이 없었을까? 그렇게 볼 수만은 없는 일이 임명주를 귀양 보내라는 명이 내려진 가운데 일어났다. 영조 24년(1748) 1월 3일, 그러니까 임명주가 연말에 차자를 올리고 열흘쯤 지났을 때였다. 좌

부승지 엄우(嚴瑀)가 상소를 올려 자신을 삭직시켜달라고 했다. 자신에게 잘못 전달된 임명주의 편지가 그 빌미였다.

어떤 대례(臺隷) 하나가 쪽지를 가져와 전하면서 임지평의 서신이라고 했는데, 신의 외가로 가까운 친척 가운데 또한 성이 임씨로 지평 벼슬을 하고 있는 사람이 있기 때문에 신은 의심 없이 뜯어보았습니다. 그 서신의 내용에는 "새로 올린 계사가, 높은 소나무와 푸른 잣나무가 한겨울에 빼어난 것과 같아 더할 수 없이 공경하여 사모한다. 이미 임과 김을 논했으니 엄우만이 유독 면할 수 있겠는가?" 하였고, 또 하단에 쓰기를 "이것은 도승지의 글이다"라고 했습니다. 이것은 장료(長僚)가 대궐 안에 있으면서 임명주에게 보낸 글이며, 임명주가 대청(臺廳)에서 자기 집의 하인에게 전송시킨 것인데, 잘못 신에게 전해진 탓으로 불행히도 이미 보아버렸습니다. 한 번 전하고 두 번 전하는 가운데 온 조정이 다 알게 되는 지경에 이르렀고, 그 서신은 곧 하나의 탄핵하는 글이 되었으니, 바라건대 신을 삭직시켜주옵소서.[24]

'엄우만이 면할 수 있을까' 하고 지목한 편지가 하필 엄우의 손에 들어간 어이없는 일이 일어난 것이다. 엄우는 이 경위를 설명하고 자신을 삭직시켜달라고 했다. 그러자 도승지 정언섭이 상소해서 자신이 보낸 서신에 대해 설명했다. 임명주가 대청에 나와 있고 자신은 약원에 있는데 임명주가 서신을 보내 임과 김의 일을 어떻게 했으면 좋겠느냐고 물었고, 그래서 자신이 엄우가 상소에 쓴 대로 답했다는 것이다. 종이 서신을 잘못 전달하는 바람에 생긴 이 어이없는 일은 뜻밖의 중요한 사실을 말해준다. 임명주가 노론 관료인 정언섭과의 교감 속에서 차자를 올렸다는 사실이다. 이는 임명주의 당파적 성향을 보여준다. 따라서 임명주의 차자는 다만 탕평을 위한 것이 아니라 노론의 입장을 대변하는 것이기도 했다. 영조가 엄우와 정언섭의 일을 처리하면서 한 말을 보면 영조도 이 일을 철저히 당심, 즉 당파심에서 나온 것으로 파악하고 있다. 이야기가 조금 길어지지만 엄우와 정언섭 사이에 잘못 전달된 서신 사건이 어떻게 마무리되었는지 보자.

영조는 엄우의 상소와 정언섭의 상소를 듣고 옛날의 비슷한 예를 이야기하면서 두 사람을 비판했다. 영조가 든 예는 다음과 같다.

옛날에 어떤 무변(武弁)이 종을 시켜 최첨지의 집에서 말을 빌려 오게 했는데 종이 잘못 알고 병조판서 최석정(崔錫鼎)의 집으로 가서 말을 빌려달라고 했다. 최석정은 말을 빌려주었다. 그 뒤 그 무변이 사실을 알고 찾아가서 사과하자 최석정이 '마음 쓸 것 없다'고 했다. 당시 사람들은 그의 도량이 큰 것을 칭송했다. 이번 일은 이와 비슷하다.

그러고 나서 영조는 임명주가 범한 것은 중한 것이기 때문에 이미 죄의 경중을 따져 처리했는데, 지위가 재상의 반열에 있고 귀밑머리가 허연 사람이 관료들 사이에서 계속 떠들 것이냐면서 꿈에서 깨듯이 당심을 깰 수는 없는 것이냐고 비판했다. 그리고 엉뚱한 사람에게 잘못 보여준 서신의 내용을 어떻게 위에 아뢸 수가 있느냐고 하면서 비록 경중의 구별은 있지만 둘 다 아름답지 못한 행동이라 하고는 정언섭과 엄우 모두 파직시키라고 했다. 사실 최석정에게 잘못 전달된 편지와 엄우에게 잘못 전달된 편지는 의미가 완전히 다르다. 어떻게 말을 빌려달라는 내용과 관직이 위태롭다는 내용이 같을 수가 있을까? 영조도 이를 몰랐을 리가 없다. 그러나 이 예를 통해 엄우와 정언섭 모두 아름답지 못한 행실을 한 인물로 만드는 데는 성공한 듯하다. 영조가 이렇게 처리한 것은 임명주가 차자를 올린 배후에 당심이 깔려 있다고 보았기 때문이다.

임명주가 상소를 올리고 유배된 일에 대해 윤지당은 어떻게 생각했을까? 어떤 정치적 입장을 취했을까? 윤지당은 이 일에 대해 직접 정치적 입장을 드러낸 글을 남기지는 않았다. 훗날 임명주가 죽고 영조 34년(1758)에 쓴 제문에서 그때의 일을 이렇게 언급했을 뿐이다.

> 공은 간관이 되어 탄식하며 말하기를, "남의 신하가 되어 그 직분을 닦지 않고 단지 그 녹봉만을 먹는 것은 곧 자리나 채우고 있는 것일 뿐이다. 조정이 관직을 만든 뜻이 어디에 있겠는가? 게다가 바른 말을 할 책임을 지고 있으면서 마땅히 할 말을 하지 못한다면 이는 맹자께서 '우리 임금에게 임금 노릇을 못 하게 한다면 이는 그 임금을 해치는 것'이라고 꾸짖은 것에 해당하니 나는 그럴 수 없다"라고 하시고는 드디어 그해 겨울에 당시의 폐단 열 조목을 논하는 글을 올렸더니 임금께서 크게 노하시어 국문을 하라는 명을 내리기에 이르렀습니다.[25]

윤지당은 임명주의 말을 빌어 임명주의 입장을 변호해 주고 있다. 임명주는 임금 노릇을 못 하게 하는 것이 바로 임금을 해치는 일이라는 맹자의 말을 가져와서 자신의 행위가 임금을 위한 일이라고 평가하고 신하는 임금이 그릇되면 바로잡아야 한다는 뜻을 표명했다. 이는 윤지당이 예양과 보과를 평가할 때의 태도와 상통한다. 앞서 보았듯 윤지당은 예양이 지백에게 죽기를 각오하고 간언하지 않은 것, 보과가 목숨 걸고 윗사람의 허물을 바로잡지 않은 것을 두고 자신의 이로움만 꾀한 것이라고 비판한 바 있다. 그러나 임명주의 행위가 과연 당파적인 것이 아니었는가?

임성주는 임명주의 묘지명에서 임명주가 올린 차자의 반은 홍서와 남덕로의 일에 관한 것이라고 하면서 임명주의 뜻은 참 탕평이 이루어지게 하려는 것이었다고 했다. 임명주는 성균관 제생(諸生)으로 있을 때부터 참 탕평이 이루어지지 않는 것이 문제라고 여기다가 이때에 이르러 통렬하게 진술했다는 것이다. 앞서 말했듯이 임명주는 영조가 탕평이라는 명분 하에 양쪽이 옳고 쌍방이 그르다고 하면서 눈앞의 미봉책으로 삼는다고 비판했다. 이는 송시열의 입장을 계승한 것으로 보인다. 송시열은 모든 일에는 양편의 나뉨이 있으니 한쪽이 옳으면 한쪽은 그른 법이라면서 옳은 것은 천리이고 그른 것은 인욕(人慾)이라고 했다. 그러면서 옳은 것은 지켜서 잃지 말아야 하고, 그른 것은 남김없이 제거해야 한다고 주장했다. 송시열의 이런 관점은 제자 권상하의 두 문인 이재와 한원진에게 이어졌다. 이들은 영조의 탕평책에 가장 강력하게 반대했던 사람들이다. 그들은 노론만이 유일한 군자당(君子黨)이라면서 주희의 붕당론(朋黨論)에 입각하여 영조의 탕평을 조정론(調停論)이라고 비난했다.[26] 임명주 역시 이러한 입장을 드러내고 있지만 조정이라는 말을 사용하지는 않았다. 임명주가 조정에 대해 비판했음을 확인해준 것은 임성주였다. 임성주는 묘지명에서 형이 평소에 조정론이 나라를 그르친다는 비판을 해왔다고 하여 임명주의 차자는 송시열의 관점을 계승한 것임을 확인해준다.

신광유의 죽음과 임명주의 유배로 인해 윤지당과 친정은 다시 어려움에 처했다. 유배 3년째인 영조 25년(1749) 심희영에게 시집간 임명주의 맏딸이 22세의 나이로 병사했다. 임명주는 유배지에서 참혹한 슬픔을 담은 편지를 보냈고, 임성주는 제문에서 "우리 집안의 하나뿐인 딸을 갑자기 잃었으니 우리의 곤궁과 외로움은 더욱 심해질 것이다"[27]라고 슬퍼했다. 임명주는 4년 만에 사면을 받아 드디어 집으로 돌아왔다. 머지않아 다시 등용되어 뜻을 펼 수 있으리라 생각했지만 운명은 생각대로 펼쳐지지 않았다.

4장

시집과 친정을 오가며
마음을 다잡다

　임윤지당은 남편이 죽은 뒤 시집과 친정을 오가며 생활한 것으로 보인다. 시집에서 친시어머니인 풍산 홍씨와 양시어머니인 문화 유씨를 모셨다. 신광유는 신보의 장남이었지만 후사가 없는 백부의 양자로 들어갔기 때문에 어머니가 두 분이었다. 윤지당이 45세가 되던 해인 1765년 문화 유씨가 세상을 떠나고, 47세가 되던 1767년 풍산 홍씨가 세상을 떠났다. 윤지당은 두 시동생과 한집에서 같이 살았는데, 시동생들은 매사를 윤지당과 의논하며 어머니처럼 섬겼다. 윤지당의 시집에서의 생활은 신광우가 쓴 「언행록」을 통해 짐작할 수 있다. 윤지당은 여느 부인들처럼 숙환으로 오랫동안 병석에 있었던 시어머니를 정성껏 간호하고 출산한 동서를 보살피기도 했다.

　　제수가 일찍이 난산으로 고생했는데, 형수님이 몸소 약과 음식을 만들어 정성껏 간호하셨다. 나흘 밤낮을 눈 한 번 붙이지 않았다. 동서 간의 우애가 이와 같았다.[28]

　문과에 급제한 뒤, 사간원 대사간을 역임한 신광우는 형수인 윤지당과 집안의 대소사를 의논했다. 관직으로 집을 떠나 있을 때는 시동생과 편지를 주고받으며 윤지당이 집안을 이끌었다. 윤지당은 신광우에게 편지를 보낼 때는 언문을 사용했다. "크고 작은 일을 빠짐없이 기록해서 보냈다. 종이를 이어서 여러 폭을 만들고 작은 글씨로 문장을 썼는데 언제나 그 행간이 정연하고 반듯했으며, 글자는 모두 정자체로 한 자도 수정하거나 고쳐 쓴 것이 없었다."[29] 신광우는 형수의 정신력과 공부의 힘이 대단하다고 여기며, 어른으로 대우했다. 겸양으로 한 말이겠지만 자신이 경전과 예법을 깊이 연구하지 않고 행실도 절제하지 못하는 것을 병통으로 여기고 있었기 때문에 혹시라도 잘못하는 것이 있으면 형수가 알까 두려웠다고 한다. 여기서 신광우가 윤지당을 어려운 존재로 여겼음을 알 수 있다.

윤지당은 친정에서 하던 공부를 계속할 수 있었을까? 신광우는 '시집 오신 뒤에는 다른 사람들이 서적을 가까이하는 것을 보지 못했고 일상 대화에서도 문장에 관해 이야기하는 법 없이 오직 부인의 직분에 힘쓸 뿐'[30]이었으나 남편과 시부모가 세상을 떠난 뒤에는 살림을 돌보고 나서 깊은 밤에 보자기에 싸두었던 경전을 꺼내 읽는 것을 보았다고 했다.

시집에서 생활하는 가운데 친정에 가서도 오래 머물곤 했다. 영조 26년(1750) 12월 둘째 오빠 임성주가 익위사 세마가 되었다. 2년 뒤 임성주는 시직으로 옮겼다가 종부시 주부, 공조좌랑을 거쳐 영조 30년(1754) 가을 임실 현감이 되었다. 임실은 전라북도 중남부에 위치한 현으로 동쪽은 진안·장수·남원, 서쪽은 정읍, 남쪽은 순창, 북쪽은 완주와 접해 있다. 현감은 가장 작은 지방 행정구역 단위였던 현(縣)에 임명되는 수령으로 종6품이다. 임성주는 처음 지방관이 되어 임실로 가면서 어머니를 모시고 갔다. 귀양에서 돌아와 있던 임명주는 그해 여름 갑자기 중풍이 들어 앓게 되었다. 임명주는 어머니를 뵙고 병을 치료하기 위해 아픈 몸을 이끌고 임실에 가서 머물렀다. 임성주가 임실에 부임한 이듬해인 영조 31년(1755) 윤지당의 가족이 임실에 모두 모였다. 윤지당과 윤지당의 언니도 함께였다.

앞서도 언급했듯 조선사회는 여성들의 외출이나 여행이 자유롭지는 않았지만 외출이나 여행의 기회가 전혀 없지는 않았다. 잔치나 모임에서 여성들끼리 모일 기회가 있었고 상층 양반의 경우 궁궐에 초대되기도 했다. 이는 물론 궁궐과 인척 관계를 맺었을 경우에나 가능한 일이기는 했다. 보통의 양반 여성들은 남편이나 아들이 지방 관아로 부임할 때 같이 가거나 방문하면서 여행할 기회를 가졌다. 윤지당 자매처럼 친정으로 가기 위해 길을 나서기도 했다. 그러나 지방에 부임하는 관리가 가족을 동반할 수 있게 된 것은 18세기 중엽 이후였다. 이렇게 길을 나선 여성들은 여행의 감흥을 산문이나 시로 남기기도 했다. 의령 남씨가 남편의 부임지로 따라가서 함께 유람한 것을 기록한 「의유당관북유람일기」나 아들 또는 시숙이 부임한 관아로 가면서 보고 들은 것을 노래한 「부여노정기(扶餘路程紀)」와 「금행일기(錦行日記)」 같은 기행가사가 그 예다. 「부여노정기」는 연안 이씨 부인(1737~1815)이 남편과 함께 부여 현감으로 부임한 아들을 따라가서 남편의 회갑연을 연 것을 가사로 읊은 것이고, 「금행일기」는 은진 송씨 부인(1803~1860)이 시숙이 관리로 부임한 금영(지금의 공주) 관아를 다녀와서 지은 가사다. 윤지당 자매가 지방관인 오빠를 찾아간 것은 당시의 관행으로 보면 예외적인 경우가 아니었다. 그런데 여행의 기록을 전혀 남기지 않은 것은 이들과 다른 점이라고 하겠다.

이때 윤지당의 나이는 35세. 남편이 죽은 지도 8년 가까이 지났다. 그 사이 큰오빠 임명주가 언관으로 상소를 올리고 유배되었다가 돌아오고, 둘째 오빠 임성주가 관직 생활을 시작하면서 친정의 형편이 나아지고 있었다.

오랜만에 어머니 곁에 모인 여섯 남매는 더없이 기뻤으나 걱정과 근심이 계속 이들을 에워싸고 있었다. 임명주의 병세가 깊어지고 넷째 아들인 병주도 묵은 병이 도졌던 것이다. 임명주는 자신을 제대로 돌보지 않고 동생 병주를 걱정했다. 다음 해 봄 임병주가 위독해지자 가족들은 임명주에게 이를 숨기고 3월 10일 지계에 있는 본가로 돌아가게 했다. 그러나 임명주도 병세가 나빠져서 길을 나서지 못하고 완주에 머물렀다. 그 사이 결국 임병주가 세상을 떠났다. 4월 3일 윤지당과 언니는 동생의 장례를 보기 위해 서울로 가는 길에 완주에 있는 임명주를 찾았다. 여전히 동생의 죽음은 알리지 않은 채 병이 나아가고 있다고 거짓말을 하자 임명주는 몹시 기뻐했다. 이 모습을 뒤로하고 윤지당 자매는 서울로 떠났다. 이러한 정황은 윤지당이 쓴 제문 「큰오빠 정언공 제문」에 날짜까지 자세히 기록되어 있다.

그해 가을 윤지당이 서울에 있는 동안 임명주가 편지를 보내어 '내년 가을에 말을 보내 데려올 테니 다시 만날 날이 머지않다'고 했으나 남매는 끝내 만나지 못했다. 서울로 올라간 뒤 윤지당은 시집에서 연이어 상을 당해서 원주로 내려갔다. 그리고 원주에서 계속 일이 생기는 바람에 서울로 가지 못하고 11월이 되도록 소식도 전하지 못하다가 임명주의 부고를 들었다.

부고를 듣고도 윤지당은 바로 가지 못하고 1758년 6월 초하루에야 제사를 올리고 제문을 지어 애도했다.

　　슬프고 애통합니다. 제가 그해 가을에 비로소 서울에 가니 공께서 편지를 보내셔서, "너는 내년 가을에 말을 보내 데려올 테니 만날 날이 그리 멀지 않다"라고 하셨습니다. 서울에 올라간 뒤에 저도 연달아 상을 당해 원주로 내려가서 장례를 치렀는데 일이 계속 생기는 바람에 몸을 뺄 수가 없었습니다. 그렇게 11월이 되었으나 동남쪽 멀리 떨어진 곳에 살아 소식을 전하지 못했습니다. 어머님의 얼굴을 떠올리면 마음이 타는 듯하고, 또 형제들을 생각하면 저도 모르게 눈물이 떨어졌습니다. 밤에 잠이 들면 꿈자리가 어지러워 놀라 깨곤 하니 아침저녁으로 애가 타서 죽을 지경에 이르렀는데 난데없이 어디선가 부고가 잇달아 전해졌습니다. 하늘이여, 신령이여, 이것이 무슨 일입니까? 하늘에 부르짖어 호소해도 하늘은 나를 돌아보지 않고, 땅을 치며 물어도 땅은 나에게 대답하지 않았습니다. 아아, 슬픕니다. 제가 만일 그해 가을에 왔더라면 우리 큰오라버님의 모습을 다시 보고, 또 돌아가실 때에 손을 잡고 영결할 수 있었을 텐데. 여자의 몸이라 자유롭지 못해 이제야 비로소 왔습니다. 저승으로 돌아가시기 전에 상여를 부여잡고 곡하며 이별하지 못했으니 이 마음에 남은 한으로 천지가 아득합니다.[31]

　　윤지당은 제문에서 재능과 지혜를 갖추고 세상을 덮을 만한 기개를 가진 오빠가 일찍 세상을 떠난 것에 대한 안타까움과 함께 어머니에 대한 걱정을 이야기한다. 그리고 오빠가 사마시에 합격한 뒤 열심히 공부해서 대과에 급제하고 간관이 되어 차자를 올린 일, 중풍에 걸린 뒤 병이 깊어져서 완주에 머물렀던 일, 동생이 죽어 장사 지낸 일과 오빠의 임종을 하지 못한 안타까움, 그리고 임명주의 효성과 우애에 대해 이야기하고 있다. 그리고 임명주의 임종을 지키지 못하고 늦게야 오빠를 찾아가게 되었던 이유를 여자의 몸으로 자유롭지 못해서라고 밝힌다. 임명주가 말을 보내 데려오겠다고 했듯이, 오빠들은 윤지당을 종종 불러 같이 지내기도 했고 윤지당은 친정으로 와서 친정 일을 챙기기도 했다. 그럼에도 임명주가 세상을 떠날 무렵인 30대의 윤지당은 시집의 일로 오빠의 장례에도 가지 못했다. 여자의 몸으로 자유롭지 못한 것이 현실이었던 것이다.

둘째 형님께서 양근 군수로 계실 때 협(熁) 형제(조카들)가 별당에서 독서를 했는데, 누님도 원주에서 와서 관사에 머물고 계셨기에 매일 아침저녁으로 문안을 드렸다. 하루는 누님이 묻기를, "오늘 공부는 어떠하냐?"라고 하니 "날이 더워 괴로움을 견딜 수가 없습니다"라고 대답했다. "그러면 부채질을 하느냐?"라고 해서 "그렇습니다"라고 했다. 누님이 말하기를 "정신을 집중해서 책을 읽으면 가슴속에서 자연히 서늘한 기운이 일어나니 부채가 무슨 필요가 있겠느냐? 너희가 아직도 헛 독서를 면치 못했구나"라고 했다. 이 한마디로 그 마음을 두어 기르는 바를 알 수 있다.[32]

윤지당은 임성주가 있는 양근의 관사에 머물면서 아침저녁으로 조카들의 문안을 받고 독서를 독려했던 모양이다. 양근은 지금의 경기도 양평으로 윤지당이 살던 원주와는 그리 멀지 않은 곳이다. 임성주가 양근 군수가 된 것은 1771년으로 당시 윤지당은 50대였다. 이 무렵 윤지당은 집안의 어른으로 집안 살림에서 조금은 풀려났을 것으로 보인다.

윤지당은 과부가 된 뒤 시집인 원주와 친정을 오가면서 지냈다. 임성주가 임실, 양근 등에 지방관으로 부임하면 그곳으로 가서 친정식구들을 만나기도 하고 한동안 머무르기도 했다. 친정식구들과의 유대는 강했다.

5장

남편이 남긴 필사를 잇고
발문을 쓰다

1758년 여름 임윤지당은 남편이 베끼다 완성하지 못한 원고를 들고 공주 녹문의 친정으로 갔다. 남편 신광유가 남긴 유일한 필적이 사라지지 않도록 지키기 위해서였다. 신광유는 생전에 『시경』과 『서경』, 『초사(楚辭)』와 잡기(雜記)를 베껴두었는데, 『시경』은 겨우 반밖에 베끼지 못한 데다가 글씨체가 무척 다르고 옛 종이들 사이에 그냥 섞여 있었다. 아들이 있었다면 그 뜻을 이어받아 글을 계속 베끼겠지만 아들이 없으니 완성을 기약하기가 어려웠다. 윤지당이 보기에 옛 종이들 사이사이에 섞여 있는 이 원고들은 언젠가 항아리를 덮는 종이 신세가 될 것 같았다.

윤지당은 남편이 하던 일을 이어서 하고 싶었지만 남편을 잃은 처지에 이런 일을 하는 것이 마땅치 않게 받아들여질 것 같았다. 그럼에도 필적이 사라지는 것보다는 마저 글을 베껴서 필적을 남기는 것이 낫다고 여기고 필사를 마무리했다.

내가 남편을 잃은 부녀자의 붓으로 남편의 글을 뒤이어 쓰는 것이 옳지 않음을 너무도 잘 알지만, 남편이 남긴 것이 이것뿐인데 남은 목숨이 끊어지기 전에 완성해놓지 않는다면 그분이 남긴 필적이 사라져버릴 것이다. 내가 이를 남몰래 가슴 아파하여 늘 그 뒤를 이어 베낄 뜻을 가지고 있었으나, 그럴 겨를을 얻지 못했다. 그러던 중 무인년(戊寅年) 여름 친정에 갈 때에 감히 그것을 가지고 가서 늦가을 9월부터 틈틈이 붓을 들어 이듬해 4월에 이르러 비로소 그 일을 마쳤다.[33]

윤지당은 친정에서 『시경』과 『초사』의 필사를 마무리한 다음 이를 책으로 묶고 각각 발문을 남겼다. 발문에서 윤지당은 자신이 이 일을 하게 된 이유를 쓰고 남편이 쓴 부분과 자신이 쓴 부분을 각각 밝히고 있다.

「주남(周南)」의 「관저(關雎)」 편에서부터 「소아(小雅)」의 「기보(祈父)」 편, 「시월지교(十月之交)」의 제2장 제4구까지는 남편이 쓴 것이고, 제5구 이하는 모두 내가 쓴 것이다. 그리고 「소남(召南)」과 풍(風), 아(雅), 송(頌)의 제목과 그 대강의 뜻은 모두 내가 베낀 것이다. 다 쓰고 나서 표지를 입혀 상자에 보관했다.[34]

『시경』은 중국의 고대 시가를 모은 책으로 그 구성은 크게 풍, 아, 송으로 이루어져 있다. 풍은 국풍(國風)이라고 하는데 각 지방의 민요를 모은 부분으로 여기에는 「주남」, 「소남」을 비롯해서 「패풍(邶風)」, 「빈풍(豳風)」 등이 실려 있다. 아는 궁궐에서 연주되는 곡조에 붙인 노래로 「소아」, 「대아(大雅)」가 있고, 송은 종묘의 제사에 쓰이던 노래로 「주송(周頌)」, 「노송(魯頌)」, 「상송(商頌)」이 있다. 위에서 말한 「주남」 「관저」 편은 처음에 실려 있는 시이고, 「기보」 편은 「소아」에 네 번째로 실린 시다. 분량으로 보면 신광유가 베낀 것은 『시경』의 반 정도가 되고, 윤지당이 나머지 반을 베낀 뒤에 제목과 대강의 뜻까지 베껴 넣었다.

윤지당은 『초사』까지 다 베껴 쓴 뒤에 표지를 입히고 『시경』과 함께 상자에 갈무리했다. 윤지당은 이 일을 함으로써 남편의 필적을 남기게 되어 적이 위로가 되었다.

윤지당이 '미망인(未亡人)'으로 남편이 쓰던 글을 이어서 쓴 것은 그녀 자신도 밝혔듯이 그렇게 바람직한 일은 아니었을 것이다. 미망인은 아직 죽지 못한 사람, 즉 남편이 죽은 뒤에 따라 죽지 못한 사람이라는 뜻이다. 다시 말해 남편이 죽으면 따라 죽어야 한다는 것이 전제되어 있는 말이다. 오늘날의 눈으로는 이해할 수 없는 일이지만 조선시대에는 남편이 죽으면 평생 수절하는 것은 물론, 따라 죽는 일들도 종종 있었다. 국가는 이런 여성을 열녀 혹은 정녀(貞女)라고 부르며 상을 내렸다. 물론 시기에 따라 차이가 있기 때문에 일률적으로 이야기하기 어렵지만 양반 여성들은 남편이 죽은 뒤에 따라 죽어야 한다는 압박이 있었다. 『열녀전』을 비롯한 다양한 여성 관련 기록은 남편이 죽은 뒤, 밥을 굶거나 칼로 목을 찌르거나 약을 먹고 죽은 여성들의 예를 보여준다.

『열녀전』을 기록한 양반 남성 작가는 남편을 따라 죽는 여성에 대해 남자도 하지 못하는 의로운 일을 했다고 칭송했지만 양반 남성들 가운데는 수절을 당연하게 여기면서도 남편을 따라 죽는 것은 지나치게 여기는 사람들이 많았다. 그들은 자신의 가족이 그런 일을 당했을 경우에는 적극적으로 죽음을 말렸다. 송준길의 큰딸은 1648년 나명좌(羅明佐)와 결혼했는데 남편이 일찍 죽어 과부가 되었다. 나명좌의 부인 송씨는 남편이 죽은 뒤에 곧 따라 죽으려 했으나 후사 없이 죽은 남편을 위해 후사를 정해놓고 죽기로 했다. 그러나 동서가 10년이 넘도록 아들을 낳지 못하자 1662년 결국 자결했다. 송준길은 과부가 된 딸을 집에 데려와 함께 살면서 서로 의지하고자 했으나 그렇게 하지 못했다면서 늙은 아비를 두고 죽은 딸을 원망도 하고 애석해한다.[35] 송준길이 쓴 딸의 제문에는 기어코 남편을 따라 죽은 딸과 그것을 바라보는 아버지의 착잡한 심정이 잘 드러나 있다.

다른 예도 있다. 「자기록(自己錄)」의 풍양 조씨 부인(1772~1815)은 남편이 위독해지자 죽음을 생각하고 칼을 챙겼지만 죽지 않고 살아서 자신이 살아남은 이유를 기록으로 남겼다. 조씨 부인은 죽지 않았지만 그녀의 행동은 남편이 위독해지거나 죽었을 때 부인이 취해야 했던 행동의 한 전형을 보여준다.

송준길의 딸 송씨는 10년이나 지난 뒤에 기어이 죽었고, 풍양 조씨는 죽으려다 차마 죽지 못했다. 이 둘 사이에는 100년이 넘는 시차가 있으니 시대에 따른 차이를 드러낸 것일 수도 있다. 그러나 이 두 여성은 남편이 죽은 뒤에 여성이 어떻게 해야 한다는 관행을 의식하고 있었다는 점에서는 큰 차이가 없다.

윤지당은 남편을 잃은 부인들이 보인 전형적인 행동, 즉 따라 죽으려는 행동을 하지 않았다는 점에서 위의 사례들과 차이를 보인다. 게다가 남편이 베끼던 글을 이어 쓰는 것도 마땅치 않은데 책으로 묶어 보관까지 한 것은 흔한 일이 아니었다. 여자에게 허용된 글자는 언문, 즉 한글이었다. 비록 남편이 지은 것이 아니고 베끼던 것을 마무리하는 일이었다고 해도 한문을 써서 남긴다는 것은 여자들에게 주어진 규범을 넘어선 것이었다. 남편이 죽은 뒤에 남편의 저술을 정리해서 문집으로 출간한 경우가 없지는 않다. 그러나 부인이 직접 관여하기보다는 문집을 출간할 비용을 마련하거나 출간을 맡아줄 사람을 구하는 방식으로 이루어졌다.

신광유가 남긴 것이 저술이 아니고 필사이기 때문에 같은 수준에서 보기는 어렵다. 보통의 경우라면 부인이 직접 베끼고 채워 넣기는 쉽지 않았을 것이다. 한문을 쓸 수 있는 여성이 많지 않은 것도 한 원인이다. 그런데 윤지당은 남편이 베낀 것을 이어 쓰고 자신이 베낀 부분을 정확하게 밝히고 있다. 이처럼 윤지당이 직접 이를 마무리한 것에는 자신도 그만큼 쓸 수 있다는 자신감, 자신의 글씨도 함께 남기고 싶다는 의지가 깔려 있었던 것이 아닐까?

윤지당이 남편이 쓰던 책을 완성하던 이 해 12월 17일 어머니 윤씨 부인이 76세의 나이로 세상을 떠났다. 윤씨 부인은 임실 현감으로 부임한 임성주와 함께 임실에서 지내다가 이 해 공주 녹문으로 돌아가 지내던 중이었다. 이때 윤지당의 나이 38세였다. 40세가 되던 해 윤지당은 시동생인 신광우의 장남 재준을 양자로 들였다.

4부

성리학자로 우뚝 서다

1장

이기심성에
대하여

임윤지당은 성리학에 관한 글로 「이기심성설(理氣心性說)」, 「인심도심사단칠정설(人心道心四端七情說)」, 「극기복례위인설(克己復禮爲仁說)」을 남겼다. 이 글들에서 윤지당이 다루고 있는 주제는 이기심성, 사단칠정, 성인(聖人)과 범인(凡人)의 차이로, 당시 조선의 유학자들이 치열하게 논쟁하던 문제들이다. 윤지당은 이 논쟁에 직접 참여하지는 못했지만 당대 학계의 가장 뜨거운 주제에 대해 글을 남겼다. 그녀는 왜 이 어려운 문제들과 씨름했으며 그 결과 어떤 결론을 얻었을까?

「이기심성설」은 윤지당의 글 가운데 가장 분량이 많은데 윤지당의 학문 세계를 보여주는 대표적인 글이다. 이 글에서 윤지당은 성리학의 주요 개념이자 이론인 이와 기, 심(心)과 성(性), 인성(人性)과 물성(物性), 인심과 도심, 사단칠정에 대해 기존의 설을 소개하고 자신의 의견을 전개하고 있다.

내용을 보기 전에 윤지당이 「이기심성설」을 쓴 맥락을 살펴볼 필요가 있다. 윤지당이 살았던 18세기를 전후하여 노론의 유학자들 사이에는 호락논쟁이 치열하게 전개되고 있었다. 여기서 호는 호서, 즉 충청도를, 낙은 서울을 가리킨다. 그러니까 호락논쟁은 충청도의 노론 학자들과 서울의 노론 학자들 사이에서 일어났던 논쟁을 말한다. 호론에 속하는 학자는 권상하, 한원진 등이고 낙론에 속하는 학자는 임성주의 스승인 이재를 비롯해서 김창협, 김창흡, 어유봉 등이다. 호락논쟁은 후대에 인물성동이논쟁(人物性同異論爭)이라고 불리기도 했다. 이 논쟁의 핵심은 사람의 본성과 사물의 본성이 같은가 다른가 하는 것이었다.

처음에 이 논쟁은 이이, 김장생, 송시열의 학통을 이은 권상하의 제자 한원진과 이간(李柬, 1677~1727)에서 시작되었다. 한원진은 인성과 물성이 다르다는 인물성이론을 주장하고, 이간은 인성과 물성이 같다는 인물성동론을 주장했다. 권상하가 인성과 물성이 다르다고 주장한 한원진을 지지하자 이간은 권상하와 한원진을 상대로 따졌다. 이간의 동론을 지지한 사람들은 서울에 살았기 때문에 이를 낙론이라고 하고, 한원진의 이론을 지지한 사람들은 충청도 지역에 살았기 때문에 이를 호론이라고 한다. 이렇게 인성과 물성의 같고 다름을 두고 논쟁하게 된 계기는 주희에게 있었다. 주희는 『중용』경 1장의 주석에서 사람과 사물이 모두 균등하게 오상(五常: 인의예지신)을 지니고 있다고 하고, 『맹자』의 '생지위성(生之爲性)' 장의 주석에서 사람은 오상의 온전함을 얻었지만 사물은 얻지 못했다고 주장했기 때문이다.

이 문제를 놓고 호론과 낙론은 치열한 논쟁을 벌였는데 호론이 인성과 물성이 다르다고 주장한 근거는 다음과 같이 간단하게 정리할 수 있다. 첫째, 성이란 기질로 인해 특수하게 구체화되는 사물 각각의 특성을 지칭하는 것인 만큼 만물은 각기 다른 성을 가지고 있다. 둘째, 인간의 심은 기에 속하는 것인데, 기는 맑고 탁함이 같지 않아서 정신현상으로 드러나기 이전의 상태에도 선의 요소와 악의 요소가 함께 있다. 셋째, 같은 사람이라 해도 기질의 차이가 있는 만큼 기로 인해 차이가 있을 수밖에 없고 결국 성인과 범인의 심성은 서로 다르다.[1]

인성과 물성이 다르다는 호론의 주장에 대해 이간은 인간이라는 구체적인 존재는 음양오행(陰陽五行)의 기에 의존하여 이루어지지만, 그 본성은 어디까지나 기에 영향받지 않는 순수한 이만을 가리키는 것으로 보아야 하며, 그러한 이는 사물에 따라 차이가 없다고 주장했다.[2] 이는 성선설(性善說)에 기반하고 있다.

이상의 간단한 설명에서도 보듯이 인성과 물성이 같은가 다른가를 설명하는 주요 개념은 이, 기, 심, 성이다. 이들의 관계를 어떻게 보느냐에 따라 인성과 물성의 관계도 달라지는데 성리학에 관한 글을 읽으면 이, 기, 심, 성의 개념이 늘 추상적이거나 복잡하게 느껴지고, 학자마다 다른 개념으로 사용하기도 해서 접근하기가 주저된다. 윤지당의 「이기심성설」에도 이 개념들이 되풀이해서 나오므로 먼저 간단하게 정리해보자.

이는 원리, 천리, 이치라는 뜻으로 개별 사물에 내재한 속성 또는 만물의 형성원리를 말한다. 이는 성리학에서 중요한 철학 개념이다. 기는 기운이라는 뜻으로 만물을 형성하는 질료, 각각 다르게 만들어진 형질을 말한다. 이는 추상과 보편으로, 기는 구체와 특수로 볼 수도 있다. 이와 기의 관계를 어떻게 설정하느냐에 따라 이와 기를 보는 관점이 달라진다. 이와 기 중 무엇을 중심에 놓느냐에 따라 주리론(主理論)과 주기론(主氣論)으로 나뉘고, 이와 기의 선후 관계를 어떻게 놓느냐에 따라 이선기후(理先氣後), 기선이후(氣先理後)로 나뉘고 이와 기를 하나로 혹은 둘로 보느냐에 따라 이기이원론(理氣二元論), 이기일원론(理氣一元論) 등으로 나뉜다. 심은 지각 작용을 하여 이를 깨달을 수 있게 한다. 주희는 심을 지각으로 보았으며, 사람의 몸을 주재하는 것으로 보았다. 지각은 사람의 감각과 사유를 말하며, 사람의 몸을 주재한다는 것은 몸의 일체 활동을 주재하고 지배한다는 뜻이다. 즉 주희는 사람의 모든 사유, 정감, 욕망, 행동을 심이 작용하거나 운용한 것으로 보았다.[3] 성은 본성, 즉 사물의 본질을 말한다. 성리학에서는 성을 하늘로부터 부여받은 것이라 본다. 성리학은 이 개념을 가지고 세계와 인간의 심성에 대해 설명했다.

이제 윤지당의 「이기심성설」을 살펴보자. 이 글은 열 개 항목의 문답으로 이루어져 있는데 윤지당은 인간이 무엇인지 이야기하기 위해 먼저 하늘과 땅과 인간, 즉 천지인(天地人)에 대해 정의한다.

하늘이란 무엇인가? 그 형체를 드러낸 것이 높고 높아서 크기가 극도에 다다랐고, 그 마음이 만물을 살리는 데 중점을 두어 인애가 극진

임윤지당의 「이기심성설」. 18세기 성리학자들의 논쟁을 임윤지당이 꿰뚫고 있음을 보여준다.

한 존재다. 땅이란 무엇인가? 하늘과 짝이 되어 천지의 조화를 이루는 존재다. 사람이란 무엇인가? 하늘과 땅의 알맞고 바른 이치를 얻어서 태어나 만물 가운데 으뜸이 되고 삼재(三才)의 하나에 속하는 존재다. 천지는 지극히 큰데 사람은 몹시 작은 몸으로 그 사이에 살면서 삼재의 하나에 참여할 수 있게 되었다. 그것은 무엇 때문인가? 그것은 능히 하늘과 땅의 도를 체득해서 그 덕에 부합하기 때문이다.[4]

인간을 하늘과 땅의 도를 체득하여 그 덕에 부합하는 존재로 정의한 뒤 윤지당은 무엇을 왜 논하는지, 그리고 누구를 대상으로 글을 쓰는지를 다음과 같이 명료하게 밝힌다.

문 : 천지가 만물을 창조한 것과 만물이 생명을 부여받은 것은 모두음과 양이 작동하고 멈추며, 합치고 흩어지는 이치가 아님이 없다. 그렇다면 만물은 하나의 근원에 근본을 두었을 것이다. 사람과 사물은 형체나 모양이 비록 다르기는 하지만 그 원리에는 차이가 없어야 한다. 그런데 사람만이 천지의 도를 체득하여 그 덕성에 부합했고 나머지 사물들은 여기에 참여하지 못했다. 그 까닭은 무엇인가? 또한 천지조화의 원리에 대해 설명해달라.
답 : 하늘의 이치는 신묘해서 헤아릴 수 없다. 그러므로 공자께서 사물의 본성이나 하늘의 이치에 대해 말씀하신 것을 들을 수 없다. 그렇다면 이치를 끝까지 따지고 본성을 다 발휘하여 하늘의 이치를 아는 사람이 아니면 이 문제를 토론할 수 없다. 그렇지만 성현의 가르침이 경전 속에 담겨 있어서 후세의 학자들에게 열어 보인 것이 태양과

별처럼 밝다. 학자라면 또 어찌 그것이 신묘하고 헤아릴 수 없다고 해서 알 수 없는 영역에 버려두고 그 이치를 끝까지 따져볼 생각을 하지 않겠는가? 내가 이러한 이유로 조화의 도에 대해 먼저 말하고, 그다음에 사람과 사물의 심성에 대해 논하여 지자(知者)에게 가르침을 청해도 되겠는가?[5]

사람과 사물의 차이가 무엇이며, 사람과 사물을 만들어낸 천지조화의 이치는 무엇인가를 밝히라는 질문에 대해 윤지당은 자신이 이 글을 쓰는 이유를 먼저 밝힌다. 윤지당은 공자도 말하지 않은 문제지만 성현의 가르침이 있으니, 학자라면 그 이치를 끝까지 따져보고 본성을 다 발휘해야 한다(窮理盡性)고 말한다. '궁리진성'은 『주역』「설괘전(說卦傳)」에 나오는 말로, 송대 성리학자들이 학문의 방법으로 삼았던 것이다. 윤지당이 궁리진성을 말한 것은 그 역시 학자의 입장에서 이치를 끝까지 따져서 앎에 이르고 실천하겠다는 의지를 표명한 것이다. 이어서 윤지당은 천지조화의 원리, 사람과 사물의 심성을 논하는 순으로 논의를 진행하겠다고 밝힌다. 이 부분은 오늘날 논문으로 치면 어떤 문제를 다루고, 어떤 방법을 쓰며, 어떤 순서로 논의를 진행할지를 밝히는 서론에 해당하는 것으로 윤지당은 매우 논리적이고 조리 있게 글을 시작하고 있다.

윤지당은 먼저 주돈이(周敦頤)의 말을 인용한다. 주돈이는 『주역』의 태극 관념에 음양오행의 사고를 결합해서 우주, 만물, 인간의 생성에 대해 설명한 「태극도설(太極圖說)」을 쓴 인물이다. 유학을 혁신했다고 하여 신유학(新儒學)이라고 불리는 성리학은 주돈이, 소옹(邵雍), 장재(張載), 정호, 정이의 업적을 바탕으로 주희가 완성한 것이다. 윤지당은 '태극(太極)

이 무극(無極)'이고, "무극의 진리와 음양오행의 정묘함이 얽혀 있다"고 한 주돈이의 말과 "태극과 음양오행은 융합되어 틈이 없다"고 한 주희의 말을 인용한 뒤, 천지의 도는 음양오행의 기와 태극의 맑은 이가 사물에 부여되어 만물로 하여금 생을 누리게 하는 것이라고 한다. 태극은 이, 음양오행은 기에 해당하며 이들의 작용으로 만물이 생성된다는 것이다. 그렇다면 이가 먼저인가, 기가 먼저인가? 이 둘의 관계는 무엇인가?

> 무릇 이라는 것은 기의 본체이고, 기라는 것은 이의 그릇이다. 이것은 하나이면서 둘이고, 둘이면서 하나다. 사람들은 주자의 "이가 있은 뒤에 기가 있다(理先氣後)"는 말을 오해하여 태극이 형체와 기질을 초월하는 하나의 둥근 것이라고 생각한다. 이는 전혀 그렇지 않다. 기가 없으면 이가 어디에 탑승하여 조화를 만들겠는가? 태극은 음양의 이치에 지나지 않으니, 음양 밖에 별도의 이치가 있는 것이 아니다. 단지 음양이 저절로 작동하는 것을 이라고 하는 것이다. 이가 지극한 데 이르러 더할 바 없는 것을 태극이라고 한다. 이가 없으면 기는 진실로 나올 곳이 없고, 기가 없으면 이 또한 어디서 나오겠는가? 다만 기에 나아가 그 의미를 찾는 것이 좋다. 이와 기는 나뉘고 합할 수 없으며, 구분할 수 없고, 꿰어 붙일 수도 없다. 어떻게 선후(先後)와 피차(彼此)를 논할 수 있겠는가?[6]

윤지당은 이가 기의 본체이고 기는 이의 그릇으로, 이와 기는 둘이 아니라 하나이면서 둘이고, 둘이면서 하나로 이와 기는 분리될 수 없는 것이라고 설명한다. 주희가 "이가 있은 뒤에 기가 있다"고 해서 사람들이

선후가 있는 것으로 오해하고 있지만 이와 기의 관계는 선후도 없고 피차도 없는 관계라는 것이다.

윤지당은 당시 많은 학자들이 주희의 '이선기후'설에 대해 잘못 알고 있다고 지적한다. 일반적으로 사람들은 이가 있은 뒤에 기가 있다는 주희의 설을 두고 이와 기가 서로 다른 것으로 오인해서 이기생성의 선후를 의미하는 것으로 보는데 윤지당은 그러한 논의가 잘못된 것이라고 비판한다.

질문은 이어진다. 주돈이는 "태극이 움직여 양을 낳고, 멈추어 음을 낳는다"고 하고, 또 "양이 변하고 음이 합하여 수화목금토를 만든다"고 했다. 만약 그렇다면 태극이 움직인 뒤에 양이 생기고 멈춘 뒤에 음이 생기며, 양이 변하고 음이 합한 뒤에 오행이 생긴 것인가? 여기에 대해 윤지당은 이렇게 설명한다. 주희가 『중용』에서 "하늘이 명한 것을 성이라 한다〔天命之謂性〕"는 구절을 풀이하면서 "하늘은 음양오행으로 만물을 변화 생성하는데 기로 형체를 만들고 다시 이를 부여한다"고 설명했다. 이 말만 보면 기가 먼저 형체를 만든 뒤에 이가 비로소 사물에 부여된 것처럼 보인다. 그런데 주희가 이렇게 설명한 이유는, 기는 형체가 있어서 눈에 보이지만 이는 보기가 어렵기 때문에 사람들이 기만 있고 이는 있는 줄 모르고, 음양오행이 하나의 태극에 근원을 두고 있는 줄 모를까 봐 쉽게 이해시키려고 이렇게 표현한 것이지 선후를 둔 것이 아니다.

모든 사람과 사물이 하늘로부터 이를 부여받고 오상의 성을 갖추었다. 그런데 세상의 만물은 수만 가지가 있고 각자가 다 다르다. 지각이 있는 것은 사람과 동일한 성을 받았다고 볼 실마리라도 있지만 지각이 없는 것은 무엇을 근거로 사람과 똑같이 성을 받았다고 보겠는가? 본래 없는 것 아닌가? 혹 있다면 기에 국한되고 쓰임이 잘못되어서 그러한가? 사람의 성과 사물의 성, 즉 인성과 물성에 대한 질문이다. 여기에 대해 윤지당은 만물이 고르지 않은 것은 천명이 그렇게 만든 것이고, 만물은 각각의 기질에 따른 각각의 성이 있다고 대답한다. 이어서 금수의 성이 각자 다르고 산과 물의 성이 각자 다른 점을 논한 뒤에 그 차이가 나타나는 이유를 이렇게 설명한다.

> 만약 "인의예지(仁義禮智)는 사람과 사물이 가진 동일한 성이다. 사물에게서 인의의 성을 보지 못하는 것은 기에 구속되어 그 작용이 나타나지 못해서일 뿐이니 타고난 본체가 아니다"라고 말한다면 이것은 크게 잘못되었다. 이 말을 "이는 하나지만 나뉘어 달라진다(理一分殊)"라는 네 글자에 착안해서 보면 그 뜻이 저절로 분명해진다. 이일(理一)의 이가 이인데 어찌 분수(分殊)의 이는 이가 아닌가? 분수도 마땅히 이에 속한다. 요즘 사람들은 대부분 기에 귀속시켜서 일(一)은 이로, 분(分)은 기로 간주한다. 본체는 온전하지만 작용이 나타나지 못한다는 말까지 있는데 이는 틀렸다.[7]

'이일분수'는 성리학의 중요한 주제로 주희 철학에서도 중요하게 다루어졌고, 조선의 학계에서도 자세하게 다루어졌다. 그러나 이일분수는 하나의 확정된 의미를 갖는 것이 아니고 다양한 함의를 갖는다. 이일과 분수는 본원과 파생, 보편과 특수, 통일과 차별의 관계로 해석될 수 있다.[8] 윤지당은 사람이나 사물이 똑같이 갖고 있는 인의의 성품을 사물에게서 보지 못하는 이유에 대해 기질로 인해 달리 나타나는 것이라고 하면서 타고난 본체가 아니라고 하는데 이는 잘못된 생각이라고 비판한다. 그리고 '이일'의 이나, '분수'의 이나 다 똑같은 이라고 주장한다. 하나의 이가 나뉘어 드러나는 것이 분수다. 그러므로 하나인 이가 나뉜다고 해서 그 나뉜 것 속에 이가 없는 것은 아니다. 그것은 큰 나무 하나를 쪼갠다고 해서 쪼개진 조각 안에 나무의 원리가 없는 것이 아닌 것과 같다. 이일분수에 대한 윤지당의 이해는 임성주의 영향을 받은 것으로 보인다.

> 요즘 사람들이 이일분수라는 말을 '이는 같은데 기는 다르다'고 이해한다. 이는 이의 하나됨이 기의 하나됨에 따라서 나타나는 것을 알지 못하기 때문이다. 기가 하나가 아니라면 어떻게 그 이가 하나일 수 있겠는가? '이일분수'라는 것은 이(理)를 위주로 한 말이니 분(分)이라고 하는 글자도 마땅히 이(理)에 속한다. 만약 기를 위주로 말한다면 기일분수라고 해도 안 될 것은 없다.[9]

임성주는 이는 같고 기는 다르다는 뜻으로 이일분수를 이해하는 것은 잘못되었다면서, 이와 기는 떨어질 수 없다고 했다. 앞에 소개한 윤지당의 말과 거의 비슷하다. 그런데 임성주는 이와 기가 같은 것이므로 이를 위주로 하면 이일분수라 할 수 있고, 기를 위주로 하면 기일분수라 할 수 있다는 시각의 전환을 보여준다.

사람은 누구나 성과 기를 타고난다고 하지만 우리가 실제로 보는 사람들이 각기 다른 이유는 무엇인가? 어떤 사람이 성인이 되고 어떤 사람이 평범한 사람이 되는가? 그 차이는 무엇이며 우리는 그 차이를 극복할 수는 없는가?

문 : 사람과 사물은 그 성이 균일하지는 않지만 태극을 갖추지 않음이 없다는 것은 이미 잘 알아들었다. 장횡거(張橫渠: 장재)는 "백성은 나의 동포다"라고 했다. 이것은 사람은 모두 하늘과 땅에 두루 미치는 바른 기를 받았다는 말이다. 성이 같고 형체도 다르지 않으니 마치 한 어머니에게서 난 형제와 같다는 말이다. 이 말을 보면 사람의 재주와 품격은 같지 않음이 없다. 그러나 예로부터 성인과 어리석은 사람이 같지 않은 이유는 무엇인가?

답 : 순수하게 선하고 악이 없는 것이 성이다. 일리(一理)에 근원을 두는 것은 모든 사람이 다 똑같다. 어리석음과 똑똑함, 강함과 약함의 품성이 같지 않은 것은 재질 때문이다. 재질은 기질에서 비롯되는데 사람마다 다르다. 이에는 정교함과 조잡함이 없으나 기로 말미암아 맑고 흐림이 있는 까닭에 성인과 어리석은 사람의 구분이 있다. 그 기품이 맑고 순수해서 본성의 온전한 실체와 광대한 쓰임이 몹시 분명하고도 성실하여 그 덕이 상제와 짝이 될 만한 사람이 바로 성인이다. 그 기질이 뒤섞이고 탁해서 어리석고 우둔하여 천명의 지극히 선함이 자기에게 있음을 알지 못하고 마음이 사물의 부림을 받아 그 본성을 잃은 사람이 어리석은 사람이다. 그렇지만 성의 큰 근본은 성인이나 어리석은 사람이나 한가지다. 그러므로 "사람은 누구나 요순이 될 수 있다"고 했다. 무릇 요순이 요순인 까닭은 그 성이 지극히 선하고 덕이 지극히 크기 때문이다. 사람이 요순의 지극히 선한 성이 나에게도 있음을 알고 힘써 공부하여 요순과 같은 점은 채우고 다른 점은 바꾼다면 기의 맑고 흐림에 상관없이 모두 선에 이르고 다시 본연의 성을 회복할 수 있다. 이것이 이른바 '성취하면 똑같이 된다'는 것이다.[10]

윤지당은 어리석음과 똑똑함, 강함과 약함의 차이는 재질에서 비롯되고 재질은 기질에서 비롯된다고 본다. 성인과 어리석은 사람의 구분도 기질의 차이에서 비롯된다고 본다. 그렇다면 어리석은 사람은 성인이 될 수 없는가? 윤지당의 답은 요순의 지극히 선한 성이 나에게도 있음을 깨닫고 힘써 공부하면 본연의 성을 회복할 수 있다는 것이다.

윤지당은 요순 같은 성인이나 어리석은 사람 말고 보통 사람들 간의 차이도 기질의 차이에서 비롯된다고 설명한다. 기의 근본은 담일(湛一: 맑고 한결같음)인데 담일은 천지의 호연한 기상으로 우주에 충만해 있는 것이다. 성인이나 범인이나 이 담일한 근본을 얻지 않은 사람이 없다면 성인과 범인의 구분이 없어야 할 것이다. 그러나 기질의 차이로 인해 총명함과 어리석음, 선함과 악함의 정도가 서로 배가해서 천만 가지가 되는 것이다. 하지만 맑고 탁함이 섞여 있는 것은 기의 본래 모습이 아니다. 그래서 '성인도 나와 동류'라고 하는 것이다. 그렇다면 나도 성인과 같아질 수 있을까? 여기에 대해 윤지당은 남이 한 번 한다면 나는 천 번을 해서 덕이 기질을 이기고, 맑고 한결같은 근본이 내게 다시 온전해지면 같아질 것이라고 한다.

윤지당은 짐승과 초목의 성이 치우친 이유와, 성인과 범인의 성이 가지런하지 않은 이유를 심, 즉 마음의 차원에서 다시 한 번 정리한다. 금수는 편벽되고 막힌 기질을 받아 그 마음이 가로막혀서 천지의 마음을 온전히 할 수 없다. 그래서 비록 혈기로 인해서 약간의 지각은 있으나 지닌 본성은 기질로 인해 편벽되고 어리석다. 초목은 혈기도 없어서 마음은 이면에 흐르는 맥락에 지나지 않는다. 그래서 마음을 미약하게 찾아볼 수는 있지만 생기가 소통하고 있을 뿐이기 때문에 피고 시들고, 맺히고 지는 것 이외에 달리 마음을 찾아볼 수 없다. 그러니 치우치고 또 치우쳐서 치우침〔偏〕이라는 한 글자로는 다 말할 수가 없다. 사람의 경우, 그 마음은 비어 있으면서 곧고 원만하게 트여 있으며, 텅 비어 신령스러우면서 환히 꿰뚫고 있다. 갖추고 있는 이는 모두 빛나고 만물은 이를 다 갖추게 되니 진실로 성인과 범인의 구분이 없다. 그러나 사람이 생명을 받아 기질이 처음 형성될 때 혼탁함이 섞여 들어서 마음의 본체가 기질에 가려지고, 마음에 지닌 성도 얽매이게 된다. 지혜로움과 어리석음, 현명함과 어리석음이 수만 가지로 고르지 않은 것이 이 때문이다. 그러나 본체의 밝음은 쉬지 않기 때문에 잘 돌이킬 수 있으니 천지의 마음과 성이 나에게 있다. 그런데 성인의 마음은 타고난 기가 몹시 맑아 탁함이 없고, 더없이 순수해서 섞임이 없는 까닭에 그 신명과 움직임은 하늘과 하나가 되고 모든 선을 다 갖추고 있다. 그러나 이 또한 마음에서 비롯되고 성에서 말미암은 것일 뿐이다. 보통 사람보다 하늘에서 더 받은 것이 아니다. 그러므로 "사람은 누구나 요순이 될 수 있다"고 하는 것이다.

그렇다면 이것은 선악의 문제로 이어진다. 정자는 선과 악이 모두 본성이라고 했는데, 이 말을 어떻게 생각해야 하는가?

문 : 정자는 "선과 악이 모두 성이다〔善惡皆性〕"라고 했다. 무릇 성이란 하늘이 나에게 부여한 것이며 내가 덕으로 삼는 것이다. 그렇다면 요와 순, 공자의 훌륭함도 성〔性〕이고, 걸〔桀〕과 주, 도척의 악도 성이라는 것이다. 성에 따라 행했다는 점에서는 다름이 없다. 선은 실로 아름답지만 악 또한 없을 수 없다.『주역』에 "선을 이어받아 성을 이룬다〔繼善成性〕"고 하고, 맹자는 "사람의 성은 모두 선하다〔人皆性善〕"고 하

며, 공자 또한 "순수하게 선하고 악이 없다〔純善無惡〕"고 했다. 그렇다면 정자가 "선과 악이 모두 성이다"라고 한 것은 틀렸는가? 나는 그것이 궁금하다.[11]

성선설과 배치되는 것처럼 보이는 정자의 말에 대해 윤지당은 이렇게 설명한다. 성에는 인의예지, 네 가지가 있을 뿐이니 악이 있을 수 없어 본래는 모두 선하다. 그런데 기에 가려져 악으로 흐르게 되면 이는 성의 근본이 아니라고 할 수 있다. 성의 근본이 아니라면 이 악은 어디서 왔는가? 그러므로 선과 악이 모두 본성이라고 하는 것이지, 성 가운데 본래 이 두 가지, 즉 선과 악이 서로 대립하고 있어서 생겨났다는 말은 아니다.

성은 본래 선한 것이니 그 가운데 선악이 있는 것이 아니라고 한 뒤 심(心)과 정(情)을 가져와서 마음에는 인심(人心)과 도심(道心)이 있고 정에는 희로애락애오욕(喜怒哀樂愛惡欲)이 있다고 설명하면서 실천과 수양의 문제로 넘어간다. 인심은 무엇이고 도심은 무엇인가? 윤지당은 인심은 사사로워서 공적으로 되기 어렵고, 도심은 감추어져 있어서 드러나기 어려우며, 도심이 생기면 인심에 가려져서 본성과 천명이 드러나지 않는다고 설명한다. 그러므로 사람은 잘 살펴서 도심이 항상 마음의 중심이 되게 하고 인심이 그것을 따르게 해야 한다고 말한다. 주희가 인심은 위태로우므로 반드시 도심이 인심을 통제해야 한다[12]고 설명한 것과 같은 말이다. 이 원리를 몸과 마음으로부터 모든 일, 집안, 나라, 세상을 다스리는 데 적용하면 세상이 평안해질 것이다. 이것이 바로 학문의 공 또는 효과이며 성인이 할 수 있는 일이다. 윤지당은 요와 순, 공자 같은 성인과, 걸과 주, 도척 같은 악인을 비교한 뒤 선이란 공정한 하늘의 원리이고 이익이란 사사로운 인간의 욕심으로 처음에는 선과 이익의 사이가 털끝 하나도 들어갈 수 없을 정도로 가깝지만 결국엔 서로 어긋나 하늘과 땅만큼 멀어진다고 설명한다. 그러면 어떻게 해야 하는가? 바른 생각을 해야 한다. 그래서 "생각을 하면 성인이 되고 생각하지 않으면 광인이 된다(克念作聖 罔念作狂)"고 한 것이다. 이 말은『서경』에 나온다.

이어서 윤지당은 맹자의 제자인 고자(告子)가 "타고난 것이 성이다(生之爲性)"라고 하고, 정자(정호)도 똑같이 "타고난 것이 성이다"라고 말했다면서 이 둘 사이에 차이가 있느냐고 질문한다. 고자의 말은『맹자』의 「고자 상(告子上)」에 나오는데 맹자로부터 비판을 받았다. 그런데 정호가 같은 말을 했으니 여기에 대해 해명이 필요한 것이다. 윤지당은 고자가 말한 본성은 기로서, 본성이 이라고 한 정호와 다르다고 답한다. 고자와 정호의 차이에 대해서는 주희 시대로부터 설명이 이루어졌고 조선의 학자들도 여러 차례 언급했다. 윤지당도 같은 맥락에서 짚고 넘어간 것으로 보인다.

윤지당은 고자가 기만 보고 이를 보지 못했기 때문에 사람과 사물이 지각을 가지고 운동하는 것을 보고, 그것이 곧 성이라고 생각했다고 추측했다. 고자에 의하면 요순은 성품이 본래 선해서 그 성품대로 살아 성인이 되었고, 걸주는 성품이 본래 악해서 그 성품대로 살아 악인이 되었다. 따라서 타고난 성은 인위적으로 고칠 수 없다. 고자의 입장에서 보면 범인은 성인이 될 수 없다. 윤지당은 고자의 견해를 순자(荀子)나 양웅(楊雄)의 견해와 비슷한 것으로 보고 논박할 가치도 없다고 평가한다.

이제 윤지당의 논의는 거의 마무리 단계에 이르렀다. 윤지당은 마지막으로 다시 질문을 던진다. 지금까지의 논의를 통해 이와 기가 서로 떨어져 있지 않다는 것을 알게 되었다. 그러면 천지가 생기기 전에 이는 어디에 의지해 있었는가? 태극으로부터 시작해서 사람과 사물의 생성 원리와 사람과 사물의 본성 차이, 그리고 사단칠정에 이르기까지를 설명했는데 다시 근본적인 문제로 돌아간 것이다. 여기에 대해 천지는 다른 게 아니라 그 형체는 음양의 기요, 그것을 주재하는 것은 음양이라고 하며, 하늘과 사람은 하나이고 이미 자기 안에 하늘이 있다고 답한다.

이전의 천지가 없어지고 지금의 천지가 개벽되기 이전 태극이 고요하고 음이 발생할 때인데 이 이치는 음에 있게 된다. 고요함이 극에 달해서 움직임이 다시 시작되면 이 천지가 다시 열리는데 이것은 태극이 움직여 양이 생기는 때이고 이 이치는 양에 있게 된다. 음이 되었다가 양이 되고, 양이 되었다가 음이 되고, 열렸다 닫히는 것은 헤아릴 수가 없다.[13]

윤지당의 사유는 이를 기의 우위에 두는 주리론과 이는 배제한 채 기의 유일성만을 추구하려는 주기론을 동시에 지양한 것으로 풀이된다. 기본적으로 이기의 틀을 중시하되, 이와 기의 분리될 수 없는 관련성을 강조하고 두 가지를 엄밀히 구별하는 이원적 견해를 거부한다. 윤지당은 이기의 일체성을 강조하려는 이이의 입장을 철저히 한 것으로 볼 수 있다. 성즉리(性卽理), 이일분수 등 지나치게 이 중심으로 전개된 이기론에 대한 반정립을 시도한 임성주와 궤를 같이하는 것이다.[14] 여기까지 이야기한 뒤 윤지당은 땅으로 화제를 돌려서 글 전체를 마무리 짓는다.

오로지 알 수 없는 것은 땅의 아래쪽(地底)이다. 하늘이 땅을 싸고 있고 땅은 그 가운데 있어 그 모양이 달걀과 같다. 위의 땅이나 아래의 땅이나 같은 하늘이다. 그렇다면 해, 달, 별은 하늘과 더불어 순환하며 그 광채와 장엄하게 늘어선 것이 또한 이 세계와 같은 것인가? 산천과 초목, 온갖 사물과 온갖 형상이 또한 모두 이 세계와 같은 것인가? 이로 미루어 생각해보면 위아래가 통하면 같은 하늘과 땅일 뿐이고, 음양과 태극의 도는 이것과 저것의 구별이 없는 것과 같다. 서양 사람의 육릉세계설(六陵世界說)도 이런 이치인가? 옛사람이 말하기를, 천지 사방 바깥의 일은 그냥 두고 말하지 않는다고 했다. 이제 생각하면 할수록 더욱 의문이 생기지만 생각하지 않는 것이 낫겠다. 그렇지만 여러 사람의 말이 분분하니 여러 성인의 말로 절충해보면 주자께서 "땅 밑은 모두 물이다"라고 하신 말이 이 논쟁을 마무리하는 결론이 될 만하다.[15]

윤지당은 땅 아래쪽이 궁금하다고 하면서 천지를 달걀 모양으로 상상한다. 땅 아래쪽은 땅속이 아니라 반대편의 땅을 의미한다. 가령 북반구에서 땅 아래쪽은 남반구를 가리킨다. 윤지당의 입장에서는 서양을 가리키는 말로 이해할 수도 있다. 윤지당은 땅 아래쪽도 윤지당이 사는 세계인 땅 위쪽과 같지 않을까 상상한다. 윤지당은 땅이 평평하다는 생각과는 다른 견해를 펴고 있다. 이어서 서양 사람의 육릉세계에 대해 언급하는 것으로 미루어 윤지당은 천지에 대한 새로운 견해를 접하고 있었던 것으로 보인다. 서양 사람의 육릉세계란 무엇인가? 육릉세계는 당시 호서학자들이 관심을 가졌던 '육면세계설(六面世界說)'에서 유래한 말로 보

이간이 그린 육면세계도. 임윤지당은 이간의 육면세계설을 비판했다. 그녀의 관심이 인성과 물성의 차이에 대한 성리학의 주제를 넘어 천문에 대한 신(新)이론으로 확장되고 있음을 보여준다.

인다. 육면세계설은 권상하의 제자인 신유(申愈, 1673~1706)가 서양 학설에 영향을 받아서 제창한 학설로 그 요지는 '땅의 상하 사방 여섯 면 모두에 사람이 사는 세계가 펼쳐져 있다'는 것이다. 논자들은 땅의 반대편, 위아래가 뒤집어진 곳에도 사람의 세계가 있다는 그의 주장을 강조하여 그의 논의를 '지하세계설(地下世界說)'이라고도 불렀다. 이러한 주장은 인간 세계는 평평한 모양의 땅 윗면에만 존재한다는 주희의 가르침에 위배되는 것이다.[16] 더욱이 육면세계설은 명나라에서 활동했던 예수회 선교사 마테오 리치(Matteo Ricci, 1552~1610)의 학설에서 비롯된 것이다. 육면세계설은 땅이 둥글다는 지구설(地球說)까지 가지는 않았지만 달라진 천체관을 보여주는 것이다. 윤지당은 당시 호서 노론 학자들 사이에 논란이 있었던 육면세계설을 알고 있었고 이 새로운 설에 관심도 많았던 것으로 보인다. 천지와 사방 밖의 일은 말하지 않는 편이 낫겠다고 하면서도 생각할수록 의혹이 생긴다고 한 것을 보면 말이다. 하지만 윤지당은 주희의 말을 결론으로 삼을 만하다고 하여, 주희의 이론 밖으로 나가지 않는다. 그렇다면 마지막에 육면세계설을 덧붙인 이유는 무엇일까? 주희의 논의 밖으로 나가지 않는다는 것을 보여주기 위해서일까? 다른 곳에서는 이와 관련된 내용이 나오지 않으므로 그 이유를 정확히 알기는 어렵다. 그러나 이는 이 글을 쓰던 무렵 윤지당의 관심이 이기심성, 인성과 물성의 차이에 대한 성리학의 주제로부터 천문에 대한 새로운 이론으로 확장되고 있었음을 보여주는 중요한 단서다. 1776년 홍대용이 『의산문답(醫山問答)』에서 인성물성론(人性物性論)과 지구설에 대해 자세하게 서술하고, 결론으로 인성과 물성이 같다는 인물성동론을 주장하며, 오랑캐와 중화의 구분이 없다고 하여 중심과 주변을 해체하는 논의에까지 나아간 것에는 못 미치지만 인성물성론에 이어 천문론으로 나아가면서 의견을 개진한 것은 새로운 학문, 새로운 견해에 대한 윤지당의 관심을 보여준다.

「이기심성설」의 서두에서 윤지당은 하늘, 땅, 사람이 무엇인지 간단히 정의한 다음 하늘과 땅 사이에 작디작은 인간을 포함시켜서 삼재라고 부르는 이유를 설명하고 만물과 인간의 관계에 대한 질문을 던졌다. 여기에 대한 답으로 음양과 오행, 태극, 이기와 심성의 개념과 관계에 대해 설명하고, 자신의 견해를 제시했다. 이 과정에서 윤지당은 주돈이, 주희, 장재, 정자, 고자의 저작을 비롯한 경전을 인용하고 설명한다. 질문의 내용이 분명하고 이에 대한 답도 명료하다. 하나의 문답이 끝나면 간단히 요약하고 다음 질문으로 넘어간다.

윤지당이 문답의 내용으로 삼고 있는 내용은 독창적이라기보다 오랫동안 반복된 것이다. 그 답도 온전히 새롭다고 할 수는 없다. 이 논의 자체가 인물성동이논쟁이라는 토론의 장에서 나온 것이고, 여기에 대해서는 이미 다양한 견해들이 제출되어 있던 터였다. 당연히 기존의 학설에 의지하면서 논의를 전개할 수밖에 없었을 것이다. 보통 윤지당의 학문에 대해 임성주와의 유사성을 많이 강조한다. 윤지당의 학습에서 임성주의 영향을 무시할 수 없기 때문이다. 그러나 중요한 것은 윤지당이 한 사람의 학자로서 당대의 주요한 학문적 의제인 인성과 물성에 대한 논의를 펼쳤다는 점이다. '궁리진성'이라는 학문 방법을 내세우며 인성과 물성의 문제에 대한 자신의 입장을 밝히고, 이를 지자에게 제시하겠다는 윤지당의 태도는 다른 사람의 논의를 요약하거나 반복하는 입장에서는 나오기 어려운 것이다.

윤지당이 가장 중요하게 거론한 내용은 인간과 만물의 관계, 즉 인성과 물성의 관계다. 인간과 만물의 관계에 대한 질문은 인간들 간의 차이에 대한 질문으로 이어진다. 좀 더 구체적으로 이야기하면 성인과 범인의 관계에 대한 것이다. 윤지당은 인성과 물성의 관계에 대한 문답을 통해 인성과 물성은 태극, 즉 이를 갖추고 있지만 기질에 의해 차이가 생기고, 인간들도 성과 기를 갖추고 있지만 기질과 재질에 따라 차이가 생긴다는 결론에 이른 뒤 성인과 범인의 차이 문제로 옮겨간다.

"노력하면 성인이 될 수 있는가?"
"노력하면 성인이 될 수 있다."

성인과 범인의 차이에 대해 질문한 다음 노력하면 성인이 될 수 있다고 대답하는 패턴은 오랫동안 많은 학자들이 반복해온 것이다. 그러나 이 문답은 누가 하는가에 따라 맥락도 의미도 달라진다. 남성 성리학자가 이 질문을 하는 것과 여성 성리학자가 이 질문을 하는 것은 내포된 의미가 다르기 때문이다. 그래서 이 질문은 '그런 질문을 여자가 할 수 있는가?', '여자는 왜 이 질문을 못 하게 되었는가?'와 같은 여러 질문들을 낳는 단초가 된다.

윤지당은 「이기심성설」에 이어 「인심도심사단칠정설」을 썼다. 이 글 역시 문답 형식을 취하고 있지만 「이기심성설」에 비해 길이도 짧고 논의도 간략하다. 인심과 도심, 사단칠정은 「이기심성설」에서도 이미 다룬 바 있는 주제다. 인심과 도심의 구별은 『상서』 「대우모(大禹謨)」에 선언된 이래 11~18세기에 중국사상사에서 그 의미와 해석을 둘러싼 논쟁이 계속되었다.[17] 오경 중의 하나인 『상서』는 기원전 600년경에 완성된 책으로 『서(書)』, 『서경』이라고도 하는데, 그 내용은 성왕(聖王)과 명군(明君), 현신(賢臣)의 말을 모은 것이다. 『상서』 중의 한 편인 「대우모」는 위대한 우 임금의 계획이라는 뜻이다. 그런데 「대우모」 편에서 순 임금이 곧 등극할 우 임금에게 충고한 "인심은 위태롭고 도심은 은미하다. 오직 정성을 다하고 집중하여 그 중심을 잡으라(人心惟危, 道心惟微, 惟精惟一, 允執厥中)는 열여섯 글자가 송대 초부터 많은 관심을 끌었을 뿐만 아니라 수많은 논쟁의 대상이 되다가, 주희에 이르러 성리학의 관점에서 해석이 이루어졌다.[18]

윤지당은 순 임금의 말로 시작해서 세 가지 질문을 던진다. 첫째, 마음은 하나인데 인심과 도심이 있다고 한 이유는 무엇인가? 둘째, 사단과 칠

율곡 이이의 「인심도심도설(人心道心圖說)」. 이
이가 그림으로 표현한 인심과 도심.

정을 왜 따로 두는가? 셋째, 성이 발하느니 마음이 발하느니 하는 설은
무엇인가? 먼저 첫 번째 문답 내용을 보자.

문: 순 임금이 우 임금에게 말씀하셨다. "인심은 위태롭고 도심은
은미하다. 오직 정성을 다하고 집중하여 그 중심을 잡으라." 무릇 마
음은 하나인데 인심과 도심이 있다고 한 것은 무슨 까닭인가?

답: 마음의 본체가 둘이라고 한 것이 아니라 마음에서 나오는 것에
두 가지 모양이 있다는 말이다. (……) 인심은 형체와 기의 사사로움에
서 생기는 것이고, 도심은 성과 명의 바름에 근원을 둔 것이다. 비록
성인이라 해도 피와 살이 있는 몸이 있으니 인심이 없을 수 없고, 악인
이라 해도 태극의 이를 받았으니 도심이 없을 수 없다. 그러나 악인의

도심이란 것은 떳떳한 본성과 사단이 때때로 발현된 것에 지나지 않는다. 성인의 인심이란 것은 비록 형기(形氣)를 따라 드러나지만 마음이 하고 싶은 대로 해도 법도를 벗어나지 않으니 인심이 또한 도심이다. 보통 사람의 마음은 형체와 기에서 나온 것이 대부분이고 성과 명에 근원을 둔 것은 적어서 도심이 깊이 가려져 있어 드러나기 어렵고, 인심은 멋대로 되기 쉽고 절제하기 어렵다. 이래서 인심은 위태롭고 도심은 은미하다고 한 것이다.[19]

마음은 한가지인데 인심과 도심을 구분하는 것은 마음이 둘이라는 뜻이 아니라 마음이 발현된 것에 두 가지 형태가 있다는 것이다. 인심은 기의 사사로움에서 생기는 것이고, 도심은 성과 명의 바름에 근원을 두는 것으로 이 둘은 완전히 분리된 별개의 것이 아니다. 성인에게도 인심이 있고, 악인에게도 도심이 있다. 그러나 성인에게는 인심이 도심이기도 하다. 보통 사람의 경우 마음이 형체와 기에 가려져서 도심이 드러나지 않고, 인심은 하고 싶은 대로 하려고 해서 절제하기 어렵다. 도심이 드러나게 하려면 어떻게 해야 하는가? 도심으로 중심을 잡고 인심이 따르게 한다. 그러면 위태로운 것이 안정되고 은미한 것이 드러나게 된다.[20]

둘째, 사단과 칠정을 따로 두는가 하는 질문에 대해서는 사단과 칠정은 따로 있는 것이 아니라고 답한다. 사단은 인간이라면 누구나 가지고 있다는 인의예지를 말하고, 칠정은 희로애락애오욕으로 표현되는 인간의 감정을 말한다. 이는 본연지성(本然之性)으로 사단의 근원이고, 기는 기질지성(氣質之性)으로 칠정의 근원이다. 윤지당은 「이기심성설」에서 이와 기는 따로 있는 것이 아니라는 이기일원론(理氣一元論)을 주장했다. 따라서 사단과 칠정도 따로 있는 것이 아니다. 셋째, 성이 나타나고〔性發〕심이 나타난다〔心發〕는 말이 무엇이냐는 질문에 대해서는 성과 심의 관계로 설명한다.

> 무릇 성이란 마음에 갖추어져 있는 천리(天理)이고, 마음이란 성이 머물러 있는 그릇이니 둘이 아니라 하나다. 그렇기 때문에 텅 비고 신령스러우며 신명해서 변화를 헤아릴 수 없는 것이 마음이고, 텅 비고 신령스러우며 밝아서 변화를 헤아릴 수 없게 하는 것이 이다. 이는 하는 것이 없고 마음은 하는 것이 있으며, 이는 자취가 없고 마음은 자취가 있다. 이가 없으면 나타나지 않고, 마음이 없으면 나타날 수 없는데 어찌 이와 기가 한데 섞여 있을 수 있으며 성만 홀로 드러나거나 마음만 홀로 드러날 리가 있겠는가?[21]

성과 심의 관계에 대해서도 윤지당은 성과 심이 둘이 아니고 하나이니 따로 드러나지 않는다고 하여 일원론을 주장한다. 이렇게 자신의 의견을 이야기한 뒤에 윤지당은 "여기에는 비록 선현들의 견해가 있지만 나는 감히 그것을 믿지 않는다. 오로지 기록하여 알아줄 사람을 기다릴 따름"이라고 글을 마무리한다. 앞서 뛰어난 사람들이 견해를 제시했지만 그것을 믿지 않고 자신의 견해를 기록하고는 알아줄 사람을 기다린다는 뜻으로 자신의 생각에 대한 자신감을 분명하게 드러내고 있다.

이 글에서 볼 수 있는 것도 변화의 가능성이다. 인심과 도심, 악인과 성인으로 아예 구분되어 있다고 보면 변화의 가능성을 찾기 어렵다. 그러나 이 둘이 한마음 속에 섞여 있으며 도심을 굳건히 잡으면 좋은 곳으로 나아갈 수 있다는 것이다. 여기서도 누구나 성인으로 나아갈 수 있다는 가능성에 대한 믿음을 볼 수 있다.

2장

남녀의 본성에는
어떤 차이도 없다

「이기심성설」, 「인심도심사단칠정설」을 쓰면서 윤지당은 당시 학자들 사이에서 논쟁거리가 되었던 개념들을 정리하고 자신의 입장을 분명하게 드러냈다. 윤지당은 이와 기는 분리된 것이 아니고, 사람이나 만물은 타고난 성이 있는데 기질에 의해 가려져서 차이가 나타나게 된다고 생각했다. 성인과 범인의 차이도 마찬가지로 보았다. 그래서 노력에 의해 성인이 될 수 있다고 생각했다. 「극기복례위인설」에서 윤지당은 성리학 연구에서 얻은 견해를 간략하게 종합하고 구체적인 실천 방법을 제시했다. 이 글에서 윤지당은 자신도 성인이 될 수 있다는 가능성을 거듭 확인했다.

극기복례는 『논어』「안연」 편에서 공자가 안회에게 한 말로 널리 알려져 있다. 이 말을 글자 그대로 풀이하면 '자기를 이기고 예를 회복한다'는 뜻이다. 인은 자기를 이기고 예를 회복한 상태를 말한다. 이 글은 안회의 수행을 중심에 놓고 예를 통한 심성 수양이 어떤 것인지 묻고 답한 것이다. 질문의 핵심은 이것이다. '우주가 생성된 이래 모든 인간은 하늘로부터 같은 본성을 부여받았는데 어떻게 해서 성인과 범인, 성인과 악인의 구분이 생겨났는가?' 이에 대한 윤지당의 답은 이렇다. '하늘이 사람에게 부여한 본성은 같은데 사람들이 자포자기해서 사욕을 따르고, 예를 잃어버린 행동을 하고, 어진 마음이 있다는 것조차 모른다.' 여기까지는 조선 시대 성리학자들의 글이 보여주는 틀에서 크게 벗어나지 않았다. 그런데 윤지당이라는 사람이 확실하게 드러나는 부분은 바로 마지막에 있다. 글을 따라가 보자.

천지는 정기를 모아 만물을 만들었으며, 정통(正通)을 얻은 것이 사람이다. 그 근본은 순수하고 거짓됨이 없으며, 밝고 지극히 선하다. 순수하다는 것은 사랑의 원리로서 내 마음의 온전한 덕을 말하고, 밝다는 것은 사양의 원리로서 인사(人事)의 예법을 말한다. 사람은 누구나 거짓됨이 없고 또한 지극히 선함을 갖추지 않음이 없다. 그러나 모든 형체가 갖추어지면 외물이 반드시 형체를 자극하고, 외물이 그 형체를 자극하면 중심이 흔들리지 않을 수 없다. 중심이 흔들리면 칠정이 일어나니 희로애락애오욕이다. 정이 움직여 밖으로 뛰쳐나오고, 절제할 줄을 모르면 흘러넘쳐 돌아가기를 잊는다. 형상과 기운이 일을 하게 되면 거짓 없고 지극히 선한 본체를 잃게 된다. 형상과 기운은 자기(己)를 말하고 지극히 선함은 예를 말한다. 인(仁)과 불인(不仁)의 구분은 자기와 예, 그 사이에 있을 뿐이다. 이러한 까닭에 깨달은 자는 그렇다는 것을 알고 반드시 이 둘 사이에서 깊이 살피고 정교하게 선택하고 굳게 지켜서 반드시 밝고 지극히 선한 데 이르고 그 본연의 체를 회복하고자 한다. 본연이란 인을 말한다.[22]

사람의 본성은 순수하고 거짓이 없으며 밝고 지극히 선하지만 외물을 접하면 그에 이끌려 중심이 흔들리고 감정이 일어나서, 이를 절제하지 않으면 결국 선한 본체를 잃게 된다. 그렇게 되면 자기를 이기고 예를 회복해야 한다. 극복해야 할 자기는 무엇이고, 예란 무엇인가? 윤지당은 자기는 형체와 기질이고, 예는 지극히 선한 경지이며, 인은 이 둘 사이에 있다고 설명했다. 그리고 깨달은 자는 깊이 살피고 정교하게 선택하고 굳게 지켜 인을 회복한다고 했다. 그리고 안연의 예를 들어 극기복례를 실천한 모범 사례를 제시한다.

　내가 들으니 옛사람 중에 안연이라는 사람이 있는데 그 사람됨이 배우기를 좋아했다고 한다. 일찍이 공자에게 인에 대해 질문하니 공자가 말씀하시기를, "자기를 이기고 예를 회복하는 것이 인이다"라고 하셨다. 안연은 마침내 그 말을 스승 삼아 자신의 재능을 다 쏟았다. 천리와 인욕의 기미를 명백하게 분별하여 한결같이 지켰다. 만약 인욕이라는 것을 알게 되면 막아서 끊고 힘써 제거하고 잠시라도 자기에게 머물까 두려워하고, 만약 천리라는 것을 알면 공경하며 받들고 부지런히 따르면서 예를 털끝만큼이라도 잃을까 두려워했다. 참됨이 쌓이고 노력이 길어지니 인욕은 깨끗이 사라지고 천리가 스며들어 깨뜨리려 해도 깨뜨릴 수 없었다. 마음이 인을 어기지 않아서 성인의 경지에 9푼 9리에 이르렀다. 다만 한 가지 미치지 못한 점은 노력으로써 이루었다는 점이다. 몇 년을 더 살았더라면 그 어짊과 그 훌륭함을 어찌 헤아릴 수 있었겠는가?
　하늘과 땅이 시작된 이래로 위로는 복희(伏羲), 신농(神農)으로부터 아래로 걸주와 도척에 이르기까지 하늘이 부여한 성은 모두 같지 않음이 없는데 성인은 어떻게 해서 성인이 되었으며 나는 어떻게 해서 범인이 되었는가? 이는 기질에 얽매이고 물욕에 가려 그 본연의 인을 잃었기 때문이다. 만약 성품에 본래 악이 있다고 한다면 그만이지만 이제 이미 그렇지 않다. 요, 순, 주공, 공자, 안자, 맹자 같은 성인의 본성을 나도 가지고 있으니 안자가 배운 바를 어찌 나라고 해서 배우지 못하겠는가?[23]

윤지당은 인욕, 즉 사욕을 막고 끊어서 성인의 경지에 이른 사람으로 안연을 들었다. 노력을 통해 성인의 경지에 이르렀다고 보기 때문이다. 그렇다면 성인은 어떻게 성인이 되었으며 나는 어떻게 해서 범인이 되었는가? 범인이 되는 것은 기질에 얽매이고 물욕에 가려서 본연의 인을 잃었기 때문이다. 그러나 나도 성인의 본성을 가지고 있으니 안연이 배운 것을 배울 수 있다. 윤지당이 던진 질문도 대답도 내용 자체가 새롭지는 않다. '성범심동이(聖凡心同異)'는 호락논쟁에서 치열하게 논의된 대표적인 주제이기 때문이다. 윤지당의 논의에서 눈여겨볼 점은 윤지당이 성인과 범인이라는 범주로만 비교하는 것이 아니라 성인과 나를 비교하고, 나도 안연처럼 할 수 있다고 이야기한다는 점이다. 윤지당은 이처럼 안연의 예를 들고 그를 따를 수 있다고 했지만 부담이 없지는 않았다. 그래서 예상되는 반론을 의식하고 다음과 같이 덧붙인다.

문 : 어떤 사람이 말했다. "그대의 말이 지나치다. 무릇 안연은 자질이 타고나면서 아는 사람에 가까웠기 때문에 자기를 쉽게 극복하고 예를 쉽게 회복할 수 있었다. 인을 그처럼 쉽게 행했던 것도 그 기질이 지극히 맑고 순수했기 때문이다. 범인은 탁하고 뒤섞인 기질로 변해

서 아름답게 되려고 하지만 백배의 노력을 기울인다 해도 어찌 변화할 수 있겠는가? 이것이 후세에 안연처럼 인을 어기지 않는 사람이 다시 나오지 못하는 까닭이니 배워서 따라갈 수는 없다."

답 : 내가 말했다. "그렇지 않다. 사람의 기질과 성품이 같지 않다고 하지만 각자 부여받은 맑고 한결같은 본체는 성인이나 범인이나 똑같다. 다만 흘러 다니는 기가 엉기고 모일 때 탁하고 뒤섞인 찌꺼기가 범인이 되는 것일 뿐이다. 진실로 남이 한 번 할 때 나는 천 번을 하는 노력을 통해 잡스러운 찌꺼기를 제거한다면 본체의 맑고 한결같은 것이 어디로 가겠는가? 내 속에 있으니 본연의 인을 회복할 수 있다."[24]

안연은 자질을 타고난 사람, 즉 생이지지자(生而知之者)에 가까운 데다 맑고 순수했기 때문에 인을 실천할 수 있었던 것이니 범인은 아무리 노력해도 할 수 없다는 말에 대해 윤지당은 성인과 범인은 기질과 성품은 다르지만 본연의 성은 같다고 다시 한번 강조한다. 그리고 다른 사람보다 천배 더 노력해서 잡스러운 찌꺼기를 제거하면 인을 회복할 수 있다고 주장한다. 찌꺼기는 임성주가 악의 원인을 설명하기 위해 도입한 개념으로 인간의 기질 가운데 음양오행이 조화를 잃고 편중되어 있는 구석을 의미한다.[25] 윤지당은 이 개념을 가져와서 찌꺼기를 제거하면 맑은 기운을 회복할 수 있다고 본 것이다.

그다음에는 무엇을 해야 하는가? 뜻을 세우고 독실하게 실천해야 한다. 이치를 탐구하고 선을 굳게 지키며, 선악의 기미를 살펴 악은 버리고 사욕에 얽매여 한순간도 천리가 멈추게 해서는 안 된다. 이렇게 한결같이 하늘의 법칙을 따를 때 '사욕을 이기고 예를 회복해서 인에 이르게 된다'. 후세에 큰 현인이 나타나지 않은 것은 뜻을 세우는 데 굳세지 못했기 때문이니 성공의 여부는 나에게 달려 있다.[26] 이것이 윤지당이 말한 방법이다. 윤지당은 자신의 노력에 의해 변화할 수 있다는 것을 강조한 뒤 이렇게 글을 끝맺었다.

> 아아! 나는 비록 부인이지만 부여받은 본성은 남녀의 차이가 없다. 안연이 공부한 것을 공부하지 못한다 해도 성인을 사모하는 뜻은 매우 간절하다. 그런 까닭에 내 생각을 대략 풀어서 여기에 쓰고 내 뜻을 밝힌다.[27]

이 말은 윤지당이 성리학을 공부하고 도달한 결론이라 할 수 있다. 앞서 보았듯이 윤지당은 성인과 범인의 차이에 대해 거듭 질문하고 그에 대한 견해를 펼쳤다. 그녀의 한결같은 대답은 성인과 범인은 같다는 것이었다. 성인과 범인의 차이에 대한 질문은 나도 성인이 될 수 있을까에 대한 질문이기도 하다. 이는 안연 이후 계속되어온 질문이었다. 조선의 성리학자들도 거듭 이 질문을 하면서 공부하고 수행하여 성인에 이르고자 했다. 성인과 범인은 같기에 범인도 노력하여 변화하면 성인에 이를 수 있다는 견해를 줄곧 피력해온 윤지당은 이제 '나는 비록 여자지만'이라는 말로 자신의 위치를 드러내면서 '본성은 남녀 간에 다름이 없다'고 선언했다. 윤지당은 뜻을 세우고 독실하게 실천하기 위해서는 만물의 이치를 탐구해야 한다고 했다. 만물의 이치를 탐구한다는 것은 궁리(窮理), 즉 학문 탐구를 말한다. 그러나 윤지당이 학문에 전심하는 것은 현실적으로 어려운 일이었다. 그럼에도 성인을 사모하는 뜻이 간절하다고 함으로써 계속 노력하겠다는 의지를 보인 것이다. 이 글을 쓴 이유도 바로 이런 뜻을 전달하기 위해서였다. 성인 → 범인 → 우리 → 나(여성)로 귀결되는 윤지당의 논의는 우리, 그리고 궁극적으로는 여성에 관한 담론이라 할 수 있다.[28] 윤지당이 이 글에서 내린 결론은 극기복례를 다룬 이전의 글들이 도달한 결론에서 많이 벗어나 있다. 그것은 여성이라는 의식이 개입되었기 때문이다.

「심잠(心箴)」은 윤지당이 「이기심성설」이나 「극기복례위인설」 등의 글에서 말한 것을 실천하기 위해 스스로 얼마나 경계하고 노력했는가를 보여준다.

> 밤이나 낮이나 한결같이
> 잠시라도 방심하지 말라.
> 잘 다스리면 성인이 되고
> 다스리지 못하면 광인이 되네.
> 순 임금과 도척은
> 같은 마음이라도 천지 차이네.
> 몰라서 하지 못하면
> 오히려 말이 되지만
> 알고도 실천하지 못하면
> 그것은 자포자기하는 것
> 높고 멀다 하지 말라.
> 하면 또한 될 것이니.[29]

「극기복례위인설」 이외에도 윤지당은 「오도일관설(吾道一貫說)」, 「치란재득인설(治亂在得人說)」, 「예악설(禮樂說)」을 남겼다. 「예악설」과 「치란재득인설」은 특별한 견해를 이야기하고 있지는 않다. 다만 이 글들은 윤지당이 예악과 치란, 즉 정치 문제에 관심이 있었음을 보여준다. 여기서는 「오도일관설」을 중심으로 보려고 한다. 이 글은 다른 글들처럼 문답의 형식을 취하고 있지만 구성상 독특한 부분이 있기 때문이다.

「오도일관설」은 『논어』 「이인(里仁)」에서 공자가 자신의 도는 하나로 꿰뚫어진다고 했던 내용을 다루고 있다. 공자가 제자들에게 "나의 도는 하나로 꿰뚫어진다(吾道以一貫之)"고 하자 증자가 "네"라고 대답했다. 공자가 나가고 다른 제자들이 증자에게 무슨 뜻이냐고 묻자 증자는 선생님의 도는 '충서(忠恕)'라고 대답한다. 충서라는 말로 꿰뚫어질 수 있다는 뜻이다. 주희가 일이관지(一以貫之)를 충서에 주목해서 독해한 이래 성리학자들은 충서에 주목했다. 윤지당 역시 주희의 독해에 기반해서 일이관지를 이해하지만 남성 유학자들과 차이를 드러낸다.[30] 먼저 그 문답을 간단히 요약해보면 다음과 같다.

문 : 성인은 하늘이 부여한 사명과, 사람과 사물이 실천해야 할 규범을 각자의 등급에 따라 정하고 따르게 했다. 사람과 사물의 도만 그런 것이 아니다. 사람만 보아도 오륜과 백 가지 행실이 있고 아홉 가지 감각기관과 백 가지 신체 부위가 있어서 각자의 규범과 도가 있다. 그런데 공자가 증자에게 "나의 도는 하나로 통한다"고 했다. 이는 무슨 뜻인가?

답 : 만물이 각기 본성과 사명이 다른 것은 하나의 근원에서 나와

만 가지의 다름이 생긴 것이다. 비록 각자 부여받았다고 하지만 모두 하나의 태극에 근원을 두고 있으므로 만 가지 다름은 그 근원이 하나인 셈이다.

문 : 하늘의 도가 하나에 근원을 두고 있음은 이해했다. 그런데 성인의 일관된 도에 대해 질문했는데 그대는 하늘의 도로 말하니 에두르는 것 아닌가?

답 : 본성은 태극의 이치다. 성인도 하나의 태극이다. 태극의 이치는 만 가지로 다르면서 하나의 근원이라고 했으니 성인의 도가 어찌 이와 다르겠는가? 성인은 하늘의 덕과 합치한 사람이다. 그러므로 하늘의 도를 들어 말하면 '하나로 통한다'는 도는 자연히 그 가운데 있는 것이다. 내가 하늘의 도를 이야기하면서 성인의 도를 간략하게 이야기한 것은 이 때문이다.

이 문답은 크게 두 가지 내용으로 구분된다. 첫 번째 문답은 만물이 각기 다른데 어떻게 하나의 도로 꿰뚫을 수 있는가에 대한 것이고, 두 번째 문답은 성인의 일관된 도를 묻는데 왜 천지의 도로 대답하는가에 대한 것이다. 윤지당은 하나의 도로 꿰뚫는다는 말에 대한 견해를 펼치면서 충서에 대해 직접 이야기하지 않고 하나의 이치에 근원을 둔 만 가지 다른 것에 대해 이야기했다. 하나의 이와 만 개의 분수라는 차원에 집중하면서도 도의 본체가 하나임을 강조한 것이다.[31] 공자는 자신의 도는 하나로 꿰뚫어진다고 했으나 그것이 어떻게 가능한가에 대한 질문이다. 수많은 사람과 사물들이 있는데 어떻게 하나의 도로 통할 수 있을까? 윤지당은 이를 이일분수로 설명하고 있다. 그런데 그러한 설명 방식은 지금까지의 설명 방식과 좀 다르다고 느꼈던 것 같다. 성인의 일관된 도를 설명하는데 왜 하늘의 도를 가져와서 에둘러 설명하느냐고 다시 질문하기 때문이다.

이 글에서 재미있는 것은 여기서 글을 끝내지 않고 마지막에 "한 모서리를 들어주었을 때 나머지 세 모서리를 생각지 못하고 도리어 내가 엉뚱한 이야기를 한다고 하다니 그대는 이상하지 않은가?"라는 말을 덧붙인 것이다. 이 말은 『논어』 「술이(述而)」 편의 "한 모서리를 들어주었을 때 나머지 세 모서리를 생각지 못하면 반복하지 않는다(擧一隅, 不以三隅反, 則不復也)"던 공자의 말에서 유래한 것으로 하나를 설명하면 나머지는 미루어 알아야 한다는 뜻이다. 물론 윤지당은 공자가 자신의 도는 하나로 꿰뚫어진다고 한마디를 하자 증자가 그것이 곧 충서임을 알아차린 것을 염두에 두고 이 말을 했을 것이다. 윤지당은 공자가 이 말을 했을 당시의 상황까지 가져왔다. 공자가 제자와 나누는 상황을 모의해서 가상의 제자와 문답이라도 나누려는 것이었을까?

3장

군자는 이욕이 아니라 의리를 추구한다
— 역대 인물 평가

　임윤지당은 이기심성, 사단칠정, 극기복례 등 성리학의 주요 개념에 대한 글을 쓰는 한편 자로, 미생고, 안회, 온교, 가의, 이릉, 왕안석, 악비 등 역사적 인물에 대한 논문도 남겼다. 문집을 엮으면서 한 말을 참고하면 이 글들은 중년과 만년에 쓴 것이다. 윤지당은 인물들에 대한 책을 읽고는 머릿속에 떠오른 의문을 따지거나 인물들을 둘러싼 후대의 논란들에 대해 자신의 견해를 밝히는 글을 썼다. 이때 윤지당은 의리의 입장에서 그들의 행위를 평가했다. 따라서 이 글들은 윤지당이 평생 무엇을 지키고자 했는지를 구체적인 인물들을 통해 보여준다고 할 수 있다.

　먼저 공자의 제자인 자로를 논한 글을 보자. 윤지당은 먼저 평소 자로에 대해 가졌던 의문을 이렇게 제시한다. 공자는 위태로운 나라에는 들어가지 말고 어지러운 나라에는 살지 말라고 하셨다. 또 천하에 도가 행해지면 나타나고 도가 없으면 숨으라고 했다. 자로같이 현명한 사람이 어떻게 이 말뜻을 알아듣지 못했을까? 윤지당이 이런 의문을 가진 것은 공자가 위(衛)나라 영공(靈公)의 부인인 남자(南子)를 만나는 것을 좋아하지 않았음에도 자로가 위나라에서 벼슬을 했기 때문이다. 윤지당은 자로가 성인을 스승으로 모시고 현명한 사람들을 벗으로 두었는데도 의리에 어긋나고, 제명을 다하지 못하고 죽었으며, 그러고도 잘못을 깨닫지 못한 이유를 용기는 많았으나 지식이 부족해서 자신을 다스리지 못했기 때문이라고 보았다. 윤지당은 이 글에서 "사람들은 나아가고 물러나는 의리에는 어둡고 이욕에 빠지며 벼슬만 탐하다가 결국은 패가망신한다. 이렇게 자신을 버려가면서 얻은 부귀를 어디에 쓰겠느냐"라고 탄식했다. 그러면서 자로 역시 여기에서 벗어나지 못했다고 보았다. 윤지당이 중요하게 여긴 것은 이욕이 아니라 의리를 지키는 것, 자신을 다스리는 것이었다.

윤지당은 한(漢)나라 무제(武帝)의 장수로 흉노와 싸우다 항복해서 포로가 되었던 이릉에 대해서도 혹독하게 비판했다. 이릉은 절개를 잃었으니 예양보다 못한 인물이며, 삼강오륜(三綱五倫)이 끊어졌으니 더는 인간이 아닌 짐승이 되었다는 것이다. 윤지당은 『자치통감』을 편찬한 사마광에 대해서도 어진 재상이지만 그의 견해와 지식은 춘추대의(春秋大義)에 어긋난다고 비판했다. 사마광이 유비(劉備)를 한왕이라 하고 조비(曹丕)를 황제라 하여 삼국의 정통을 위(魏)나라에 두었기 때문이다. 윤지당은 『자치통감』을 읽다가 이 대목에 이르면 도저히 볼 수 없어서 책을 덮고 탄식했다고 한다. 그러고는 사람의 의견이 다를 수는 있지만 사마광 같은 사람이 어찌 이렇게 잘못 볼 수 있느냐고 하면서 만약 주희가 『자치통감강목』을 지어 '춘추의 의'를 밝히지 않았다면 후세에 종사를 탐내는 흉악한 역적이 이를 구실로 삼아 잇달아 나와도 그 허물을 지적할 수 있었겠느냐고 반문하며 글을 끝맺는다.[32] '춘추의 의'에 입각한 주희의 역사관에 대한 옹호다. 『춘추』는 공자가 노(魯)나라의 역사를 대의명분, 즉 의리에 근거하여 평가한 역사서로 유교 경전 중 하나다. 그렇다면 '춘추의 의'는 무엇일까? 춘추의리(春秋義理)는 존주양이(尊周攘夷), 즉 '주나라를 존숭하고 오랑캐를 물리치는 의리'다. 이는 당시 '조선이 명나라를 존숭하고 오랑캐인 청나라를 배척하던 ' 존명배청(尊明排淸)의 의리와 통한다.

'춘추의 의리'로 보면 왕실이 비록 작더라도 반드시 존중해야 하고 거짓 나라가 비록 크더라도 반드시 물리쳐야 합니다. 존중하고 물리치는 것은 오로지 의리로 살필 뿐, 어찌 나라의 크기를 가지고 논하겠습니까?[33]

의리를 중시하는 태도는 가의와 왕안석을 평가할 때도 드러난다. 윤지당은 가의에 대해 논하면서 한나라 문제(文帝) 때의 인물로 좋은 시대에 어진 임금을 만나서 재능을 갖춘 덕분에 젊은 나이에 발탁되었으나 제도를 고치는 데만 급급하고 말이 과격해서 임금의 신의를 잃었다고 평가했다. 가의는 불과 20세의 나이에 태중대부(太中大夫)로 발탁되었으나 복색, 제도 등의 개혁을 추진하다가 당시 대신들로부터 미움을 받고 장사왕(長沙王) 태부(太傅)로 쫓겨났다가 33세에 죽었다. 윤지당은 가의가 좋은 자질을 갖추었음에도 그 자신의 문제로 뜻을 이루지 못했다고 보았다.

왕안석에 대해서도 이익을 추구한 것이 혼란의 주된 원인이라고 평가했다. 군자는 인의로 이로움을 삼고 이익으로 이로움을 삼지 않는 법인데 왕안석은 재화의 이익만 중시하고, 부국강병만 도모했다는 것이다. 또 왕안석을 소인이라고 평가하면서 자신과 뜻이 같은 사람을 좋아하고 뜻이 다른 사람을 미워하여 신법이 행해질 수 있다고 말하면 기뻐하고 행해질 수 없다고 하면 미워하고 배척했다는 것이다. 여기서도 윤지당은 의리론에 입각하여 부국강병이나 이익을 중시하는 것을 비판하고, 구양수(歐陽脩)의 「붕당론」을 인용하여 군자와 소인에 대한 견해를 드러낸다.

왕안석은 송(宋)나라 신종(神宗) 때의 재상으로 여러 가지 부국강병책을 실시한 개혁적 인물이다. 왕안석이 실시한 신법은 많은 반발을 초래했으며, 왕안석 중심의 신법당과 왕안석의 정책에 반대하는 사마광의 구법당으로 나뉘어 많은 논쟁이 이루어졌다. 신법이 실패하면서 왕안석은 물러났고 이후 왕안석은 소인이자 간신의 대명사처럼 평가되었다. 남송의 유학자 진덕수(眞德秀)가 『대학연의(大學衍義)』에서 왕안석을 간신과 참신(讒臣: 참소하는 신하)의 대표로 평가한 이래 이러한 평가는 『송사(宋史)』로 이어졌다. 고려 말에 전래된 이래 조선 전기 경연(經筵)에서 빠지지 않고 강의된 『대학연의』는 왕안석에 대한 평가에도 영향을 미쳤으며,

왕안석. 북송 신종 때의 재상으로 개혁적인 면모가 강한 인물이었으나 임윤지당은 왕안석을 인의보다 부국강병만을 좇은 인물로 평가했다.

16세기 이후 왕안석은 소인, 간신으로, 사마광은 군자로 평가가 굳어졌다.[34] 조선 후기에 창작된 소설에서도 왕안석은 소인으로 형상화되었다. 마찬가지로 윤지당도 왕안석을 소인으로 평가한 반면 상대편의 사마광 등 구법당은 군자로 평가했다.

왕안석의 신법당은 『주례(周禮)』를 중시하고, 구법당은 『춘추』를 중시했다. 『주례』는 국가를 경영하는 제도적 규범이고, 『춘추』는 국가가 지향해야 할 이념과 인간이 일상생활에서 지켜야 할 도덕적 가치 기준을 설정한 경전이다. 현실적인 사회 모순을 개혁하려던 신법당은 법가(法家)와 같은 혁신 정책을 이용하거나 고전적인 『주례』의 제도에 근거를 두었고, 의리와 수신(修身)을 강조한 구법당은 『춘추』를 중시했던 것이다.[35] 의리를 중시했던 윤지당은 왕안석의 신법당에 부정적일 수밖에 없었다.

윤지당은 효성스러운 인물로 알려진 온교에 대해서도 어머니를 뿌리치고 전쟁에 나간 것은 사욕에 따른 것이라고 비판했다. 온교는 동진(東晉)의 장수로서 유곤(劉琨)의 권유로 전쟁에 나서려 한다. 그의 어머니가 소매를 잡고 만류했지만 온교는 소매를 끊고 전쟁에 나갔다. 이는 어머니의 간곡한 권유와 국가의 일이 상치되는 경우 어떻게 해야 하는가라는 질문을 던진다. 온교는 위기에 처한 국가를 구하고 국가를 중흥시킨 큰 업적을 세웠으며, 그가 어머니에게 한 행동은 나랏일을 먼저 하고 개인의 일을 뒤로 돌린 것이라 볼 수 있다. 그런데도 온교의 행동은 유자들의 비난을 면치 못했다.[36]

윤지당은 온교의 어머니가 소매를 잡은 것은 아들을 사랑하는 마음에 아들이 죽을 것만 염려하고 아들이 세상을 구하려는 의리를 돌아보지 못한 탓이고, 아들이 소매를 끊은 것은 어머니의 만류로 자신이 공을 세우고 이름을 드날릴 기회를 놓칠까 염려해서라고 설명했다. 이에 대한 윤지당의 평가는 천리에 근거한다. 윤지당에 의하면 부모 자식은 오륜의 으뜸으로 서로 사랑하는 것이 천리이고, 공을 세우는 것은 명예와 이익의 기반이라서 이를 성취하는 것은 사사로운 일이기 때문에 온교가 사사로운 공으로 천륜의 큰 은혜를 저버렸다는 것이다.[37] 따라서 그의 행동은 도의를 저버리고 이로움을 앞세운 것이니, 군자들의 비난을 면치 못할 것이라고 평가했다.

그런데 윤지당은 충신의 전형으로 평가되는 송나라의 악비에 대해서는 조금 다른 견해를 내세웠다. 악비는 농민 출신의 무장으로 금(金)과의 전쟁에서 공을 세웠다. 그러나 당시 주화파(主和派)였던 재상 진회(秦檜)가 군대를 철수하라고 명했는데도 이를 듣지 않아 반역을 꾀한다는 모함을 받고 억울하게 죽었다. 진회는 악비를 옥에 가두면서 악비의 아들 악운(岳雲)이 악비의 장수 장헌(張憲)에게 모반을 꾀하는 편지를 건넸을 거라며, 이 사실이 분명치는 않지만 '아마 있을 것〔莫須有〕'이라고 이유를 댔다. 그러자 악비 편에 있던 한세충(韓世忠)이 "'아마 있을 것'이라는 세 글자로 어떻게 천하 사람들을 납득시키겠느냐고 했다. 이후 '아마 있을 것'이라는 말은 억울하게 죄를 씌울 때 으레 하는 말이 되었다. 이후 악비의 명예는 회복되어, 그의 억울한 죽음에 분개하고 영웅적 업적을 기리는 작품들이 쏟아져 나왔다. 악비는 여말선초부터 국내에 알려져 문인들의 관심을 끌었을 뿐만 아니라 충신의 전형으로 칭송되었다. 『삼강행실도(三綱行實圖)』「충신(忠臣)」편에 악비가 들어가 있고, 선조 18년에는『회찬송악악무목왕정충록(會纂宋岳顎武穆王精忠錄)』(이하『정충록』)이 출간되었다. 이후『삼강행실도』와『정충록』의 지속적인 간행과 반포로 악비 관런 고사와 인물 형상이 계속 확산되었다.[38] 고전소설에도 악비는 충신의 전형으로 종종 등장한다.

「악비가 황제의 명을 받들어 군대를 돌이킨 것을 논함(論岳飛奉詔班師)」도 문답의 형식을 취하고 있다. 질문은 다음과 같다. "사람들이 악비가 황제의 군대를 이끌고 돌아온 것에 대해 잘못된 일이라고 한다. 공자는 임금의 명을 받으면 바로 달려간다고 했는데 하루에 열두 번이나 명을 받고 군대를 돌이키지 않을 수 있었겠는가?" 여기에 대해 윤지당은 "오랑캐를 꺾어 옛날의 영토를 거의 회복할 수 있는 형세였다. 아무리 임금의 명이 중하다고는 하지만 중도에 철수하고 돌아와서 이전의 공을 다 포기할 수 있는가? 군대를 돌이킨 것은 옳지 않다"고 대답한다. 다시 질문이 이어진다. 전쟁에 나간 것도 임금의 명이고, 군대를 돌이킨 것도 임금의 명이니 둘 다 임금의 명이다. 그런데 하루에 열두 번이나 부르는데도 돌아가지 않으면 임금의 명을 어기는 것이니 벌을 받았을 것이다. 어떻게 했어야 하는가? 윤지당은 이 질문에 권도(權道)를 발휘했어야 한다고 대답한다. 윤지당이 제시한 임시방편은 악비가 언성현(郾城縣)에 우선 군사를 주둔해놓고 고종(高宗)에게 병사를 보내서 시간을 더 달라고 청했어야 한다는 것이다. 그랬다면 고종이 아무리 어리석어도 다시는 부르지 않을 것이고, 진회가 아무리 간사해도 다시는 간여하지 못했을 것이기 때문이다. 이 대목에서 윤지당은 악비가 우선 군사를 주둔해놓고 기마병을 보내어 시간을 달라고 아뢰는 말을 상상해서 써 넣었다. 시간을 더 달라고 해서 전쟁에 이기고 공을 세운 뒤에 전날의 죄를 청하면 무사했을 것인데, 악비의 지혜가 권도에 통달하지 못해서 도리어 불충에 빠진 것을 몰랐다는 것이 윤지당의 평가다.

아쉽다. 악비의 지혜가 권도에 통달하지 못해서 도리어 나랏일을 도모하다가 불충에 빠졌음을 알지 못했으니. 게다가 장수가 외지에 있을 때는 임금의 명이라도 받지 않는 경우가 있으니 이는 임금이 깊이 구중궁궐에 있어 외지의 군대 일에 대해서는 멀리서 헤아릴 수 없기 때문이다. 그래서 한 문제가 주아부(周亞夫)에게 이르기를, "성곽 밖의 일은 장군이 관장하라"고 했던 것이다. 고종이 적을 토벌하는 것을 악비에게 위임했다면 비록 간신에게 속아서 그를 부른다고 하더라도 실제로 부른 것은 진회요, 고종이 아닌 것이다. 그런데도 다시 명을 청하지도 않고 선뜻 돌아갔어야 했는가? 설령 고종이 부른다 해도 악비는 이미 국경 밖의 책임을 받았다. 복수의 의리는 무겁고 명을 어긴 죄는 도리어 가벼운 것이니 갑자기 명을 받들어 군대를 돌이킴으로써 국가의 큰 계획을 그르쳐서는 안 되었다.[39]

윤지당은 단호하게 악비가 군대를 돌이켜서는 안 되었다고 주장하면서 장수가 외지에 있을 때는 임금의 명이라도 받지 않을 수 있음을 근거로 든다. 이 주장은 권도의 발휘라는 것을 강조한다 하더라도 임금의 명을 듣지 않을 수 있다는 가능성을 제시하고 있다는 점에서 주목할 만하다. 이러한 견해는 권도를 허용함으로써 신하들에게 운신의 폭과 재량권을 확대해준 것으로 평가할 수 있다.[40] 또 남송 멸망의 책임이 고종을 오도한 진회보다 악비에게 있다는 의식을 드러낸다는 점에서 나라 통치의 책임을 신하에게 돌리려는 의도가 드러난 것이라고 볼 수도 있다.[41] 그러나 악비의 철군에 대해 권도를 알지 못했다는 주장은 진작 있었던 것으로 보인다.『정충록』의 발문을 쓴 유성룡(柳成龍, 1542~1607)은 악비가 권도를 알지 못해 철군했다는 주장에 대해 이렇게 비판했다.

> 요즘 채청(蔡淸)이란 자가 논문을 지어 함부로 논하기를, "공이 철군한 것은 부당하다"고 하며 공이 권도를 알지 못했다고 비난했다. 아! 공이 만약 그렇게 했다면 진회의 참소가 증명되어 고종의 의혹이 더 커졌을 것이다. 세상에 어찌 대장이 외지에서 군사를 주둔하고 있다가 임금이 돌아오라고 명하는데도 돌아가지 않고 공을 세울 수 있겠는가? 가령 한 병졸이 강을 임하여 지킨다고 해서 공에게 마음대로 한다고 책망하면 공의 본심을 어찌 천하 후세에 자백할 수 있겠는가? 옛날에 "장수가 군진에 있을 때는 군주의 명도 받지 않는다"고 한 것은 이를 말한 것이 아니다. 공은 오직 마음과 몸을 다하고 의리에 입각해서 신하의 절개를 따르는 것만 알았을 뿐이고 성패의 이롭고 불리함은 하늘에 맡겼으니 공이 어찌 진실로 그 중간에 있었겠는가?[42]

명나라의 학자인 채청이 악비의 철군에 대해 권도를 모른 것이라고 비판한 것에 대해 유성룡이 다시 비판한 글이다. 유성룡은 임금이 오라고 하는데 어떻게 가지 않고 공을 세우겠느냐고 반문하면서 악비는 신하의 절개를 따른 것이라고 했다. 여기에 비하면 윤지당의 견해는 신하의 재량권을 인정한다는 점에서 융통성을 보이는 것 같다. 그러나 그 밑에는 복수의 의리가 깔려 있다. 또한 악비가 오랑캐를 꺾어 옛 영토를 회복하는 것을 당연시하는 존화의식을 보여준다. 윤지당은 인물성동론의 입장을 취하고 있지만 화이를 구분하는 의식을 드러낸다. 인물성동론이 화이의 구분을 해체하는 데까지 나간다고 볼 때 윤지당의 이러한 태도는 앞의 철학적 논의와 모순된다. 이를 어떻게 보아야 할까? 이는 아마도 글을 쓴 시기의 선후문제와 관련이 있을 것이다. 윤지당은 역사인물에 대한 글들을 이기심성에 대한 글보다 이른 시기에 썼으며 이 시기에는 존화의 식이 분명하게 남아 있었던 것으로 볼 수 있다.

4장
밤낮없이 학문에
침잠하여

앞서 보았듯이 임윤지당은 성리학의 중요한 주제들을 택해 기존의 논의들을 섭렵하고 정리한 다음 그 위에서 자신의 주장을 논리적으로 전개했다. 그리고 역사서를 읽으며 의문이 드는 부분은 혼자 묻고 답하며 자신의 견해를 써나갔다. 아무리 경제적으로 여유가 있고, 어려서부터 공부하는 것을 지지받았다고 해도 부인의 입장에서 쉽지는 않았을 것이다. 결혼한 뒤에는 더더욱 쉽지 않았을 것이다. 윤지당의 공부는 모두가 잠든 깊은 밤에 무르익었다.

시부모가 다 돌아가시고 형수 또한 늙었을 때였다. 간혹 집안일을 하시다가 여가가 나면 밤이 깊은 후에 보자기에 싸두었던 경전을 펴 놓고 낮은 목소리로 읽으셨다. 그때 창밖으로 등불이 형형하게 비치는 것을 볼 수 있었다. 이후에야 비로소 형수에게 남모르는 공부가 있는 것을 알았다. 우리 형제가 매번 서로 다짐하기를, "형수도 저렇듯 부지런히 공부하시는데 우리는 마땅히 어떻게 해야 하겠는가"라고 하였다.

부인은 일찍이 말씀하시기를, "부녀자가 서적에 몰두하고 문장을 짓는 노력을 하는 것은 법도에 크게 어긋난다. 그러나 『소학』이나 사서 등의 책을 읽고 심신을 수양하는 자산으로 삼는다면 무방하다"고 하셨다. 그러므로 지으신 글에는 일체 저속한 내용이 없었다. 그것은 모두가 경전을 담론하고 성리를 설파한 것으로서 도심 가운데 말하고자 하신 바를 서술한 것이었다. 어찌 절절히 뜻을 붙이고 말을 꾸며 번듯하게 만들려고 하셨겠는가.

생각건대 형수는 예법을 애호하고 경전과 역사에 침잠하셨다. 옛날의 현철한 부녀들을 손꼽아본다면 아마도 경강(敬姜)과 반소(班昭)를 겸하였다고 할 만하다. 사색은 정밀하고 존심(存心)은 철저하며, 지혜는 밝고 행실은 수양되어 표리가 한결같으셨다. 순수하고 평화로운 경지를 성취하신 것은 오래 덕을 쌓은 큰 선비와 같았다. 구구하고 하찮은 기예인 문예를 형수가 어찌 중요하게 여겼겠는가.[43]

시동생 신광우가 윤지당이 죽은 뒤에 윤지당의 유고를 모아 문집을 내면서 썼던 발문의 일부다. 여기서 윤지당이 학문적인 성취를 이룰 수 있었던 이유를 짐작할 수 있다. 그것은 밤늦도록 쉬지 않고 오로지 경전을 읽으며 공부한 집중력이다. 물론 여기에 빼먹을 수 없는 것이 임성주의 도움이다. 임성주와 윤지당은 늘 가까이 지냈다.

신매(申妹: 신씨 집안에 시집간 누이라는 뜻으로 윤지당을 가리킴-옮긴이)가 보름날 전에 와서 모여 밤낮으로 단란한 시간을 보내고 있다. 덧없는 세상의 즐거운 일 가운데 이보다 나은 것이 또 어디에 있겠느냐?[44]

이곳이 본래 살 만한 곳이 아니지 않은데도 우리 집이 안정되게 느껴지지 않는 까닭은 오로지 자네 집이 여기에 못 올까 하는 염려 때문이네. 이제 땅이 이미 팔렸으니 화살이 활시위에 있는 것과 같고, 또 그쪽의 흉작이 이미 이 정도면 앞으로 양식 대기가 여기에 비해서 갑절은 어려울 듯하니, 이번 기회에 용단을 내리는 것이 좋을 것 같다. 부디 날씨가 시원해지기를 기다렸다가 바로 말을 달려와서 얼굴을 맞대고 여러 가지 일을 상의하고 집을 지을 부지를 계약한 뒤에 돌아가서 즉시 이사할 계획을 세우는 것이 좋을 듯한데 너의 생각은 어떠한지?

신매가 6월 초에 와서 만났는데 아직 돌아가지 않고 있어 이 때문에 울적한 마음에 큰 위로가 되고 있다. 자네가 이곳으로 오는 이 한 가지 일은 이생에서 얻기 어려운 일이니 후회하지 않을 것이네.

17일에는 내 생일이라고 아이들이 약간의 술과 안주를 차려놓고 억지로 병든 아비에게 일어나 앉아서 잔을 받게 했다네. 나이 든 누이가 앞서서 술잔을 올리기에 내가 사양하고 듣지 않았는데 지나서 생각하니 부끄럽지만 이 또한 집안의 즐거운 일이었네. 지난해 이맘때를 회상하며 누이와 이야기하다가 자네 이야기가 나오니 또 서글픈 마음이 들면서 탄식이 나오는 것을 막을 수가 없더군. 내년에는 과연 단란하게 모여서 이 허전한 마음을 위로받을 수 있을지?[45]

1782년 임성주가 가족과 함께 산호로 와서 지냈다. 이 무렵 윤지당의 생활은 여유로웠던 것 같다. 윤지당이 64세가 되던 1784년 원주에 가서 반년 가량 머물렀던 임정주는 항상 일찍 일어나 빗질하고 세수하고는 하루 종일 단정하게 앉아 있는 윤지당을 보면서 어릴 때와 다를 바가 없다고 느꼈다. 그러나 그때와는 달리 어디에도 구애받지 않는 여유로운 모습이었다. 다른 형제들이 죽고 임성주와 임정주만 남아 있던 이 시기에 윤지당은 원주에서 공주까지 500리가 되는 거리였는데도 봄가을이면 빠짐없이 심부름꾼을 보내고 그사이에도 인편을 통해 편지를 전하고 음식이나 약을 보낼 정도로 친정 형제들을 극진히 챙겼다. 그런데 임성주가 가까이 와서 지내게 되었으니 만족스러웠을 것이다. 그러나 이 시간도 그리 오래가지는 못했다. 1786년 봄, 산호로 이사 와서 가까이 왕래하던 임성주가 녹문의 옛집으로 돌아간 것이다. 나이가 많은 데다 객지에서 생활하는 것을 딱하게 여긴 막냇동생 임정주가 임성주에게 여러 차례 고향으로 돌아가기를 권유했기 때문이다.

아침저녁으로 왕래하다가 갑자기 훗날을 기약하기 힘든 이별을 하게 되자 윤지당은 몹시 서운해했다. 임성주도 서운했는지 생전에 다시 만나기를 바란다는 편지를 보내며 아쉬움을 달랬다. 최근 임성주가 다시 녹문으로 돌아갈 때 윤지당이 썼던 「둘째 오라버니가 남쪽으로 돌아가는 데 부친 서〔拜送仲氏南歸序〕」가 발견되었다. 그 내용 가운데 일부는 임성주를 위해 쓴 제문에도 포함되어 있는데 임성주의 덕에 대한 존경과 녹문에서 무사히 지낼 것을 간절히 기원하는 마음이 담겨 있다.

저의 둘째 오라버니가 호서에서 이곳으로 이사해서 사신 지도 이제 5년이 되었습니다. 저는 미망인에다가 친정부모가 돌아가시고 시집에도 우러르고 의지할 분이 계시지 않습니다. 또 형제 일곱 가운데 남아 있는 사람은 둘째 오라버니와 막냇동생과 저뿐인데 각각 남쪽과 동쪽에 있으니 마음을 달랠 길이 없습니다. 『예』에 이르기를, "부모형제를 멀리 떠나지만 마음은 멀어질 수 없다"고 했습니다. 형제가 서로 그리워하나 모두 백발이 되고 나는 또 병이 많은데 다행히 하늘의 도움으로 임인년(壬寅年)에 둘째 오라버니가 이곳으로 이사하셔서 늘 그막에 의지하니 남은 생의 지극한 즐거움이었습니다. 막냇동생도 여러번 와서 형제 세 사람이 함께 모여 둘러앉아 즐겁게 웃으며 이야기를 나누었으나 옛날 어머니를 모시고 형제들에게 별일이 없었을 때에도 즐거움 가운데 슬픔이 생겼던 것을 생각하면 가슴이 철렁 내려앉았습니다.

(……) 제게 간절한 소원이 있으니 제 나이 거의 일흔이니 또한 오래 살았다 하겠고 지탱하기가 어렵습니다. 제가 먼저 죽으면 둘째 오라버니의 글 몇 줄을 얻어 묘 앞에 표한다면 저승에서도 위로가 될 것 같습니다. 전에 이르기를, 덕이 큰 자는 반드시 그에 맞는 지위를 얻고 그에 맞는 녹을 받으며 그에 맞는 이름을 얻고 그에 맞는 수를 누린다고 했습니다. 위는 작위를 말하는데 작위는 하늘의 작위보다 귀한 것이 없습니다. 무릇 하늘의 작위란 인의의 덕이니 우리 둘째 오라버니는 실로 이미 이것을 얻어 자기 안에 가지고 있습니다. 덕이 높아 이름이 따라왔으나 세상이 이미 쇠퇴하고 노학이 밝지 않아 비록 지금 그 도를 행할 수 없다 해도 세상에 도움이 되고 백성들에게 이로움을 주었으니 우리 둘째 오라버니의 성한 덕을 누가 모르겠습니까? 반드시 하늘이 우리 둘째 오라버니를 고요함과 한가로움 속에 거처하게 하여 옥으로 완성하고 그 안에 두터이 쌓게 해서 이전의 성인들이 다하지 못한 것을 밝히게 하여 뒤에 오는 사람들을 깨우치게 해줄 것입니

다. 이에 이름이 만세토록 다하지 않으며 녹이 그 안에 있을 것입니다.
이제 비록 멀리 이별하나 또한 이것으로 제 마음을 위로합니다. 우리
둘째 오라버니와 막냇동생은 백세토록 수를 누리고 탈 없이 건강하고
영원토록 복을 받아 남산같이 장수하시고 송백같이 강건하시기를 축
원합니다. 절하며 글을 올립니다.[46]

   윤지당은 다른 글에서와 달리 이 글에서는 '마음을 달랠 길이 없다'든
지, '가슴이 내려앉는다'와 같이 감정 상태를 표현하고 있을 뿐만 아니라
임성주에 대해서도 넘치는 찬사를 표현했다. 노년에 함께 즐겁게 지내다
가 헤어지는 서운함이 잘 드러나 있는 이 글은 윤지당 형제들의 우애를
보여주는 한편, 윤지당이 형제들에게 얼마나 의지했는가를 보여준다. 이
후 윤지당은 임성주와 편지 왕래를 계속했다. 공부하다가 의심나는 것이
있으면 묻고 답을 듣는 것을 늘그막의 즐거움으로 여겼다.
   이 무렵 윤지당은 경서를 읽으며 깨달은 것을 경의(經義)의 형태로 남
겼다. 경의는 사서오경에 대한 해석 혹은 연구서를 말한다. 윤지당은
일찍부터 경서를 읽고 공부한 결과를 저술로 남기고 싶어했지만 1786
년 겨울, 66세가 되어서야 『대학』과 『중용』에 대한 경의를 저술할 수 있
었다.

   내가 젊어서 『중용』과 『대학』을 읽고 얻은 것을 몰래 저술해보고자
하였으나 그럭저럭 시간을 보내며 그렇게 하지 못했다. 이제 곧 칠순
이 다가오니 몸이 쇠하고 아픈 것이 더 심해져서 남은 날이 얼마 없음
을 깨닫게 된다. 이에 병오년(1786) 겨울 일찍이 억지로 생각해낸 뜻을

대충 기록했다. 어찌하겠는가, 규방 안이라 강론하고 물어볼 벗이 없는 데다 정신도 쇠약해져서 글이 뜻을 제대로 전달하지 못한 것이 열에 여덟아홉이고, 형상을 제대로 그려낸 것도 거의 드물다. 그럼에도 오히려 이렇게 한 것은 평소의 뜻에 조금이라도 부응하고 지자가 바로잡아주기를 기다리기 위함이다.[47]

「대학경의(大學經義)」는 6조목의 짤막한 저술인 반면 「중용경의(中庸經義)」는 전체 내용을 다루었다. 조선의 유학자들은 경전을 공부하고 이런 종류의 경의를 많이 남겼다. 『대학』과 『중용』은 『논어』, 『맹자』와 더불어 사서로 일컬어지는 책들이다. 그러나 사서가 처음부터 독립적인 책으로 존재하지는 않았다. 『대학』은 유교 경전인 『예기(禮記)』의 한 편이었는데 주희가 순서를 나누고 해설을 덧붙여 『대학장구(大學章句)』라는 책으로 만들었다. 『중용』은 공자의 손자인 자사(子思)의 저작으로 알려져 있으나 역시 『예기』의 한 편으로 남아 있었다. 송대에 이르러 정자 같은 학자들이 흩어진 것을 바로잡으며 정리했고, 주희가 이를 수용하고 해설을 더하여 『중용장구(中庸章句)』라는 책으로 완성했다. 주희의 『중용장구』는 성리학의 핵심을 담고 있는 책으로 평가된다. 윤지당은 주희가 해설한 책을 보고 경의를 썼다.

윤지당은 『대학』 첫머리의 "사물에는 본말(本末)이 있고 일에는 끝과 시작이 있다"는 구절을 이렇게 풀이하는 것으로 경의를 시작한다. "사물은 정체(定體)이고, 일은 공부를 말한다." 그리고 보통은 '시작과 끝'이라고 말하는데 '끝과 시작'이라고 한 것은 우연이니 깊은 뜻이 있는 것처럼 보면 기교에 빠지게 된다고 했다. 자구에 너무 매이지 말라는 뜻이다. 이 말이 놓인 자리가 경의의 첫 부분이라는 것에 유념하면, 이는 윤지당이 앞으로 경전을 읽고 해석할 때의 태도를 암시한 것으로 보아도 좋다.

『대학』을 풀이한 전(傳) 3장에 대한 질문이 그 예다. 『논어』나 『대학』 같은 책을 경전(經傳)이라고 부르는데 경전은 성경현전(聖經賢傳)의 줄임 말로, 경은 성인이 쓴 것을 말하고, 전은 현인이 풀이한 것을 말한다. 여기서 전 3장은 주희가 『대학』 3장을 풀이한 부분이라는 뜻이다. 윤지당은 전 3장을 읽으면서 절차탁마(切磋琢磨)에 대한 주희의 견해에 약간의 의문이 생겼다. 그래서 임성주에게 묻고 답을 들은 뒤 이해하게 된 경위를 밝혔다.

전 3장은 「기욱(淇澳)」 시(『시경』의 시)를 인용하여 "쪼개는 듯하며 다듬는 듯하다(如切如磋)'는 것은 학문을 하는 것이고, '쪼는 듯하면서 숫돌에 가는 듯하다(如琢如磨)'는 것은 스스로 수양하는 것이다"라고 했다. 주자가 이를 풀이하여 "다듬는 데는 순서가 있으니 더욱 정밀한 데로 나아간다"라고 하셨다. 나는 처음에는 '쪼개는 듯하며 쪼는 듯하다(如切如琢)'는 것이 학문을 하는 것이고, '다듬는 듯하며 숫돌에 가는 듯하다(如磋如磨)'는 것이 스스로 수양하는 것이라고 하는 편이 낫다고 생각했다. 이것을 둘째 오빠에게 여쭈었더니 "주자의 『대학혹문(大學或問)』에서 뼈나 뿔은 맥의 흐름을 찾을 수 있어서 쪼개고 다듬는 일이 쉽다. 이는 이른바 시작하는 단계의 일이다. 옥과 돌은 전체가 단단해서 쪼고 가는 것이 어렵다. 이는 이른바 마감하는 단계의 일이다"라고 하셨다. 이 말씀대로 자세히 살펴보니 이전의 생각이 틀린 것이었다.[48]

절차탁마는 뼈나 뿔, 돌로 무엇인가를 만들 때 쪼개고, 다듬고, 쪼고, 가는 것을 뜻하는 말로, 우리에게도 익숙하다. 공자가 절차탁마라는 말을 사용한 이래 이 말은 학문하는 방법이나 순서를 비유적으로 표현할 때 많이 쓰였다. 윤지당이 질문한 요지는 이것이다. 주희는 절차탁마를 '절차'와 '탁마'로 나누었는데 '절탁'과 '차마'로 나누는 편이 낫지 않겠는가? 절과 탁은 큰 덩어리를 자르고 쪼개는 것이고, 차와 마는 자르고 쪼갠 것을 갈고 다듬는 것이다. 그러니까 윤지당은 먼저 큰 덩어리를 잘라내는 것을 학문하는 것이라 보고, 갈고 다듬는 것을 스스로 수양하는 것이라고 봤던 것이다. 그러나 임성주의 설명을 듣고 자신의 생각이 틀렸다고 인정했다. 주희의 견해에 의문을 제기해보았으나 결국 주희의 견해를 받아들인 것에 불과해 보일 수도 있다. 그러나 그 과정 자체를 제시하고 있는 것은 그녀가 어느 것 하나도 그냥 받아들이지 않았음을 짐작하게 한다.

윤지당의 「중용경의」는 오랜 연구와 사색 끝에 나온 글이다.[49] 윤지당은 『중용』 33조항 가운데 27조항을 다루었다. 다음은 윤지당이 27조항을 이야기한 뒤 마지막 부분에 『중용』의 요지와 『중용』에서 말한 도를 간명하게 정리하고 그 의의를 평가한 것으로 『중용』에 대한 윤지당의 이해를 집약적으로 보여준다.

『중용』 한 책은 모두 '도는 떠날 수 없다'는 뜻을 밝힌 것이다. 처음에는 천하의 큰 근본을 말하고(未發之中), 중간(2장에서 32장까지)에는 흩어져 만 가지 일이 되었다가, 마지막에는 다시 합해져서 큰 근본이 되는 것을 말했다. 홀로 있을 때 삼감(성인의 학문의 처음부터 끝까지를 꿰뚫는 말이기 때문에 첫 장의 미발 다음에 놓았으니 이것이 모든 일의 시초임을 말한 것이다. 마지막 장의 '행동하지 않아도 공경하게 한다' 이후는 또 이것이 모든 일의 결론임을 말한 것이다)은 의리가 정밀하고 깊을 뿐만 아니라 글을 짓고 뜻을 담은 것이 또한 극히 미묘하다. 진실로 성인의 말씀이다.

『중용』의 도는 진실하여 거짓되지 않음에 지나지 않는다. 그러므로 이 책의 요지는 처음부터 끝까지 오로지 성(誠)으로 근본을 삼아 독실하고 공손한 데로 차츰 나아가 천하가 태평하게 되는 성대함에 이르는 것이다. 이는 곧 성인의 지극히 성실한 덕이 저절로 응한 것이고, 성스러운 신(神)의 조화가 극도로 구현된 것이다.[50]

윤지당은 전체적인 내용이 '도는 떠날 수 없다'는 것이고 핵심은 '홀로 있을 때 삼감, 즉 신독(愼獨)'이며 중용의 도는 '성'이라고 이해하고 있다. 윤지당은 인간은 누구나 노력하면 성인이 될 수 있다는 것을 강조하고, 도를 원리적이고 추상적으로 파악한 것이 아니라 마음으로 느끼고 몸으로 체현하는 역동적인 실체로 받아들였다.[51]

『중용』 27장의 "돈독하고 후덕하며 예를 존숭하다(敦厚以崇禮)"는 구절을 두고도 윤지당은 주희의 설명에 의문을 품었다. 윤지당은 "지극한 덕을 가진 사람이 아니면 지극한 도가 모이지 않는다. 그래서 군자는 덕성을 높이고 학문을 실천한다"는 구절을 언급한 뒤, 이 문장 다음에 비로소 덕으로 들어가는 방법을 자세히 말했다. 그러면서 덕으로 들어가는 방법은 마음에 두어 새기고(存心), 앎에 이르는 것(致知)이라고 보았다. 그런데 무엇을 '존심'으로 보고, 무엇을 '치지'로 볼지에 의문이 생겼다.

『중용』 27장의 "돈독하고 후덕하며 예를 존숭한다"는 것은 제 생각에는 존심의 범주에 넣어야 할 것 같은데 주자는 '예를 존숭한다'를 치지에 포함시켰군요.[52]

여기에 대해 임성주는 돈독하고 후덕한 것은 '존심'의 범주에 넣어야 하고, 예를 존숭하는 것은 '치지'의 범주에 넣는 것이 맞다고 답했다. 예를 존숭하는 것은 일상적인 사물을 잘 분별하고 예에 대한 규정과 제도를 자세하게 익히는 것이고, 그렇게 되면 그것은 당연히 치지의 영역에 속하게 되니 도의 본체를 자세히 알 수 있게 된다는 것이 임성주의 답이었다. 윤지당은 주희를 따른 임성주의 견해를 받아들였는지 「중용경의」에 이 내용을 쓰지 않았다. 이 문답은 임성주가 윤지당에게 쓴 편지에만 남아 있다. 윤지당은 임정주의 대답대로 돈독하고 후덕한 것은 존심의 범주에 넣고, 예를 존숭하는 것은 치지의 범주에 넣어 서술했다. 결론적으로는 주희의 견해를 받아들인 것으로 볼 수 있지만 그 결론에 이르기까지 윤지당이 의문을 제기하고 따져나가는 과정을 볼 수 있다. 이 두 가지 예는 윤지당이 경전을 기존의 방식대로만 읽지 않았음을 보여준다. 주희의 견해라 할지라도 의문을 품고 자신만의 견해를 제시했던 것이다.

5부

여군자, 임윤지당

1장

아들과 오라버니의 죽음

어머니가 돌아가시고 2년이 지난 1760년 임윤지당은 시동생인 신광우의 장남 재준(在俊)을 양자로 맞았다. 윤지당의 나이 마흔이었다. 윤지당은 재준이 태어날 때부터 안아 기르다가 젖을 뗀 뒤 양자로 데려와 길렀다. 따라서 애정이 친자식과 같았고 그에 대한 기대도 컸다. 그러나 재준은 1787년 아들과 딸, 둘을 남기고 28세의 나이로 죽었다. 재준이 죽자 윤지당은 비통한 심정을 가누지 못하고 임성주에게 편지를 보내어 자신을 죽은 누이로 생각하라고 했다. 이제 죽겠다는 뜻이었다. 이 편지를 받은 임성주는 1788년 2월 염려와 질책을 담아 답장을 보냈다.

사람을 보내려다 미처 보내지 못한 사이에 병이 갑자기 더 나빠져서 반은 귀신이요, 반은 사람의 꼴이다. 그래서 다른 일은 생각할 겨를도 없는데 의외의 누군가가 와서 소식을 전해 주었는데 아픈 중에 차마 그 비통하고 괴로운 글을 볼 수가 없었다. 아이를 시켜서 위문하는 글을 지어 보냈는데 그 말은 없고 "이제부터는 죽은 누이(死妹)로 여기십시오"라니 이게 무슨 말인가? 너는 책을 읽어 의리를 알 터인데 아들을 따라 죽겠다고 하다니. 자하(子夏)가 아들을 잃은 슬픔으로 눈이 멀게 되었을 때 증자의 꾸짖음이 어떠했더냐? 그 아이는 비록 죽었지만 아들도 있고 딸도 있으니 보호하고 길러서 성장시키면 그 아이가 있는 것과 무엇이 다르겠는가? 이전 편지에 이런 도리를 갖추어 쓰면서 마땅히 생각하고 헤아리라고 했는데도 죽은 누이라는 두 글자로 사람을 놀라게 하고 걱정시키니 감당할 수가 없구나. 네가 이렇게도 매몰차니 내 병은 끝내 회복되기 어려울 것 같다. 이제부터는 나를 죽은 오라비(死兄)로 여기고 다시는 서로 안부를 묻지 않는 것이 좋겠다.

　장례일이 멀지 않아 멀리서 너를 생각하면 눈물이 얼굴을 적실 뿐이다. 나머지는 정신이 흐려서 겨우 사람을 불러다 쓰게 한다. 자네를 다시 못 보고 죽게 되면 그 슬픔을 어찌할까?[1]

　당시 병중이었던 임성주는 편지를 쓸 기력도 없어 입으로 불러 받아쓰게 했다. 임성주는 이 편지에서 죽고 싶다는 누이를 꾸짖는 한편 슬픔을 함께하며 깊은 염려를 표하고 있다. 이 편지를 보내고 열흘 남짓이 흐른 3월 6일에 임성주가 세상을 떠나고 5월 2일에 장례식을 치렀다. 윤지당은 이때 원주에 있어서 장례식에 가지 못하고 대신 제문을 지어 조카에게 보내 그 애통함을 표하고는 약간의 제물을 차려 영전에 제사를 지냈다. 이제 일곱 형제 가운데 남은 것은 윤지당과 임정주뿐이었다. 윤지당은 이때의 심정을 오장이 무너져 찢어지는 듯하고 피가 흘러 온 얼굴에 덮어쓴 것 같다고 표현했다. 윤지당은 자신이 먼저 죽을 것으로 여기고는 만약 오라버니의 글 몇 줄을 얻어 묘소에 표지해두면 저승에 가서도 빛이 날 것이라 했다. 관직에 오르거나 공을 세울 기회가 없었던 조선 시대 여성들 가운데 유명한 문인을 아버지나 형제로 둔 사람은 아버지나 형제가 자신의 제문이나 묘지를 써주면 그것이 큰 명예가 되었기 때문이다. 그런데 윤지당이 오히려 임성주의 제문을 쓰게 되었다. 윤지당은 제문에서 어려서부터 임성주의 가르침을 받고 나이가 들어서도 공부하다 모르는 것을 수시로 물어서 궁금한 것을 해결한 일, 노후에 가까이에 살면서 의지했던 일, 임성주의 학문 연구와 덕에 대해 쓰면서 존경의 마음을 표하고는 임성주가 뛰어난 학문과 높은 뜻을 가졌으나 때를 만나 그것을 펼치지 못한 것을 아쉬워했다. 다음 글은 윤지당이 임성주와 평생 어떻게 지냈는지를 보여준다.

임인년(1782) 봄에 오라버니께서 제 노후를 즐겁게 해주시려고 이곳으로 오셔서 서로 의지하고 왕래하게 되었으니 뜬구름 같은 인생의 지극한 즐거움으로 이보다 큰 것이 어디 있었겠습니까? 막냇동생이 오라버니의 연세가 많으신데 객지에서 생활하시는 것을 딱하게 여기고는 여러 번 고향으로 돌아가실 것을 청하여 병오년(1786) 봄에 마침내 오라버니께서 가족을 데리고 녹문의 옛집으로 돌아가셨습니다. 4년 동안 아침저녁으로 왕래하며 살다가 갑자기 이렇게 훗날을 기약할 수 없는 이별을 하게 되었으니 헤어질 때의 마음이 어떠했겠습니까? 슬프고 슬픕니다. 오라버님께서 고향으로 돌아가신 뒤에 보내신 편지에서는 늘 오누이가 생전에 다시 만날 것을 기원한다고 하셨지요. 금년 2월에 이르러서는 병환이 이미 깊어 누워계시면서도 입으로 불러 편지를 써서 제가 자식을 잃고 지나치게 슬퍼하는 것을 나무라시고 또 말씀하시기를, "자네를 다시 못 보고 죽게 되면 그 슬픔을 어찌할까?" 라고 하셨지요. 이로부터 돌아가실 때까지가 겨우 열흘 남짓으로 이

것이 마지막 편지가 되고 말았습니다. 이제 이렇게 다정한 말씀을 듣고자 해도 어디서 들을 수 있겠습니까? 말과 생각이 이에 미치니 오장이 무너져 찢어지는 듯하고 피가 흘러 온 얼굴에 덮어쓴 것만 같습니다. 아! 제가 일흔으로 죽음을 앞둔 나이에 또 눈이 멀 듯한 슬픔을 당하니 간담이 다 타 재가 되었습니다. 이제 남은 날도 얼마 없어 오라버님의 뒤를 따를 일이 멀지 않으니 이것으로 스스로 위안을 삼으려 합니다.

저는 어려서부터 오라버님의 지극한 사랑을 받아 바른 방향으로 인도하는 가르침을 받았습니다. 제가 조금이나마 몸가짐을 바로하고 죄와 허물에 빠지지 않게 된 것은 오라버니의 가르침 덕분입니다. 남녀가 비록 하는 일은 다르지만 하늘이 부여한 성품은 같지 않음이 없습니다. 이 때문에 경서의 뜻을 공부하다가 모르는 곳을 여쭈면 오라버니께서 반드시 친절하게 가르쳐주어 제가 완전히 깨우친 다음에야 그만두셨습니다. 병오년 이후에는 의심나는 것을 편지로 왕복하여 질문하면서 만년의 즐거움으로 삼았습니다.[2]

윤지당은 임성주가 원주에서 가까이 지내다가 녹문으로 돌아간 일부터 아들 재준을 잃었을 때 위로해준 일과 임성주의 부음을 들었을 때의 심정을 쓴 뒤 자신이 임성주에게 받은 가르침에 대해서도 썼다. 여기서도 윤지당은 남녀가 비록 하는 일은 다르지만 하늘이 부여한 성품은 같다면서, 그래서 공부하다가 모르는 것을 물으면 임성주가 성의껏 가르쳐주었다고 썼다. 윤지당에게는 이 말이 여자로서 경전을 공부할 수 있는 근거가 되었기 때문이다.

이 무렵 아들 재준의 삼년상이 끝났다. 윤지당은 삼년상을 끝내며 아들을 위한 제문을 써서 애통한 마음을 절절히 표현했다. 제문이라는 특성 때문인지 윤지당의 글에서는 보기 드문 감정적인 표현들이 많이 드러난다.

　너는 나를 버리고 어디로 갔기에 해를 넘겨도 돌아오지 않느냐? 내 나이 마흔이 넘어 비로소 너를 양자로 삼았으나 네가 태어나면서부터 안아 길러서 너는 일찍부터 나를 친어미로 생각했고 나도 너를 친자식으로 생각하지 않은 적이 없었다. 너는 젖을 떼면서부터 내게서 먹고 내게서 잤으며 장난감도 모두 내 방에 두고 내 방에서 놀았다. 나는 미망인의 몸으로 오직 너만 믿고 살아왔다. 너는 장성하여 장가들어서 아들 낳고 딸 낳아 내 마음과 눈을 즐겁게 해주었지. 너는 또 효성으로 나를 섬겨서 평소 무슨 일이든 내 뜻을 미리 알아 받들어주었고, 나도 이것으로 위안을 삼았다. 내가 죽기 전에 너의 학문이 더욱 성취되고, 기운이 더욱 충실해지며, 아들딸이 순조롭게 자라나 너의 문호를 크게 번창시키는 것을 보게 되기를 바랐다. 밤낮으로 축원한 것이 오직 여기에 있었는데 이는 분수에 넘치는 욕심도 아니었건만 너는 하루아침에 세상을 떠났으니 이제 바라던 바는 다 무너져 흩어지고 늙은 나이에 홀로 외로이 의지할 데가 없게 되었다. 이 대체 무슨 일이란 말이냐? (……) 속담에 세월이 약이라고 했지만 이제 나의 혹심한 고통은 갈수록 더욱 심해만 간다. 내가 죽어야 비로소 이 슬픔이 없어지리라. 아! 슬프다. 나는 어떤 사람인가? 사람의 일생은 곧 백마가 작은 틈새를 지나가는 것과 같다고 한다. 하물며 나는 노환으로 죽을 때가 다 되었는데, 지난봄에는 친정오라버니를 여의고 겨울에는 또 오라버니의 작은아들을 잃었다. 지극한 마음의 고통은 하나도 견디기 어려운데 하물며 셋이니 어떻겠는가? (……) 아아, 평소에 네가 즐겨 먹던 음식을 보면 빈소 상에 올려 너를 먹이니 네가 살아 있는 것 같았는데 이제부터는 이것도 할 수 없겠구나.³

어머니 윤지당의 모습을 엿볼 수 있는 글이다. 이 글에서 윤지당은 어린 시절 재준의 모습을 기억하고 손자 손녀가 태어나 자라는 것을 즐거워하며 평소 재준이 좋아하던 것을 먹이고 싶어하는 마음을 있는 대로 표현하고 있다.

형제와 아들, 조카의 계속되는 죽음을 겪으며 윤지당은 자신의 박명함을 다시금 절감하고 그 비통함에 한없이 마음이 약해졌다. 그러나 윤지당은 원망하거나 좌절하지 않고 참는 것도 덕이 된다고 스스로를 타일렀다. 이 무렵 윤지당은 「인내에 대한 경계〔忍箴〕」라는 글을 썼다. 이 글에서 윤지당은 "타고난 운명이 기박하여 네 가지 궁박한 것(홀아비, 과부, 고아, 독신) 가운데 세 가지를 갖추었으니 나처럼 박명한 사람이 몇이나 되겠느냐"라고 하면서 "하늘이 나에게 주신 운명이 이처럼 혹독한 것은 아마도 나로 하여금 마음을 쓰고 성질을 참아 내가 할 수 없는 것을 키워주려는 것"인지, 아니면 "나의 죄가 너무 무거워 벌을 받느라고 여기에 이른 것"인지 모르겠다고 한다. 그러고는 운명을 받아들여 원망도 허물도 하지 않는 게 좋겠다고 했다. 그리고 이렇게 잠(箴)을 지어 경계를 삼으면서 윤지당은 "원망하거나 탓하지 않았다". 비록 "이 생에 어긋남이 많아 죽는 것이 오히려 즐거울 것"이라고 하면서도 "무엇으로 편안하게 할 것인가?

참는 것이 덕이 된다"라며 스스로를 경계했다. 그리고 더욱 학문에 정진
했다.

소인은 목숨을 이롭게 여기고
군자는 의를 이롭게 여긴다.
두 가지를 겸할 수 없다면
오직 의를 따르리.
이 생애는 어그러짐 많으니
죽음이 오히려 즐거우리.
오래 살고 일찍 죽는 것은 운명이니
나의 의는 어떠할까?
죽음이 마땅한 것이라면
집으로 돌아가듯 하리라.
그것이 옳지 않다면
운명은 어길 수 없다.
오직 자신을 수양하여
하늘에 따르리라.
온갖 근심 생각지 않고
분수를 지켜 편안하리라.
어떻게 하면 편안할까?
인내가 덕이 되겠네.
어떻게 인내할까?
뜻을 세워 독실하게 해야 한다.

위대하다 뜻이여

모든 일의 으뜸이로다.

칠정(七情)이 법도를 따르고

백체(百體)는 명령을 따르네.

그 뜻을 세우면

습관이 천성과 더불어 완성되리라.[4]

    윤지당은 목숨이 아니라 의를 택하겠다고 하여 군자의 삶을 따르고자
했다. 어그러짐 많은 생애를 받아들이며 인내로 덕을 삼겠다고 했다. 이
글은 평소 성인이 되기를 기약하면서 공부한 것을 통해 어려움을 이겨내
겠다는 의지를 표현하고 있다.

2장

마지막 순간까지
글을 다듬다

윤지당은 「대학경의」와 「중용경의」를 정리해 임성주에게 보내면서 글을 읽고 지계로 보내달라고 했던 것 같다. 임성주는 원고를 읽고 답장을 보냈다.

요즘에는 감영의 전령도 끊어져서 날마다 사람을 보내려고 꾀했으나 생각대로 되지 않았다. 그런데 갑자기 사람이 와서 종이를 이어 쓴 편지를 전해주는데 마치 머리를 맞대고 대소사를 빠짐없이 이야기하는 것 같았으니 그 기쁨을 어떻게 말로 다할 수 있겠느냐. 경의와 차록을 보니 글씨가 예전 그대로이고 사색이 정밀하니 정신과 기운이 평소와 같은 줄 알겠다. 두 번 세 번 펼쳐놓고 완미하는 동안 더욱 그지없이 흐뭇하였다.

(……) 역천(송명흠)의 묘지는 최근에 겨우 초고를 작성했다. 아직 탈고하지 못했으나 대략은 또한 볼 수 있는데 누이와 함께 읽어보지 못하는 것이 유감이다. 누이가 말한 대로 경의 한 질은 우선 여기 놓아두었다가 지계로 보내어 베껴놓은 뒤에 부탁한 대로 원고를 돌려보내겠다.[5]

남매가 서로 편지를 주고받으며 안부를 묻고 서로 공부한 것, 쓰고 있는 글에 대해 상세하게 이야기하고 있는 것을 볼 수 있다. 여기서 경의는 아마도 윤지당이 쓴 『대학』과 『중용』의 경의인 것으로 보인다. 글씨가 예전과 같고 생각이 정밀하다면서 두세 번 읽고 흐뭇해했다는 내용과 함께 사촌인 송명흠의 묘지 초고를 썼는데 같이 읽지 못하는 아쉬움을 표현하고 있다. 임성주는 윤지당에게 이렇게 다정하게 편지를 보냈으나 남동생인 임정주에게는 윤지당이 고쳐 보낸 경의요략(經義要略)을 살펴볼 수 없다면서 대신 봐달라는 편지를 썼다.

신매가 경의요략을 고쳐 다듬어서 보냈는데 요즘 일이 너무 많아서 이런 한가한 일에는 틈을 낼 수 없네. 부득이 자네에게 대신 수고해달라고 부탁하게 되었으니 아무쪼록 상세히 살펴보고 윤색한 뒤에 한 본을 베껴서 남겨두고 이 종이는 도로 보내주면 좋겠다.[6]

임성주는 윤지당이 고쳐 보낸 경의를 살펴보는 일을 한가한 일이라고 했다. 임성주가 아무리 누이의 공부를 지지했다고 해도 크게 비중을 두지 않았을지도 모르겠다는 생각이 든다. 그럼에도 윤지당은 이후에도 뭔가 명료하지 않은 듯해서 두고두고 생각했다. 그리고 아들이 죽고 힘든 와중에 원고를 수정해서 임정주에게 다시 보내며 편지를 첨부했다.

자사가 쓴 전(傳)은 읽기가 가장 어렵다. 지난번에 보낸 차록을 다시 생각해보니 대부분이 분명하지 않아서 몹시 부끄럽고 개탄스럽다. 이제 와서 이런 경의를 생각해보니 옛날에 그냥 지나쳤던 곳에서 간혹 희미하게 보이는 게 있어서 만약 나에게 다시 차록을 쓰게 한다면 이전보다 조금은 더 잘 쓸 것 같다. 그러나 아들을 잃은 뒤로 만사가 다 뜬구름 같고, 심기는 꺼진 재와 같아서 힘써 노력하여 힘을 내고 싶은 희망이 없으니 어찌하겠는가!

지난번에 이 한 문단(27장)을 대략 고쳐서 감영 전령 편에 부치고 이 문단의 의미를 다시 생각해보니 더욱 미묘하여 그 뜻을 찾기가 참으로 어렵고 글로 써내는 것도 더욱 쉽지 않았다. 이 부분은 심, 성, 정의 근원이 되는 공부에서 가장 긴요한 뜻이다. 그리하여 간간이 쇠잔한 정신을 수습해서 이렇게 초고를 수정했으나 또한 명료하지 않은 아쉬움을 면할 수 없으니 실로 오십보백보다. 그래도 옛날 것보다는 나은 것 같으니 예전 것을 깎아내고 이걸 두는 게 어떨까?[7]

윤지당은 초고를 보내고 아무래도 마음에 들지 않고, '다시 쓰면 더 잘쓸 텐데' 하는 아쉬움이 떠나지 않았던 것 같다. 아들 재준을 잃은 뒤에 모든 일이 뜬구름 같고 아무것도 하고 싶지 않다고 하면서도 27장 초고를 수정해서 보내며 이게 더 나은 것 같으니 이전 것을 빼고 수정한 원고를 넣어달라고 했다. 이 끈질김과 집요함이 누구도 권하지 않았으나 혼자서 끝끝내 규방에서 학문을 이루게 한 힘이었을 것이다. 그리고 그 힘은 남성 학자들의 전유물이었던 성리학의 세계에 틈을 만들어냈다. 그 작은 틈으로 새로운 공기가 들어왔다. 사후 그녀에 대한 평가가 그것을 입증한다.

1793년 5월 14일 윤지당의 병세가 더욱 악화되었다. 죽음을 앞두고 윤지당은 시 세 구절을 지었다. 평소 하지 않던 일이었다. 사람들이 그 내용을 묻자 대답했다. "슬픔만 더할 뿐, 들어서 무슨 이로움이 되겠는가?" 그리고 며느리에게 집안일을 바르게 단속하고 남녀의 출입을 굳게 삼가라는 당부를 남기고 세상을 떠났다. 이때의 나이 73세였다.

윤지당이 죽고 나서 평생 공부한 것을 모은 문집이 간행되었다. 임정주는 누나의 문집 발문에서 누나의 글이 천지 사이에 다시 없는 글이라고 했다.

아, 부인들의 저술이 예로부터 얼마나 많았겠는가. 그러나 의미와 이치를 분석한 변론과, 성품과 천명을 논한 오묘함과, 경의와 성리에 대한 담론은 마치 차를 마시고 밥을 먹듯이 자유로웠다. 이와 같이 집대성한 일은 아마도 문자가 생긴 이래로 찾아보지 못할 것이다. 그러니 이를 천지간에 다시 없는 글이라고 해도 지나치지 않을 것이다.[8]

3장

강정일당,
여성 성리학자의 계보

임윤지당은 남녀가 하늘에서 받은 본성은 다르지 않다는 것을 발견한 이래 평생 이 말을 되뇌었다. 이 말은 윤지당이 여성으로서의 자기를 발견하고 여성으로서 성인이 될 수 있는 가능성을 찾게 했다. 윤지당이 해낸 여성으로서의 자기 발견은 50여 년 뒤에 태어난 여성 학자였던 강정일당(姜靜一堂, 1772~1832)을 일깨웠다. 정일당은 부인이라도 성인이 될 수 있다는 말에 깊이 공명했던 것으로 보인다. 남편에게 보낸 편지에서 정일당은 이렇게 말했다.

> 윤지당께서 말씀하시기를, "나는 비록 여자지만 하늘에서 부여받은 성품은 애당초 남녀의 차이가 없다"라고 하시고, 또 "부인으로 태어나 태임과 태사 같은 성녀가 되기를 스스로 기약하지 않는 사람들은 모두 스스로 포기하는 것이다"라고 하셨습니다. 그렇다면 비록 부인이라도 능히 노력한다면 또한 성인에 이를 수 있다는 것입니다. 당신은 어떻게 생각하실지 모르겠습니다.[9]

부여받는 성품은 남녀의 차이가 없다는 윤지당의 발언은 같은 여성이었던 정일당에게 부인이라도 성인의 경지에 이를 수 있다는 가능성으로 다가왔다. 정일당은 남편에게 성현이 될 것을 기약하고 공부에 임할 것을 당부하면서 자신도 "일개 부인으로 몸이 규방에 갇혀 있기에 들은 것도 없고 아는 것도 없지만 바느질하고 씻고 쓰는 틈에 옛 경전을 읽어서 그 이치를 궁구하고 그 행실을 본받아 이전의 수양한 사람들과 함께 돌아가고자 한다"[10]고 다짐했다.

정일당은 윤지당의 문집에 실린 글 가운데 「송능상 부인의 전」, 이릉에 대한 글을 읽고 윤지당이 딸의 교육이나 효에 대해서 언급한 내용에 깊은 공감을 표했다.

> 인간의 장수와 요절, 궁함과 달함에는 운명이 있습니다. 부모 된 자들이 세속의 말을 믿고 딸에게 책 읽기를 가르치는 것을 몹시 꺼려합니다. 그래서 부녀자들이 종종 의리를 전혀 모르니 정말 우스운 일입니다.[11]

윤지당은 「송능상 부인의 전」에서 한씨의 아버지가 딸에게 글을 가르치지 않은 것을 비판했다. 정일당은 그 글을 읽고 딸을 가르치지 않아서 부녀자들이 종종 의리를 모른다고 비판했다. 또 이릉에 대한 글이라고 밝히지는 않았지만 윤지당이 어버이에게 효도하지 않으면서 군자에게 충성을 다할 수 있는 사람은 없다고 한 구절을 들어 이는 진실로 확실한 의견이라고 했다.[12]

정일당이 늦게 공부를 시작한 뒤, 혹독한 가난 속에서도 정진할 수 있었던 것은 윤지당이라는 롤모델이 있었기 때문이다. 규방에 있었기에 토론 상대가 없었던 윤지당은 사후에 이렇게 자신을 알아주는 사람을 갖게 되었다.

정일당은 스무 살에 여섯 살 연하인 충북의 선비 윤광연(尹光演, 1778~1838)과 결혼했다. 강정일당과 윤광연 부부는 전통 있는 가문 출신이었으나 그들 당대에는 가세가 기울어 양가 모두 몹시 곤궁했다. 강정일당은 어려서부터 어머니를 도와 밤새 바느질과 길쌈을 해야 했다. 시집간 윤광연의 집은 더욱 곤궁했다. 시아버지가 죽은 뒤로 형편이 더욱 어려워져서 시숙은 막일을 하고, 남편 윤광연은 상복을 입은 채로 생계를 위해 영호남 지방을 떠돌았다. 강정일당은 그런 남편에게 '배우지 않으면 사람 노릇을 할 수 없다'면서 학문에 힘쓸 것을 권면하고 바느질과 길쌈으로 뒷바라지를 하고 스승에게 나아가 공부하게 했다. 강정일당은 아버지로부터 경전의 구절을 배우고 서른 살에 본격적으로 공부를 시작했다. 지독히 궁핍한 형편이었음에도 '가난은 선비의 분수'라고 남편에게, 어쩌면 자신에게 말하면서 가난을 불편하게 여기거나 불평하지 않고 예나 의에 어긋나지 않기 위해 정신을 곧추세웠다. 강정일당은 예나 의에 맞지 않는 물건이나 돈을 물리치고 생계를 위해 끊임없이 일하는 한편 책을 읽고 쓰는 것을 멈추지 않았다. 자기보다 앞선 성리학자 임윤지당을 모범으로 삼았던 강정일당은 주위에 좋은 책이 있다는 이야기를 들으면 남편을 통해 빌려서 읽었다. 때때로 남편이 써야 할 글들을 대신 썼고 남편이 없을 때는 서당의 학동을 대신 가르치기도 했다.

저도 바느질을 하고 식사를 차려드리는 틈이나 밤에 일을 마친 뒤에 글을 읽고 이치를 연구할 작정입니다. 저번부터 사서를 읽고 있는

데『맹자』하권의 세 편은 아직 끝내지 못했습니다. 그러나 머지않아 끝낼 예정입니다. 이제부터 당신을 따라『주역』을 풀이하며 읽고 싶지만 만약 손님이 오래 머무신다면 그럴 수 없겠지요. 곧 세마(洗馬) 김헌에게 편지를 써서『시서대전(詩書大全)』을 빌려 보게 해주시기 바랍니다.[13]

5남 4녀를 낳았으나 모두 일찍 죽고 내내 먹을 것이 부족했던 강정일당은 시간을 쪼개서 사서삼경을 공부했다. 윤지당이 비교적 유복했던 것에 비해 정일당은 평생 경제적으로 쪼들렸던 것으로 보인다. 그럼에도 의리와 예를 실천하기 위해 분투했다. 몇 끼나 굶고 있는데 학동이 가져온 것을 받아야 할 것인가 물리쳐야 할 것인가, 남편의 은혜를 입은 노파가 가져온 쌀과 고기를 받을 것인가 물리칠 것인가, 갈등도 많았다. 때로 남편에게 필요한 안경과 고기를 가져왔을 때는 남편에게 묻지 않고 받았다고 고백하기도 했다. 그래도 대개는 남편에게 묻고 의리와 예를 따진 뒤에 사양하거나 돌려보냈다고 한다. 강정일당은 남편을 그렇게 극진히 대접했다. 그러나 관계의 실상을 보면 강정일당이 남편을 이끌었던 것으로 보인다. 남편이 해이해지거나 적절치 않은 행동을 하면 편지를 보내 타이르곤 했다. 이런 부인이 먼저 죽자 윤광연은 '스승이자 벗'을 잃었다고 슬퍼하며, 아내의 글을 모으고 이름난 문사들을 찾아다니며 발문을 받아 문집을 간행했다. 조선시대 남성 문사들은 아내가 죽은 뒤에 쓴 제문에서 종종 아내를 '스승이자 벗'이었다고 일컬었다. 그러나 아내의 글을 모으고 문사들에게 글을 받아 문집을 간행한 경우는 흔치 않다. 문집『정일당유고』에 조촐하게 수습된 강정일당의 글 가운데는 시도 있고, 당대 이름난 문인인 홍길주(洪吉周)로부터 잘 썼다는 평가를 받은 산문 「탄원기(坦園記)」 같은 작품도 들어 있다. 윤지당처럼 따로 논설을 쓰지는 않았지만 남편에게 보낸 편지에서 의리와 예에 관한 자신의 견해를 밝혔으며, 자신의 감정이나 일상적인 것들에 대한 글을 남기기도 했다. 정일당의 성리학은 그 실천적인 학문 세계뿐만 아니라 윤지당이라는 여성 성리학자의 계보가 이어지는 것을 보여준다는 점에서 중요한 의미를 갖는다.

4장

당대 남성들의
평가

　조선사회에서 시문을 쓰거나 학문을 하는 것은 여성의 역할, 여성에
대한 기대를 넘어서는 것이었다. 일부 남성들은 부인이나 딸의 재능을
발견하고 교육을 하거나 글쓰기를 지지하기도 했지만 지속적으로 글쓰
기를 지지하거나 학문을 계속하게 한 경우는 드물었다. 딸의 학문적 자
질을 발견하고 직접 가르친 경우도 있지만 다른 집안으로 시집보낸 뒤에
는 그것을 지속하기가 어려웠다. 이는 부덕을 넘어서는 것이었기 때문이
다. 그럼에도 조선 후기로 갈수록 윤지당을 비롯해 정일당, 빙허각(憑虛
閣), 사주당(師朱堂) 등 사대부가의 부인들이 점차 시문은 물론 성리학을
비롯해 실용적인 학문 분야에서 저서를 남기기 시작했고,[14] 여성의 시문
이나 학문적 성과를 무시하거나 인색하게 평가했던 남성 지식인도 이들
의 업적을 새로운 눈으로 바라보게 되었다.

　윤지당의 글에 대해 당대 남성 지식인들은 어떻게 평가했을까? 윤지
당에 대한 평가를 남긴 남성 지식인은 그녀와 동시대를 살았던 이민보
(李敏輔)를 비롯해 이규상, 유한준(兪漢雋), 박윤원 등이다. 먼저 이민보의
경우를 보자. 1794년 임성주의 『녹문집』에 서문을 쓰면서 이민보는 임성
주, 임경주, 임윤지당을 나란히 언급했다.

공의 아우 경주(敬周)는 자호(自號)를 청천이라고 하였다. 문장에 뛰어난 재능이 있었으나 불행히도 싹을 틔우고는 꽃을 피우지 못했다. 여동생은 신씨의 아내로 경전에 대한 식견을 타고나서 성리(性理)와 인의를 논한 것이 또 고금 여성들 중 일인자였다. 한 시대의 맑은 기운이 이렇게 한 집안에 모인 것이 어찌 이토록 성대하고도 기이한가.[15]

이민보는 임성주보다 9년 아래로 임성주와 편지를 주고받으며 교유했고, 임성주가 죽은 뒤에는 묘지명도 썼다. 그는 임성주의 뛰어남을 이야기하면서 그의 형제와 아버지 임적을 언급했는데 여기에는 윤지당도 포함되었다. 윤지당이 성리학에 뛰어난 자질이 있고, 고금 여성들 가운데 으뜸이라는 것이 이민보의 평가였다. 이민보가 여성의 지식이나 학문 성취에 대해 늘 같은 태도를 취했던 것은 아니다. 그는 여성을 대상으로 한 묘지명, 행장 등도 꽤 남겼는데 여성의 지식과 부덕에 대해 다른 태도를 보였다. 친구인 서효수(徐孝修)의 부인 이씨의 묘지명에서 이민보는 이씨 부인이 도연명(陶淵明)의 「귀거래사(歸去來辭)」를 읊기도 하고, 중국 역사나 우리나라 역사, 역대의 연호와 가문을 꿰뚫어 알 정도로 총명하고 박식했으나 안으로 이를 감추어서 자손 이외에는 아는 사람이 없었고, 자신도 가까이 살면서도 알지 못했다고 썼다.[16] 이씨 부인은 연안 이씨로 월사(月沙) 이정구(李廷龜)의 후손이고, 김창립(金昌立)의 외손녀였다. 그녀는 글을 써서 남기지는 않았지만 학식이 뛰어났던 것으로 보인다. 그럼에도 그녀가 뛰어난 식견을 지녔다는 것을 아는 사람은 드물었고, 이민보는 그것을 이씨 부인의 현숙함으로 평가했다. 윤지당의 경우 부인의 재능은 감추는 것이 미덕이라는 평가 기준을 넘어선 것으로 보인다. 그것은 윤지당이 임성주의 누이라는 점 때문이 아니고, 성리학에 뛰어난 자질이 있다고 인정했기 때문이다.

유한준은 윤지당의 조카인 임로(任魯)를 통해 윤지당에 대한 이야기를 듣고 『윤지당유고』를 읽은 뒤에 「윤지당고서(允摯堂稿序)」를 썼다. 이 글에서 유한준은 남녀의 교육, 여성 학자의 전례를 떠올리며 윤지당 학문의 의의를 적극적으로 평가했다. 먼저 유한준은 남자와 여자가 애초부터 다른 교육을 받은 것부터 언급한다.

하·은·주 삼대에는 사내아이가 태어나면 상하 귀천을 막론하고 말을 배우고 걷기 시작하면서부터 배움에 들어가서 작게는 청소하고 응대하고 나아가고 물러가는 범절에서부터, 크게는 이치를 탐구하여 마음을 바르게 하며 수기치인(修己治人)하는 도리에 이르기까지, 그 속에 흠뻑 젖어 떳떳함에 거하기를 자기 방에 있는 듯이 하고 배고파 밥 먹고 목말라 차를 마시는 듯이 하니 대개 이것을 버려두고는 남자에게는 다른 일이 없다. 그러나 부녀자의 교육은 그렇지 않아서, 『예기』에서 이른바 "삼베와 모시와 실과 누에고치로 바느질하고 방적하고 여자의 일을 배워서 옷을 짓고 제사를 살피며 술과 장과 제기와 장아찌와 젓갈을 준비하여 예에 따라 제전을 마련한다" 하였고, 『시경』에 경계한바, "잘못하는 것도 잘하는 것도 없이 오직 술과 밥을 준비할 따름"이라 하였다. 이것이 선왕의 다스림이요, 성인의 가르침이다.[17]

유한준이 예로 든 『예기』와 『시경』의 구절은 유교 가부장제 사회에서 남자와 여자를 구분 짓는 이념적 기반으로 널리 인용되어온 것들이다. 유한준은 남자와 여자가 애초부터 달리 교육을 받았고 여자에게는 학문하는 것을 부과하지 않았다면서 이는 성인의 다스림이고 가르침이라고 하여 『예기』와 『시경』에서 규정한 것을 그대로 수용한다. 그런데 남성 중심으로 구성된 경전이었지만 여성들의 흔적이 있었다. 『시경』과 『역』에 실린 여자의 시와 해설이 그것이다. 유한준은 여기에 주목한다.

　이 모두 부녀자에게 학문을 책임 지운 적은 없다. 그러나 간혹 규중에는 영특한 자질과 밝은 식견을 가진 부인이 가르침이 느슨해지고 풍속이 무너진 끝에 왕왕 나오는데, 한마디 말과 한 가지 일이라도 채록할 만한 것이 있으면 성인도 이를 버리지 않았다. 때문에 위(衛)나라 장강(莊姜)과 허목부인(許穆夫人)의 시가 '국풍(國風)'에 실렸던 것이다. 무릇 시는 일시의 성정을 표현한 것에 불과한데도 오히려 빠뜨리지 않았는데, 하물며 학문이 깊고 하늘과 사람의 성명의 근원에 통달한 것임에랴. 원형이정(元亨利貞)의 정(貞)에 대한 이해는 목강(穆姜)에게서 시작되었고, '마음에 어찌 들고 남이 있는가' 하는 주장은 범씨(范氏)의 딸에게서 나왔다. 이들이 천고에 높은 평가를 받는 것은 베 짜고 바느질을 하는 사이에 영험한 지식이 나왔기 때문이 아니겠는가![18]

　유한준은 뛰어난 부녀자가 있음을 마지못해 인정한다. 유한준은 이런 인물은 가르침이 느슨해지고 풍속이 무너진 끝에 나왔다고 하여 바람직하게 평가하지 않는다. 하지만 장강과 허목부인, 목강과 범씨의 딸 등 시를 남기거나 중요한 개념에 대한 해설을 남긴 여성들의 예가 경전에 실려 있는 데다, 주희도 거론했기 때문에 이를 임윤지당을 평가하는 중요한 근거로 삼는다. 장강은 춘추시대 위나라 대부 장공(莊公)의 정비(正妃)였다가 장공이 첩을 총애하는 바람에 정실 자리에서 쫓겨난 인물로 그녀의 시 「녹의(綠衣)」, 「연연(燕燕)」이 『시경』 「패풍」에 실려 있다. 허목의 부인은 위나라가 망하자 급히 돌아가려 했으나 허나라 대부들이 말리는 바람에 돌아가지 못했다. 이로 인해 허목의 부인은 예의를 아는 인물로 일컬어졌다. 그녀의 시 「재치(載馳)」도 『시경』 「용풍(鄘風)」에 실려 있다. 유한준이 학문을 연마한 인물로 들었던 목강은 춘추시대 노(魯)나라 선공(宣公)의 부인을 말한다. 목강은 동궁에 유폐되었을 때 사관이 얻은 점괘를 듣고 원형이정에 대해 자세히 설명했다. 이후 공자가 이를 '건괘(乾卦)의 문언(文言)'에 그대로 실었는데 이것이 원형이정에 대한 최초의 해석으로 수용되었다.

마지막으로 범씨의 딸은 범순부(范純夫)의 딸을 가리킨다. 범씨의 딸은 맹자가 마음을 논한 것을 읽고 "맹자는 마음을 알지 못했다. 마음이 어찌 출입(出入)이 있겠는가"라고 했다. 송의 학자 정이는 이 말에 대해 "이 여자가 맹자는 알지 못했지만, 마음만은 제대로 알았다"고 평가했고, 주희는 "순부의 딸이 자기 마음은 알았지만 맹자는 알지 못했다. 이 여자가 마음이 혼란스러워지는 실제 상황을 당하지 않았기 때문에 출입이 없다고 말한 것이다. 다른 사람에게는 출입이 있다는 사실을 알지 못한 것이다. 이는 비유건대 병에 걸리지 않으면 남의 고통을 알지 못하는 것과 같다"고 했다. 정이와 주자가 범씨의 딸에 대해 언급한 것은 『심경부주(心經附註)』 권 3 「우산지목장(牛山之木章)」에 수록되어 있다.[19] 장유(張維)는 「계곡만필(谿谷漫筆)」에 범씨의 딸이 말한 내용과, 정이와 주희의 견해를 싣고 있고, 송시열과 임성주도 범씨의 딸이 말한 내용을 언급한 바 있다. 유한준은 이들의 학문을 인정하면서도 이들이 역사적으로 높은 평가를 받은 것은 바로 길쌈을 하고 베를 짜고 남는 시간에 지식을 쌓은 결과라고 보았다. 여자의 일을 제쳐두고 시문이나 학문에만 열중한 것이 아니라 여자의 일, 즉 여공을 하고 남은 시간에 이를 행했음을 강조한 것이다.

유한준은 이러한 전례를 들고는 윤지당이 남자 형제들과 함께 갈고닦아 학문을 이룬 것은 세상에 드문 일이라고 평가했다.

> 서하 임씨 가문에 여군자(女君子)가 있었으니 호가 윤지당이다. 아버지는 고(故) 함흥 판관 임적이다. 함흥공은 5남 1녀[20]가 있었는데, 다섯 아들이 모두 경술과 문장으로 당대에 이름을 드러냈다. 부인은 그 딸로서 다섯 형제들 속에서 서로 갈고닦아 마침내 학문을 이루었으니 세상에 아직 없던 일이다. 나는 일찍이 부인의 친족인 임로에게서 부인의 현숙함에 대해 매우 자세히 들은 적이 있다. 또한 임로로 인하여 이른바 『윤지당유고』를 얻어 볼 수도 있었다. 그 내용은 성과 천명과 인심과 도심에 관한 논변이었고, 그 뜻은 간혹 깊이 나아가 유독 높은 경지에 이르렀다. 목강과 범씨 딸의 짧은 경구보다 못하지 않았다. 역사를 논평한 것도 정밀하고 투철하며 조리가 있고, 문장은 모두 상세하면서도 번다하지 않고 우아하면서도 궁색하지 않아 암송할 만하다. 아아, 얼마나 기이한가![21]

유한준은 '성과 천명', '인심과 도심에 대한 분석'은 그 논지가 심오하고 독창적이어서 목강이나 범씨의 빼어난 단편에 뒤지지 않고, 역사를 논평한 것도 정교하게 통하여 조리가 있고, 문장도 구체적이면서 장황하지 않고, 우아하면서 궁색하지 않아 암송할 만하니 참으로 뛰어나다고 평가했다. 유한준은 윤지당이 책을 쓴 것이 부인의 일을 넘어선 것임을 잊지 않고 지적하면서도 윤지당 같은 사람이 학문에 힘을 쏟아 세상의 교화에 도움이 되었다고 하며 윤지당이 이룬 학문의 의의를 인정했다. 그리고 나아가 구양수가 사희맹(謝希孟)의 시집에 서문을 쓰며 후대에까지 전해지게 하고 싶은데 역부족이라고 안타까워했다면서 윤지당의 책을 그에 비견했다.

　　이제 이 책을 돌려주며 말한다.

　　이것이 부녀자가 마땅히 할 일은 아니지만, 그래도 선대 조정에서 흥기했던 교화를 여기서 볼 수 있다. 비록 부녀자이지만 부인과 같은 이는 학문을 돈독히 해서 세상의 교화에 도움을 주었다. 아아, 지금은 어디에서 얻을 수 있겠는가. 옛날 구양공(歐陽公)은 사희맹의 시집에 서문을 써주면서, "후세에 믿음을 줄 수 있는 걸출한 대가가 한결같이 희맹을 중하게 평가해준다면 그의 문장이 묻혀 사라지지 않을 것이다. 나는 실로 힘이 부족한 사람이니 다시 무엇을 하겠는가"라고 했다. 하물며 부인의 이 책과 같은 것을 끝내 묻혀 사라지게 할 수 있겠는가. 아아, 내가 다시 어찌하겠는가! 내가 다시 어찌하겠는가! 부인은 평산 신광유에게 시집갔다. 죽었을 때 나이가 일흔이었다.[22]

구양수가 사희맹을 위해 쓴 서문은 「사씨시서(謝氏詩序)」로 『당송팔대

가문초(唐宋八大家文抄)』에도 실려 있다. 구양수가 사희맹의 재능을 알게 된 것은 그의 오빠인 사경산(謝景山)을 통해서였다. 구양수는 경산의 어머니 묘지명에서 부인이 학문을 좋아하고 경학에 통달해서 아들을 가르친 것을 보고 사경산의 재능이 어머니의 현명함에서 비롯된 것이라고 칭송했다. 그런데 사경산이 보여준 사희맹의 시 100여 편을 보니 어머니의 재능이 딸에게도 이어졌음을 알게 되었다고 하면서 사경산의 시와 사희맹의 시를 비교하고 높이 평가했다. 구양수는 사경산의 시에 대해 두보(杜甫)와 두목(杜牧)의 글을 배워 군세고 기품이 있다고 평가했다. 사희맹의 시에 대해서는 함축적이면서도 깊이가 있고 예를 지켜 옛날 점잖은 숙녀의 분위기가 있다고 하면서 부인으로 시만 잘 짓는 것이 아니라 예도 지켰다고 평가했다. 이 평가를 통해 짐작할 수 있는 것은 구양수가 사희맹과 사경산을 각각 독자적인 기풍을 가진 시인으로 보았다는 점이다. 하지만 사경산은 당대의 뛰어난 인물들과 교유해서 이름이 알려진 반면 사희맹은 여자라서 스스로 세상에 드러날 수 없었다. 구양수는 이 점을 안타까워하면서 걸출한 인물이 평가해주기를 바라며 이렇게 썼다.

옛날 위나라 장강과 허목부인의 시가 공자에게 채택되어 『시경』 '국풍'에 나란히 들어 있다. 이제 오늘날의 사람을 평가한 것이 후세에 믿음을 줄 수 있는 걸출한 대가가 한결같이 희맹을 중하게 평가해준다면 그의 문장이 묻혀 사라지지 않을 것이다. 나는 실로 힘이 부족한 사람이니 다시 무엇을 하겠는가, 다시 무엇을 하겠는가. 희맹은 진사 진안국(陳安國)에게 시집갔고, 죽었을 때의 나이는 24세였다.[23]

유한준의 글 마지막 부분은 위에 인용한 구양수의 「사씨시서」의 마지막 부분과 거의 유사하다. 앞서 장강과 허목부인을 소개한 것도 구양수의 글과 비슷하다. 유한준은 윤지당이 성리학자였지만 부녀자였기 때문에 평가를 하기에 어려운 점이 있었을 것이다. 부녀자의 영역을 넘은 학문 연구는 부덕이 아니었기 때문이다. 또 유한준은 조선에 그 전례가 드물었기 때문에 중국의 경우를 참고하여 윤지당의 학문을 평가했다. 그 결과 경전에 포함된 여성의 시나 독자적 견해를 전개한 여성의 논설이 거론되고, 비록 간략하지만 여성 학문의 전사(前史)가 그려지면서 윤지당이 그 맥락에 놓이게 되었다. 태임과 태사를 모범으로 삼던 것에서 벗어나 새로운 여성 지성사의 계보가 그려진 것이다. 이는 윤지당이 예외적인 경우가 아니라 여성 지식인이 역사적으로 존재해왔음을 증명했다는 점에서 의미가 있다.

윤지당에 대한 평가는 당대 남성 지식인들 사이에서 계속 이루어졌다. 한산 이씨 가문 출신으로 평생 문필에 종사한 이규상은 동시대의 다양한 인물들을 모은 책 『병세재언록』에 당대의 인물들을 유림, 고사(高士), 문인, 무관, 서예가, 화가, 역관, 기인, 귀화인 등으로 분류하고 여기에 여성들도 포함시켰지만 그 범위가 매우 제한적이었다. 이규상은 여성들을 열녀(정절을 지킨 여자)와 규수(재능 있는 여자)로만 분류하고 「규열록(閨烈錄)」과 「규수록」에 실었다. 그는 윤지당을 「규수록」에 포함시키고 윤지당의 글 「척형명(尺衡銘)」과 「심잠」을 수록했다.

녹문 임성주의 누이 임씨는 경종 신축년(1721) 생으로 호는 윤지당이다. 원주의 선비 신광유에게 시집갔는데, 일찍이 홀로 되어 자식이 없으며, 지금 승지 신광우의 형수다. 이학(理學)에 타고난 재주가 있어, 경전을 익혀서 나이가 일흔이 가깝도록 매일 경전을 소리 내어 읽는 것이 경생가(經生家)와 같았다. 저술을 하는 데는 경전에 대한 의문을 따지고 밝히는 일이 아니고는 쓰지 않았다. 경전의 뜻을 논의하는 데 있어서는 친정 오라비인 녹문과 운호 임정주와 왕복한 것이 많았다. 이는 부인이 원주에 살고, 녹문 형제는 공주에 살았기 때문이다. 다른 저술로는 집안의 제문과 정렬부녀(貞烈婦女)를 위해 지은 전이 있다. 나는 임씨 가문의 인척이어서 그 집안으로부터 부인이 이학과 글을 잘했던 것을 익히 들었다. 그 제문과 경의를 보니, 견식과 문장 솜씨가 스스로 일가를 이루고 있어서, 규방 사이에서의 시 한 수, 글 한 편의 재주와 같은 것이 아니요, 바로 조대가(曹大家)와 나란히 놓을 만하다. 그의 특이한 재주는 단지 부녀자의 숨겨진 덕으로 그칠 일이 아니므로 「규열록」에 넣지 않고 「규수록」에 넣은 것이다.[24]

이규상은 윤지당이 70세가 되도록 경서를 공부했고, 경전에 관한 것만 저술했다고 했다. 또한 녹문과 운호와 편지를 주고받으며 경전을 연구했다고도 쓰고 있다. 윤지당의 저술을 직접 읽은 이규상은 윤지당이 식견과 문장이 뛰어나 규방 안의 시문으로만 볼 수 없다고 하면서 후한시대에 『여계』를 쓴 조대가와 나란히 놓을 만하다고 평가했다. 이규상의 언급에서 중요한 부분은 윤지당을 통해 부녀자라고 해도 재능을 숨기는 것만이 미덕은 아니라고 언급한 것이다. 이는 기존에 부덕이라고 간주한 경계를 넘는 발언이다. 윤지당의 학문적 견해와 문장을 인정하고 이를 드러내고자 했다는 점에서 이규상의 평가는 중요하다. 이규상은 임성주 항목에서도 임명주, 임경주, 임정주를 거론하면서 다시 "누이도 경전을 널리 연구하여 저술을 잘하였다"[25]고 언급했다. 이는 앞서 유한준과 마찬가지로 임윤지당을 형제의 그늘에 두지 않고 독자적인 학자로 인정했음을 보여준다.

윤지당에 대한 호평은 계속 이어졌다. 박윤원은 윤지당의 동생 임정주에게 보낸 편지에서 윤지당의 학문을 인정하고 칭찬하며 규방 안의 일이라고 감추어서는 안 된다고 쓰고 있다.

녹문 어른의 유집은 이미 판각에 부쳤다고 들었습니다. 귀현의 박봉으로 이를 마련하셨으니 지극한 정성이 사람으로 하여금 감탄하게 합니다. 이 일이 이루어진다면 어찌 우리 학문의 다행함이 아니겠습니까? 누님이신 윤지당의 학문이 고명하여 부인의 몸으로 탁월하게 유자의 일을 하셨으니 기이하고도 대단합니다. 이는 타고난 자질이 맑고 바르실 뿐만 아니라 형제들 간의 가르침의 효과이기도 하니 귀댁의 시와 예의 성대함을 여기서 볼 수 있습니다. 제가 존형과 어울린 지 수십 년인데 여기에 대해 한마디도 하지 않으신 것은 왜입니까? 어찌 규방 안의 일이라고 해서 재능을 안으로 감추어야 합니까? 이제 그대로부터 처음 듣고 비록 그 문자를 보지는 못했지만 덕과 학문이 크게 이루어졌음을 알겠고, 무릎을 치며 탄복하지 않을 수 없습니다. 부인 중 문장을 잘한 사람으로 옛날 조대가가 있었으나 도학에 있어서는 태임, 태사 이후로 과연 또 누가 있습니까? 이분은 거의 수천 년 이래 한 사람일 뿐이니 이미 다른 사람들과 비교할 수 없습니다. 저술하신 바가 또 찬연히 빛나니 이는 마땅히 전하여 영원히 사라지지 않게 해야 합니다. 어찌 부인의 것이라고 묻어둘 수 있겠습니까? 훗날의 여사(女士) 중 반드시 이를 본받는 자가 있을 것입니다.[26]

이 편지에 의하면 임정주는 수십 년간 교유한 박윤원에게도 누이의 학문에 대해 이야기하지 않다가 1817년 무렵에야 이야기했던 것 같다. 박윤원은 임정주가 임성주의 문집을 발간한 노고를 치하하면서 아울러 임성주 집안의 학문에 대해 이야기하기 위해 윤지당을 거론했다. 당시 박윤원은 윤지당의 문집을 읽어보지는 못했다. 그럼에도 박윤원은 부녀자가 도학, 즉 성리학을 공부한 예는 태임과 태사 이후에는 없을 것이라고 하고는 저술이 뛰어나다면 마땅히 후세에 전해야 한다고 했다. 박윤원 역시 여자의 재능은 숨겨야 한다는 가르침을 넘어선 것이다.

윤지당에 대한 평가가 여기서 그친 것은 아니다. 규장각의 검서관을 지낸 실학자 성해응(成海應, 1760~1839)은 학문에 뛰어난 세 여성으로 설봉(雪峯) 이부인, 청창(晴窓) 곽부인, 윤지당 임부인을 들고, 윤지당은 사학과 문장에 뛰어났다고 기록했다. 성리학에 뛰어난 것으로 평가해온 기존의 견해와는 달리 성해응은 윤지당의 사학을 높이 평가했다.

임부인은 호가 윤지당으로 풍천 임씨다. 그 형제가 모두 학문을 좋아했는데 성주는 경학과 행실로 이름이 났고, 상주는 문학으로 일컬어졌으며, 부인은 사학에 뛰어났는데 문장도 모두 전아하고 알차서 본보기로 삼을 만했다. 자질들과 옛날 성현과 호걸에 대해 이야기할 때면 계속 이어져 끊이지 않았으며, 듣는 사람이 시원하지 않음이 없었다. 시집가서 신광유의 부인이 되었다. 문집이 세상에 돌

아다닌다.[27]

　성해응은 윤지당 형제가 모두 학문을 좋아했다면서 녹문, 상주,[28] 윤지당, 세 사람을 들었다. 상주는 집안 형제인데 성해응이 착각해서 넣은 듯하다. 성해응은 남자 형제들과 윤지당을 동등하게 거론했으며, 윤지당의 문집을 직접 읽고 윤지당의 역사적 견해와 문장을 높이 평가했다. 성해응은 문집이 세상에 돌아다닌다고 하면서 여기에 아무런 이의를 달지 않았다. 부녀자의 글이 세상에 돌아다니는 것은 결코 부덕이 아닌데도 이를 전혀 문제 삼지 않았던 것이다. 그보다는 윤지당의 글 자체가 더 중요했던 것으로 보인다.

　이상의 예를 통해 여성의 학문이나 여성의 글쓰기를 바라보는 남성 지식인의 태도가 달라졌음을 알 수 있다. 이들은 윤지당의 학문을 적극 인정하는 데서 나아가 여성의 학문 자체를 인정하고 있다. 윤지당의 학문을 인정한 것은 윤지당이 성리학을 연구했기 때문이다. 이러한 사실은 윤지당이 남성 지식인의 인정과 평가, 승인 속에서만 존재가 드러날 수밖에 없는 주변적 존재라는 사실을 더욱더 확인해주는 것으로 보일 수도 있다. 그래서 그들의 인정과 평가를 받은 것이 무슨 의미가 있느냐고 반문할 수도 있다. 그러나 이러한 인정과 평가를 통해 윤지당을 비롯한 여성 지식인들의 존재가 조선사회에 가시화되었기 때문에 이를 과소평가할 수 없는 것이다. 그런데 남성 지식인들은 윤지당의 학문을 남성 지식인의 계보 속에서 인정한 것이 아니었다. 그들은 윤지당을 여성 지식인의 계보 속에서 인정했다. 예외가 있기는 하다. 윤지당의 아우인 임정주는 윤지당의 학문이 유래가 있다면서 김장생의 문하에서 수학한 고조부,

권상하의 문하에서 공부한 조부와 아버지, 이재의 문하에서 공부한 오빠 임성주를 들었다.[29] 윤지당의 학문을 가학(家學)에서 연원했다고 하면서, 다시 이를 김장생, 권상하, 이재 등 당대 주류 성리학자와 연결 짓고 있는 것이다. 그러나 대부분의 남성 지식인들은 이를 언급하지 않았다. 윤지당을 철저히 여성으로 분류하는 젠더의식이 작동한 결과다.

남성 지식인들이 보기에 윤지당은 유교적 덕목에 배치되는 존재였을 것이다. 남성들의 영역으로 간주되어왔던 성리학을 연구하고, 한문으로 글을 썼으며, 문집 간행을 염두에 두고 정리한 글은 사후 세상에 돌아다 녔다. 그런데 윤지당은 성리학의 전통에서 보면 성리학을 공부하고 실천 하여 성인이 되기 위해 노력한 가장 모범적인 성리학자라 할 수 있다.[30] 한편 윤지당은 여성도 성인이 될 수 있는가를 질문하여 남성 지식인과는 다른 주체임을 드러냈다는 점에서 불편한 존재였다. 여기서 주목할 점은 여성도 성인이 될 수 있는가에 대한 반응이다. 윤지당의 학문을 높게 평 가한 남성 지식인 누구도 이 질문에 주목한 사람은 없었다. 여기에 주목 한 사람은 오직 여성인 강정일당뿐이었다.

그럼에도 조선 후기 남성 지식인들은 윤지당을 비롯해서 성리학을 공 부한 여성 지식인을 인정하는 방향으로 나아갔음은 강정일당에 대한 평 가를 통해 확인할 수 있다. 앞서 말했듯이 강정일당은 윤광연의 부인으 로 가난에 시달리면서도 성리학을 연구하고 글을 남겼다. 정일당은 특히 윤지당의 학문에 영향을 받아 부녀자라도 성인의 경지에 이를 수 있다 고 했다. 정일당의 문집은 사후 남편 윤광연이 당시의 명망 있는 인사들 에게 서문을 받아 출간되었다. 그런데 임헌회(任憲晦, 1811~1876)는 동문 인 한운성(韓運聖, 1802~1863)에게 보낸 편지에서 정일당에 대한 당시의 평가와 더불어 윤지당이 거론되는 양상을 보여주며, 여성 지식인에 대한 평가가 어떻게 이어졌는지를 보여준다. 임헌회는 매산 홍직필(洪直弼, 1776~1852)의 문인으로 낙론의 계보를 잇는 학자다.

> 돌아가신 선생님께서 지으신 윤광연 부인 정일당에 대한 글(이는 그 문집의 서문 혹은 발문인 것 같습니다)을 내가 두려고 하니 여러 어른들이 학문은 부인의 본색이 아니고, 또 윤광연이 부족한 바가 있으니 빼버리라고 역설했습니다. 그러나 내 생각에는 끝내 석연치 않습니다. 잘못하는 것도 잘하는 것도 없고 오로지 술과 음식만을 의논하는 것이 비록 부인의 일이라 하더라도 만약 자질이 맑고 바르며 학문이 높은 사람이라면 더욱 기이한 일인데 어찌 규방의 여자에게 마땅치 않다고 해서 묻어놓고 밝히 드러내지 않을 수 있겠습니까? 게다가 윤광연의 부족함은 윤광연의 일이니 그 부인과 무슨 상관이 있단 말입니까?
>
> 이제 근재(近齋) 박윤원이 윤지당의 일에 대해 칭찬한 것을 보니 "부인 중 문장을 잘한 사람으로 옛날 조대가가 있었으나 도학에 있어서는 태임, 태사 이후로 과연 또 누가 있습니까? 이분은 거의 수천 년 이래 한 사람일 뿐이니 이미 다른 사람들과 비교할 수 없습니다. 저술하신 바가 또 찬연히 빛나니 이는 마땅히 전하여 영원히 사라지지 않게 해야 합니다. 어찌 부인의 것이라고 묻어둘 수 있겠습니까? 훗날의 여사 중 반드시 이를 본받는 자가 있을 것입니다"라고 했습니다. 무릇 불가한 것이 있다면 근재가 어찌 이렇게까지 찬미하셨겠습니까? 우리 선생님께서 이 문장을 쓰셨고, 근재의 뜻도 다시 그대로 두어 묻혀 사라지지 않게 하자는 것이니 어떻게 생각하시는지요? 만약 학문이

부인의 본래 할 일이 아니니 일절 취하지 않는다고 하면 범씨 딸의 마음에 대한 식견이 어떻게 이천(伊川)에게 인정을 받았으며, 여양(驪陽) 부인이 예를 논한 것을 송시열 또한 어떻게 칭찬했겠습니까? 바라건대 다시 생각해보시기 바랍니다.[31]

여기서 돌아가신 선생님은 홍직필을 말한다. 이 편지는 홍직필 사후 문집을 정리하던 중에 쓰인 것으로 보인다. 홍직필이 죽은 뒤, 아들인 홍일순(洪一純)이 아버지의 글을 정리했으나 일을 마무리하지 못한 채 세상을 떠나고, 임헌회, 한운성 등 제자들이 문집 간행을 주도하게 된다.[32] 이 과정에서 문집에 어떤 글을 넣고 어떤 글을 뺄지를 논의하다가 강정일당에 관한 글을 빼자는 의견이 나왔던 것 같다. 임헌회의 편지는 정일당에 관한 글을 빼자는 의견에 반대하고 있다.

임헌회는 학문은 부인이 할 일이 아니고 윤광연도 부족한 사람이니 강정일당에 대한 글을 빼자는 의견에 대해 이렇게 답하고 있다. 뛰어난 학문이 있는데 규방의 여자에게 마땅치 않다고 해서 드러내지 말아야 하는가, 윤광연의 부족함은 윤광연의 일인데 정일당과 무슨 상관이 있단 말인가? 이어서 그는 박윤원이 윤지당에 대해 평가한 것을 근거로 들어 자신의 의견에 힘을 실었다. 박윤원은 홍직필의 스승으로, 스승의 스승이었기 때문이다. 그리고 정이, 송시열이 여성의 학문을 인정한 예를 들며 재고할 것을 요청했다. 이 편지에 대한 답장인지는 분명하지 않으나 한운성은 1857년 12월에 임헌회에게 보낸 편지에서 정일당의 글이 삭제당하기에 적합하지 않다는 의견을 그대로 받아들이겠다고 했다.[33] 임헌회는 이 글이 정일당의 문집 서문이나 발문인 것 같다고 했으나 이는 『매산집(梅山集)』 43권에 실린 「유인 진주 강씨 묘지명(孺人晉州姜氏墓誌銘)」을 말하는 것으로 보인다. 홍직필의 문집에 정일당의 문집 서문이나 발문은 보이지 않고, 이 글만 실려 있기 때문이다. 이 글은 『정일당유고』에 싣기 위해 남편 윤광연이 청탁했던 글로 생각된다. 묘지명의 서두에서 홍직필은 윤광연이 정일당의 유고를 가져와서 글을 부탁했다고 한 뒤 정일당의 문장에 대해 많이 언급하고 있기 때문이다. 임헌회와 한운성 사이의 논란은 결국 정일당에 대한 글을 싣기로 하면서 일단락되었으나 여성의 학문에 대한 남성 유학자들 간의 논란을 보여준다는 점에서 흥미롭다. 학문은 부인의 본색이 아니라는 주장은 부인의 일은 술과 밥을 마련하는 것에 지나지 않는다는 유교의 여성 관념을 그대로 드러내는 것이며, 남편인 윤광연이 부족하다는 이유를 드는 것은 부인을 남편에 종속된 존재로 보는 삼종지도의 관념을 드러내는 것이다. 이에 대해 임헌회는 뛰어난 학문이 있는데 규방의 여자에게 마땅치 않다고 드러내지 말아야 하는가, 남편의 부족함은 남편의 일인데 부인과 무슨 상관이 있느냐고 명쾌하게 논박했다. 여기서 윤지당에 대한 이전 성리학자의 평가, 범씨 딸과 여양부인에 대한 정이나 송시열의 평가가 중요한 근거가 되었다.

이 논란까지 포함해서 윤지당의 학문을 높이 평가한 인물들은 대체로 김창협으로부터 시작된 학문의 계보를 이은 학자들이다. 이 평가에는 같은 학파 내의 친연성이 작용했겠지만 어쨌든 이들의 평가는 윤지당의 성리학에 대한 것이었다. 물론 윤지당의 글을 읽어보지 않고 여성이 학문을 했다는 것만으로 인정한 경우도 있었다. 하지만 이들은 윤지당의 성리학 연구와 그 결과를 높이 평가했다. 그리고 이들은 중국의 공자, 정이,

주희가 여자의 글이라도 빠뜨리지 않고 채록하거나 그 견해를 인용한 점, 조선의 송시열이 이들 여성의 글을 배제하지 않고 인용한 점 등을 중요하게 거론했다. 임윤지당에 대한 높은 평가는 유한준, 홍직필, 임헌회로 이어지면서 낙론계의 한 경향을 이루고 성리학의 새로운 전통으로 굳어진 것으로 보인다.

성리학의 전통 안에서 여성 성리학자의 등장과 이들을 인정하는 경향은 조선 후기 성리학의 변화를 보여준다. 여성 성리학자의 출현은 조선시대의 성리학이 그 발전 과정에서 신분과 성에 대한 차별 의식을 스스로 완화시켜가는 변화를 겪으면서 과거에 성리학 세계의 비주류였던 피지배계층과 여성들도 그 세계의 주인을 자처하며 무대의 중심에 올라서려는 의지를 갖게 된 것을 의미할 수 있다.[34] 성리학에서는 누구나 성인이 될 수 있다고 했지만 남성 지식인들이 자발적으로 이들의 존재를 받아들이고, 신분과 성에 대한 차별 의식을 완화시켰다고 보기는 어렵다. 그렇다면 이러한 변화는 어디에서 비롯된 것일까? 윤지당과 정일당의 예가 보여주는 바, 변화는 새로운 주체의 등장과 관련이 있다. 김창협의 딸 김운이 뛰어난 학문적 자질을 보였으나 일찍 죽자 김창협을 비롯해서 그의 친지와 문인이 김운에 대한 글을 남겼다. 그중 김창협의 문인 어유봉은 김운을 애도하는 글에서 애초에는 남녀의 차별이 없어서 남자는 『유의』를 익히고 여자는 『내훈』을 암송하는 것으로부터 모두 문자를 배웠으며, 부인으로서 경사(經史)를 익힌 사람이 세상에 정말 많이 있었다고 했다.[35] 이 역시 김운이라는 사례를 통해 여성의 재능에 대한 인식으로 확대되고, 더 나아가 남녀 차별이 없었다는 발언을 하기에 이른 것이다.

우리는 앞에서 성리학을 공부하고 실천한 여성 주체가 등장하면서 본래부터 존재한다고 믿었던 남녀 간의 차별 의식이 조금씩 완화되는 과정을 윤지당이나 정일당에 대한 평가를 통해 확인했다. 조선의 성리학자들은 구체적인 사례를 보면서 자신들의 관념을 수정하고, 이를 뛰어난 개인 여성의 학문에서 부녀자의 학문에 대한 인식으로 확장해갔던 것이다. 이는 여성 지식인의 학문을 인정하는 근거가 되었다. 물론 이것이 전체 여성에 대한 인식을 바꾸는 데로 나아가지는 못했다.

윤지당은 조선시대 여성 지식인으로 당대 지식인들에게 인정받았다. 윤지당의 학문에 대해 남성 지식인은 여성의 학문이라고 해서 묻어둘 수 없다는 점, 중국에서도 이러한 예는 그냥 버려두지 않았다는 점을 들어 적극적으로 평가하고 드러냈다. 그리고 윤지당의 학문을 임성주 학문의 아류로 보거나 그 영향을 강조하지 않았다. 오히려 임성주나 임경주 등과 비견하는 것으로 평가했다. 이는 현대의 연구자들이 윤지당을 오랫동안 임성주의 영향력 아래 두었던 것과는 대조된다.

그들은 윤지당을 여성 학자로 따로 분류했다. 이러한 평가는 생각할 거리를 남긴다. 당시 예외적인 존재인 윤지당과 여성 학자들에 대한 조선의 남성 지식인들의 인정과 평가와 관련되기 때문이다. 윤지당의 학문 세계는 당대나 후대 남성 학자들에게 예외적인 경우로 받아들여졌고, 그 학문 세계가 특별한 영향을 미치지 못했으며, 그들에게는 단지 '여성' 학자일 뿐이었다는 평가가 있다. 앞서 보았듯 남성 학자들이 여성들의 계보 속에서만 윤지당을 평가한다고 생각했기 때문이다.[36] 그런데 역설적이게도 이를 통해 여성 학자들의 계보가 드러났다는 점이다. 그동안 부분적으로 드러나거나 드러나지 않던 것들이 역사적인 계보를 통해 가시화되는 효과를 낳았던 것이다. 이 계보는 비주류의 계보로서 여성을 더욱 주변화하는 것처럼 보이지만 여성 지식인의 자리를 드러내 보여준다는 점에서 그 의미를 과소평가할 수 없다.

또 하나 중요한 점은 윤지당의 학문을 높이 평가하면서 여성이라도 학문의 성취를 사라지게 할 수 없다고 주장한 사람들은 대부분 임성주가 속한 낙론계 학파의 맥을 이은 학자들이라는 점이다. 하지만 낙론계 학파의 학자들은 윤지당이나 정일당이 낙론계에 속하기 때문에 이들 학문을 인정한 것이 아니었다. 여성 학자들이 높이 평가받은 것은 아마도 인간이라면 누구나 기질에 구애되지 않고 자발적 의지로 도덕의 실현이 가능하다[37]는 낙론계의 사상적 경향과 관련이 있을 것이다.

차별의 언어에서
보편의 언어를 발견하다

성리학은 수양을 통해 누구나 인격을 완성할 수 있다는 근본정신을 가지고 있다. 하지만 '누구나'에는 신분과 성에 따른 제한이 전제되어 있었다. 누구나 학문을 하고 수양할 수 있는 위치에 있지 않았기 때문에 학문과 수양을 통한 완성된 인격도 자연스럽게 남성 학자들의 전유물일 수밖에 없었다. 윤지당은 그 성리학을 평생 탐구하면서 자신도 성인의 경지로 나아가고자 했다. 그리하여 여자, 도의 실천, 성인이라는 연관성 없어 보이는 단어들을 평생에 걸친 수양과 논리적·체계적 글쓰기를 통해 연결 지었다. 당대 학문의 문제의식을 공유하면서도 여성이라는 자신의 자리를 잊지 않았기 때문이다. 윤지당에게 학문을 한다는 것은 남성과 지식을 공유하고 그들과 비슷한 학문 세계를 만들려는 것이 아니었다. 오히려 여성이라는 타자화된 존재의 위치를 확인하고, 새로운 목소리를 내는 주체가 되는 것이었다. 윤지당에게 학문이란 이를 실천하는 과정에 불과했으며, 학문 세계를 만들려는 것이 아니었다. 윤지당은 성리학자로서 성리학의 도를 철저히 견지하고 도덕적 실천을 위해 부단히 수양했다. 이것이 윤지당이라는 여성 지식인이 오늘날까지 의미를 갖는 이유다. 그런 점에서 윤지당은 한국 여성 지식인의 한 원형을 보여준다.

윤지당이 평생 공부하고 수양할 수 있었던 것은 무엇보다 학문적 성취에 대한 그녀 자신의 기대와 열정이 있었기 때문이다. 그러나 그녀의 환경도 중요한 요인이었다. 윤지당에게는 친정에서 수학할 수 있는 기회가 있었고 결혼 후에도 당대 최고의 성리학자 중 한 사람인 임성주의 지지와 도움이 있었다. 일찍 남편을 잃어 20대에 과부가 된 뒤 40대에 아들을 입양하기까지 친정에 머무는 시간이 많았고, 출산이나 양육, 집안일 등을 하는 데 있어서 다른 여성들에 비해 상대적으로 여유가 있었던 것도 그녀가 평생 학문을 할 수 있었던 요인이라 할 수 있다. 시동생과 함께 살았던 시집은 경제적으로도 여유가 있었던 것으로 보인다. 그렇다고 윤지당이 남성 학자들처럼 종일 책을 읽거나 글을 쓸 수 있었던 것은 아니었다. 시동생 신광우의 언급대로 낮에는 여자의 일을 하다가 밤이면 책보자기를 펼치고 자신의 학문 세계로 들어가는 삶을 평생토록 유지했다. 얼핏 윤지당이 여성의 규범을 잘 지킨 것처럼 보이지만 여성의 학문을 허용하지 않았던 당대의 관습을 벗어난 것이었다.

윤지당은 꽤 많은 곳을 다녔다. 결혼하기 전에는 서울, 청주, 여주 등에 살았고 결혼한 뒤에는 원주에 살았다. 어려서 외가인 공주에 가거나 아버지의 부임지인 함흥에 가기도 했고, 임성주가 지방관으로 부임한 뒤에는 부임지인 임실, 양근에 가서 머물기도 했으며, 임명주가 아파서 요양 중이던 전주로 가기도 했다. 윤지당의 이동은 주로 친정과 관련되어 있다. 이는 윤지당이 친정과 매우 가까운 관계를 유지했음을 의미한다.

당시 남편을 잃은 양반 부인들이 수절하며 집안을 지키는 것은 당연한 일이었고 심하게는 따라 죽어 열녀로 기려지기도 했다. 이 시기에 많이 기록된 『열녀전』은 다양한 형태로 수절하거나 따라 죽은 여성들의 이야기로 가득하다. 윤지당은 따라 죽지 못했다는 의미에서 스스로를 '미망부녀(未亡婦女)'라고 불렀지만 수절, 정절 같은 말을 언급하지는 않았다. 윤지당의 관심은 열녀가 아니라 성인으로 나아가는 데 있었기 때문이다. 삶의 목표를 스스로의 성장에 두었던 것이다.

윤지당의 글쓰기는 대부분 자문자답의 형식을 취하고 있으며 논쟁적인 태도로 자신의 주장을 펼친다. 단호하고도 명쾌하며, 무엇보다도 논리적이다. 그리고 고독하다. 문답 형식의 글쓰기는 논설에서 흔히 쓰던 형식이지만 윤지당의 문답은 오로지 자기 자신과의 싸움이 중심이었다.

윤지당은 문답을 통해 당시 노론계 학자들 사이에서 논의된 인성과 물성의 같고 다름, 성인과 범인의 같고 다름, 인심과 도심의 문제에 대해 자신의 견해를 제시했다. 윤지당은 인성과 물성이 같다는 주장을 지지하고, 성인과 범인이 본래 부여받은 성품은 차이가 없지만 기질에 가려져서 차이가 생기는 것이라고 주장했다. 따라서 자기를 이기고 예로 돌아가려는 노력을 계속하면 누구나 성인이 될 수 있다고 했다. 그러나 성리학을 공부한 사람으로서, 나도 성인이 될 수 있는가를 질문해왔던 윤지당은 여성이라는 자신의 위치를 잊지 않았고 남녀가 부여받은 본성은 다르지 않다고 말한다. 이것은 매우 중요한 발견이다. 비단 여성이라는 것을 발견했기 때문만은 아니다. 공부를 하고 글을 쓰면서 자신의 위치를 발견하고, 거기서 자신이 무엇을 할지를 발견했기 때문에 중요하다. 인성과 물성이 같다는 주장이나 성인과 범인이 같다는 주장은 보통 사람들도 성인이 될 수 있다는 가능성을 시사한다. 윤지당은 여기서 더 나아가 여성을 구체적으로 거론했다. 윤지당은 여러 글에서 남녀는 하늘로부터 부여받은 본성이 같다는 말을 되풀이했다. 어쩌면 이 말이 윤지당을 평생 지탱해주었을지 모른다.

윤지당에 대한 평가는 크게 두 갈래로 나뉜다. 윤지당을 성차별적 질서를 파열시킨 급진적 사유를 보여준 것으로 평가하는 견해가 있는가 하면, 전통적 여성상에서 벗어나지 못했으며 남성과 자신을 동일시하려 했다는 점에서 여성이라는 주체성 구성에 실패했다고 보는 견해가 있다. 또 성리학의 지배적인 남성 중심성을 자각하지 못하고 현실의 여성 차별 경험을 성리학 자체와 연결시키지 못하고 대신 성리학적 수양을 통해 넘어서고자 했다는 평가도 있다. 앞서 보았듯이 윤지당은 남성의 문자인 한문으로 글을 남겼고, 남성 성인처럼 되고자 했다. 그러나 윤지당은 남성의 문자로 글을 썼음에도 여성 경험의 시각으로 읽고 썼기에 자신의 학문을 달리 바라보았다. 그렇다고 해서 그녀의 글이 전면적으로 가부장제를 문제 삼거나 넘어선 것은 아니다. 그런 점에서 윤지당의 지식이나 글쓰기는 여성 지식이나 여성 글쓰기에 못 미칠지도 모른다. 만약 가부장제에 오염되지 않은 학문이나 글쓰기를 보고자 한다면 과거로부터 가져올 것은 지극히 미미할 것이다. 전통적인 언어와 형식을 사용하는 한 가부장적 담론에서 완전히 벗어나기는 어렵기 때문이다.

보통 우리는 '인간'을 이야기하면서 자신이 보편적인 인간에 대해 이야기한다고 믿는다. 그러나 실상은 그렇지 않은 경우가 많다. 인간의 권리, 즉 인권이라고 하지만 모든 인간이 같은 권리를 누리는 것은 아니다. 학문의 세계에서도 마찬가지였다. 성리학 역시 수양을 통해 누구나 완성된 인격에 도달할 수 있다는 근본정신에 입각해 있지만 신분과 성을 구별했다. 모든 인간은 하늘로부터 받은 본성이 같다고 하지만 기꺼이 여성을, 천민을 포함하여 구체적으로 사고하지는 않았다. 윤지당은 남성들

이 중심을 이룬 성리학을 탐구하면서 자신이 여성임을 인식했고, 그럼에
도 성인의 경지로 나아갈 수 있다는 생각에 이르렀다. 남성이 주류를 이
루는 학문 세계에서 그들의 논리에 매몰되지 않고 여성인 나를 이끌어낸
것이다. 윤지당은 남성들의 학문 전통과 언어를 사용했지만 결과적으로
남성들의 전통과 언어를 통해 차이를 만들어냈다. 그리고 이 차이는 새
로운 전통이 되었다. 윤지당은 여성을 사유의 장에 끌어들었다. 이로부
터 여성 철학이라는 장이 형성되었다. 이는 한 세계를 만들어낸 것에 견
줄 만하다.

주석

머리말

1 김경미, 『家와 여성』, 도서출판여이연, 2012, 57~58쪽.

2 황수연, 「『본조여사(本朝女史)』 연구」, 『열상고전연구』 64, 2018, 37~42쪽.

3 김상집, 「현처(賢妻)」, 『본조여사』, 고려대학교 도서관 소장본, "申○妻豊川任氏, 号 允摯堂, 鹿門聖周之妹氏也. 朴近齋胤源與聖周弟靖周書曰, 令姊氏學問高明. 簪 珥之身, 而卓然爲儒者事業, 是不特天姿純正, 亦有鴒原間薰陶之效. 高門詩禮 之盛, 斯可見矣. 婦人之能文章, 古盖有曹大家, 而至於道德, 任姒之後, 果復有誰 歟. 此殆數千年一人而已. 旣已超絶乎倫類, 所著述又燦然, 則是宜傳之百世而不 朽也. 何可以巾幗而掩之哉. 後之女士, 必有取法焉者矣. 其言曰, 我雖婦人, 所受 之性, 初無男女之殊, 婦人而不以任姒自期, 則是自棄也. 婦人而能有爲, 則亦可 至於聖人."

4 이능화, 『조선여속고(朝鮮女俗考)』, 김상억 옮김, 동문선, 417~418쪽.

1부 임윤지당의 가문과 어린 시절

1 임성주, 「아버지 함흥부판관부군 행장〔先考咸興府判官府君行狀〕」 병인년(1746), 『녹 문집(鹿門集)』 권 25, 12쪽, "善類盡殲".

2 임정주는 외할아버지 윤부의 관직을 호조정랑으로 이조판서에 추증되었다고 했는데, 송명흠은 「이모 숙인 윤씨 묘지〔從母淑人尹氏墓誌〕」에서 외할아버지인 윤부의 관직을 호조정랑으로 이조참판에 추증된 것으로 기록하고 있다. 여타의 기록에서 이조참판에 추증되었다고 기록되어 있는 것으로 미루어 임정주가 잘못 표기한 것으로 보인다.

3 임정주, 「둘째형님 녹문선생 행장」, 『운호집(雲湖集)』 권 6, 4쪽, "我任系出豐川, 本中國紹興府慈溪縣人. 高麗時有諱溫, 以銀紫光祿大夫, 始東來著籍. 傳五世而爲御史大夫監門衛大將軍諱澍, 是生諱子松. 忠惠王時誅賊臣曹頔, 封西河府院君侍中判三司事, 著在麗乘. 比二世勳業奕赫, 遂爲吾東望族. 侍中生諱德儒, 版圖判書豊山君謚文簡. 文簡生諱球, 入我 朝爲參知門下府事. 自是世襲冠冕. 又五傳而至諱說, 以文學致重名. 擢拔英試, 歷踐華要, 事 中 仁 明 宣四朝. 官漢城府判尹藝文館提學, 謚文靖, 號竹崖. 文靖生諱榮老, 重試宗簿寺正, 贈承政院都承旨. 承旨生諱兗, 左承旨贈吏曹參判. 參判生諱義伯, 號今是堂. 方 孝廟有大志于天下, 與一二臣密勿謀猷, 當是時, 公以才猷器識, 大爲上下所倚重, 六膺方面之寄, 終平安道觀察使, 贈吏曹判書. 於公爲高祖. 曾大父諱陞, 大父諱士元, 俱以高才見重士友間, 不幸蚤年棄世. 考諱適號老隱, 文章才學, 伏一世, 並時名勝, 皆推以公輔器, 又不幸蚤世, 官止咸興判官. 妣淑人坡平尹氏, 戶曹正郞贈吏曹判書諱扶女."

4 권상하, 「임공 승의 묘표〔任公陞墓表〕」, 『한수재집(寒水齋集)』 권 32, 29~30쪽.

5 홍태유, 「이모부 임공 묘지명〔姨母夫任公墓誌銘〕」, 『내재집(耐齋集)』 권 5, 8~9쪽.

6 홍태유, 위의 글, 『내재집』 권 5, 9~10쪽, "而公性淸疎, 乃厭世之促促爲名利計, 而屈首鉛槧閒. 日惟尋摘爲事, 非公所喜, 故雖樂觀子史, 傍及稗家言, 手中書未嘗不在, 而惟其勤力於擧子業, 汲汲取科名, 常自後於人. 又値己巳之際, 公見彝倫斁而善類被禍, 慷慨悲憤, 甘自廢棄, 益若無意於世. 旣而, 世道淸明, 則公亦奮發, 將欲有以進取矣. 而又嗇之以壽, 卒乃無所成以終, 豈非命歟. 公爲詩淸麗, 喜飮酒, 每興至, 哦詩引滿. 意氣自高, 素不事交遊, 然所與友者, 必傾心爲歡."

7 홍태유, 「이모부 제문〔祭任叔士元文〕」, 『내재집』 권 5, 17쪽.

8 임성주, 「할머니 유인 전주이씨 묘지〔祖妣孺人全州李氏墓誌〕」, 『녹문집』 권 23, 27쪽,
   김남이 역주, 『18세기 여성생활사 자료집』 8, 보고사, 2010, 185쪽.

9 임성주, 위의 글, 27~28쪽, 김남이 역주, 위의 책, 186~187쪽, "始我曾王考妣俱以妙
   年棄世, 祖考鞠于外氏, 僅以成立, 宗祀凜然, 不絶如綫. 自祖妣入門, 收拾田園,
   整頓門戶, 奉祭祀以誠, 事君子以禮, 治家整飭, 不勞而事集. 以此, 家故貧無業可
   守, 而規模齊整, 百用畢備, 雖富家有所不及焉. 宗黨知舊莫不相傳爲法, 曾仲祖
   參贊公及祖考, 仲舅監司洪公得禹, 每以女中君子稱之. 小子生晚, 泊有知, 祖妣
   已踰五十矣. 於其少時事, 無由以詳, 只以耳目所睹記者言之."

10 임성주, 위의 글, 28쪽, 김남이 역주, 위의 책, 187쪽, "每日晨起, 盥櫛坐堂中, 男僕灑
   掃於庭, 女奴拂拭於堂. 旣而內外各執其事, 卽無論織絍紡績, 如搬柴汲水, 亦有
   課程, 趁事獻功, 無敢違時刻. 諸婦日必夙興詣寢所, 卽執業侍左右, 洞洞屬屬然,
   不命之退不敢退. 食時則諸子諸孫及諸婦女, 以次列侍, 無敢有退食私室及後至
   者. 平居穆然端坐, 興寢飮食有定時, 坐臥起居有定位, 床卓器物有定所. 入其室
   者, 如入治朝, 莫不慄然齊遬也."

11 송명흠이 쓴 「이모 숙인 윤씨 묘지」, 『역천집(櫟泉集)』 권 17, 10쪽에 "네 집이 함께 살
   아도 이간질하는 말이 없었다〔四房同居, 終無間言〕"고 하는 말이 나온다. 네 집은 임
   적의 형제들을 말하는 것으로 보이며, 이로 미루어 이 기록은 임적의 형제들이 어머니
   이씨 부인을 모시고 함께 살았던 시기의 일을 기록한 것으로 보인다.

12 임적, 「죽은 누이 유인 홍씨부 제문〔祭亡妹孺人洪氏婦文〕」, 『노은집(老隱集)』 권 3, 26쪽.

13 오광운, 「어머니 숙부인 안씨 묘지〔先妣淑夫人安氏墓誌〕」, 『약산만고(藥山漫稿)』 권
   18, 11쪽, 이경하 역주, 『18세기 여성생활사 자료집』 권 2, 2010, 238~9쪽. "其治家, 敏
   而勤惠而威, 明而不察, 庭闈靜若無人, 密若無事, 但聞刀尺鏘然, 機杼札札而已.
   親黨慕用者, 爭來取法, 得其法者, 能立其家."

14 김경미, 「조선후기 여성의 노동과 경제활동: 18~19세기 양반여성을 중심으로」, 『한국
   여성학』 제28권 4호, 2012. 이 글은 가내 여성 노동이 생산노동임을 밝히고 그 가치에
   대해 다루었다.

15 임성주, 앞의 글, 29쪽, 김남이 역주, 앞의 책, 189쪽, "而其訓導小兒, 尤多可法, 揀擇飲食則曰, 幼求充慾, 長當如何. 不謹執役則曰, 小兒持身當輕快, 何可懶惰. 偃臥昏塌則, 責其不束筋骸, 飯有遺粒則, 戒其暴珍天物. …… 祖妣嘗遇夢窩金忠獻公夫人於一姻家, 忠獻夫人向祖妣問曰, 聞尊家小兒輩皆有規度, 雖家間食物狼戾, 長者不命之食則不食, 未知所以敎之者如何而乃如此也. 仍歆歎不已, 於此亦可見一世艷稱之盛也."

16 임적, 「죽은 아우 덕휴 제문[祭亡弟德休文]」, 『노은집』 권 3, 28쪽, "每自外歸, 凡所聞可喜可笑事, 輒亹亹傳說, 以助慈堂之歡笑."

17 임적, 「죽은 누이 유인 홍씨부 제문」, 『노은집』 권 3, 20쪽, "汝往舅家, 則家中寂若無人焉, 而歸則藹然有和氣, 凡所以上助親堂晚景之歡者, 惟以汝爲賴."

18 임성주, 「할머니 유인 전주 이씨 제문[祭祖妣孺人全州李氏文]」, 기유년(1729) 11월, 『녹문집』 권 22, 14~15쪽, 김남이 역주, 『18세기 여성생활사 자료집』 8, 보고사, 2010, 153~158쪽.

19 임성주, 「아버지 함흥부판관부군 행장」, 『녹문집』 권 25, 8쪽.

20 임성주, 위의 글, 13쪽, "公之病也, 不肖侍坐. 公語及世之陵侮先賢者曰, 吾輩但當謹守程朱成法, 以及我朝靜退栗尤諸先生, 一意尊信, 不可妄加譏議. 嗚呼, 此乃屬纊前數日也, 不肖謹受而銘骨."

21 임성주, 「아버지 유사[先考遺事]」, 『녹문집』 권 25, 16쪽, "閔公性敏給, 每草啓必使府君執筆. 連聲疾呼或至數十行不暫停, 府君隨呼隨書, 筆翰如飛, 無少礙滯. 李相國觀命李判書晚成從傍觀之, 大驚歎相謂曰, 此眞翰注才也, 尙屈下僚, 惜哉, 閔公亦稱道不已."

22 임성주, 위의 글, 16쪽, "其中司馬, 將過謁姨母李夫人. 上預令人囑李夫人家, 使設優戲, 而御後苑望之. 盖李夫人卽靑平尉子婦, 而其第近大內也. 府君聞之, 卽却倡夫而往, 此亦見其一端矣."

23 임성주, 위의 글, 21쪽.

24 송시열, 「회덕향안서(懷德鄕案序)」, 『송자대전(宋子大全)』 권 138, 12쪽, "余惟湖西舊

有三大族之稱, 蓋謂連山之金, 尼山之尹, 而其一則懷之我宋也."

25 이연숙, 「조선후기 양반가의 문중교육: 충남 논산시 노성면 파평 윤씨 노종파를 중심으로」, 『역사와 담론』 52, 2009, 45~46쪽.

26 김필동, 「17세기 사족 문중의 형성: 파평 윤씨 노종파(魯宗派)의 사례」, 『사회과학연구』 20권 3호, 2009, 41~43쪽.

27 이중환, 『택리지』, 허경진 옮김, 서해문집, 188쪽.

28 이중환, 위의 책, 188쪽.

29 이중환, 위의 책, 189쪽.

30 임성주, 「어머니 유사(先妣遺事)」, 『녹문집』 권 25, 17쪽, 김남이 역주, 『18세기 여성생활사 자료집』 8, 201쪽, "先妣端潔柔順, 溫恭精詳. 事皇姑李孺人, 先意承志, 洞洞屬屬, 凡有所命, 奉行惟謹. 雖事或有難處者, 亦必委曲周旋, 必行乃已. 李孺人性莊嚴少許可, 而於先妣心悅之, 事事稱善, 敎戒諸孫婦, 必擧先妣事, 使有所觀感慕效焉. 每日平明而起, 盥櫛持針具詣皇姑側, 不命之退不敢退, 直至日暮, 昏定後乃退宿. 大抵一日之間, 退休私室, 不過一二次食頃而已, 晩年亦然."

31 임성주, 위의 글, 17쪽, 김남이 역주, 위의 책, 534쪽, "於諸子諸婦, 撫愛甚摯, 或有過失, 亦必以溫言敎戒, 未嘗加之以厲色峻辭. 大抵順之一字, 爲先妣一生所踐行, 自在家以至爲婦爲母, 皆以是道. 禮所謂有三從之道, 無專制之義者, 先妣實有焉."

32 서경희, 「김씨 부인 상언을 통해 본 여성의 정치성과 글쓰기」, 『한국고전여성문학연구』 12, 한국고전여성문학회, 2006. 황수연, 「사화의 극복, 여성의 숨은 힘」, 『한국고전여성문학연구』 22, 한국고전여성문학회, 2011. 김경미, 『家와 여성』, 도서출판여이연, 2012, 78~91쪽.

33 송명흠, 「이모 숙인 윤씨 묘지」, 『역천집』 권 17, 10~11쪽, 김남이 역주, 『18세기 여성생활사 자료집』 3, 440쪽, "諸子婦女, 亦皆晨昏洞屬, 每侍坐, 或論說經史嘉言善行, 退則各治其事, 不敢荒嬉, 以故男多賢才, 女爲哲媛, 世稱淑人之善敎也."

34 임정주, 「유사(遺事)」, 『윤지당유고(允摯堂遺稿)』 부록, 3~4쪽, "每諸兄弟會坐親側,

或論經史義理, 或論古今人物, 治亂得失……."

35 이해준, 「17세기 중엽 파평 윤씨(坡平尹氏) 노종파(魯宗派)의 종약(宗約)과 종학(宗學)」, 『충북사학(忠北史學)』 11·12합집, 344~345쪽.

36 김필동, 「17세기 사족 문중의 형성: 파평 윤씨 노종파(魯宗派)의 사례」, 『사회과학연구』 20권 3호, 2009, 42쪽.

37 이연숙, 「조선후기 양반가의 문중교육: 충남 논산시 노성면 파평윤씨 노종파를 중심으로」, 『역사와 담론』 52, 2009, 55쪽.

38 이규상, 『18세기 조선인물지: 幷世才彦錄』, 민족문학사연구소 한문학분과 옮김, 창작과비평사, 1997, 24쪽.

39 임성주, 「도암 이재선생께 올리는 글〔上陶菴李先生緯〕」, 『녹문집』 권 1, 1쪽.

40 손흥철, 「녹문집과 임성주의 철학」, 『녹문집 해제』, 한국고전번역원, 2015.

41 임윤지당, 「둘째 오빠 녹문선생 제문〔祭仲氏鹿門先生文〕」, 『윤지당유고』 하, 11쪽, "小妹自幼, 受公至友, 教以義方, 小妹之粗知持身, 而不陷於罪戾者, 公之賜也. 男女雖曰異行 而天命之性, 則未嘗不同, 故其於經義, 有所疑問, 則公必諄諄善喩, 使之開悟而後已. 丙午以後, 則以文字往復禀議, 以爲消遣餘日之資".

42 임성주, 「아우 직중(경주)에게 답하는 글〔答舍弟直中敬周〕」 갑인년(1734), 『녹문집』 권 10, 19쪽, "若是者雖使深於文者當之, 且將瞠然以變, 惶然以惑, 顧余安得以取舍於其間哉. 今玆抄去者, 特據先儒之評, 而取其尤切於初學者耳. 所取者凡五十餘篇, 點以標之, 又就其中擇其尤好者二十三篇, 圈以別之. 須先就其點類, 逐一讀取二三十遍訖, 復以其圈類. 精讀五六十或百餘過訖. 乃取其全集, 從頭詳覽, 於其起伏捭闔, 曲折轉換處, 仔細著眼, 毋或泛過, 庶幾無行不著習不察之病耳."

43 임성주, 「아우 직중 묘지명〔舍弟直中墓誌銘〕」, 『녹문집』 권 24, 4쪽, "平生獨喜爲古文詞, 與一二朋友, 日相浸灌磨礱, 評隲古今文章, 唱酬詩文, 以爲樂."

44 임성주, 「아우 치공에게 답하는 글〔答舍弟穉恭〕」 경인년(1770) 정월, 『녹문집』 권 10, 22쪽, "磻溪書刊行可喜."

45 이지수, 「운호 임공 정주 행장(雲湖任公靖周行狀)」, 『중산재집(重山齋集)』 권 7, 20~21

쪽, "自經傳進講之外, 如三代經界貢擧禮樂刑政之制, 以至後世錢穀甲兵關防城
池之類, 罔不措擧敷陳. 且言柳處士馨遠磻溪隨錄, 按而行之, 可鑄隆古之治也.
正廟每傾心聽納, 亟加獎許曰, 當今宿儒, 捨爾其誰. 公感激殊遇, 知無不言."

46 박윤원, 「임치공에게〔與任穉恭〕」, 『근재집』 권 8, 33쪽, "令姊氏允摯堂, 學問高明, 簪
珥之身而卓然爲儒者事業, 奇哉偉哉. 是不特天資純正, 亦惟篤原間薰陶之效, 高
門詩禮之盛, 斯可見矣. 愚之從尊兄遊數十年, 不一言提及. 何也."

47 이규상, 『18세기 조선인물지: 幷世才彦錄』, 27쪽.

48 임윤지당, 「중용 27조」, 『윤지당유고』 하, 28쪽, "乃於丙午冬, 略記所嘗强揣之意, 而
其奈閨內無講質之益, 加以神思銷耗, 辭不達意者, 十居八九."

49 영조 1년 을사(1725) 4월 29일(병신), 영조 1년 을사(1725) 6월 9일(을해), 『승정원일기
(承政院日記)』 DB.

50 임성주, 「소상 전 또 아내 신창 맹씨에게 올리는 제문〔祥前又祭亡室新昌孟氏文〕」, 『녹
문집』 권 22, 20쪽, "子之歸余, 粤在丙午, 于時吾家全盛無事, 其昏姻之盛, 祥慶之
溢, 人莫不咨嗟而欽羨矣."

51 임성주, 「할머니 유인 전주이씨 제문」, 『녹문집』 권 22, 14쪽, "曩歲丁未, 先君之通判
咸州也, 爲祖母大設壽筵. 時小子與四兄及三弟三妹, 隨在於衙, 伯父季父及家兄
自京赴之. 歌以北斗, 舞以南山, 和之以律呂, 奏之以笙管曰, 子若孫迭起而獻酬,
維賓與主交口而稱慶. 如是者凡三日, 日皆盡歡而罷. 堂上下圍而觀者, 如市如
堵, 莫不嘖然稱羨曰, 盛矣哉盛矣哉. 小子輩亦自相顧歡笑, 以爲平生之至樂也.",
『18세기 여성생활사 자료집』 8, 김남이 역주, 보고사, 2010, 157쪽.

52 영조 3년 정미(1727) 6월 12일(정유), 『영조실록』 DB.

53 영조 3년 정미(1727) 6월 12일(정유), 『승정원일기』 DB.

54 영조 3년 정미(1727) 6월 13일(무술), 『승정원일기』 DB.

55 영조 3년 정미(1727) 6월 29일(갑인), 『승정원일기』 DB.

56 임성주, 「아버지 함흥부판관부군 행장」, 『녹문집』 권 25, 9~10쪽.

57 김백철 외 지음, 강흥천 편저, 『18세기: 왕의 귀환』, 민음사, 2014, 14쪽.

58 송명흠, 「이모 숙인 윤씨 묘지」, 『역천집』, 권 17, 10쪽, "旣葬, 卽移家荒峽, 從遺意也. 遊離困劇, 殆不自由, 而處之如素習, 未嘗戚嗟, 僕隷皆感戴, 終無畔意." 김경미 · 김기림 · 김현미 · 조혜란 역, 『18세기 여성생활사자료집』 3, 439쪽.

59 임성주가 쓴 전주 이씨 제문에 의하면 이 시기를 전후한 11년 사이에 여섯 번의 초상이 났다고 한다. 1718년 고모가 병에 걸려 죽고, 몇 년 뒤에는 막내 숙모와 형수가 출산 중에 죽고, 1724년에 숙부와 숙모가 몇 달 간격으로 죽고, 1728년 아버지가 죽었던 것이다. 임성주, 「할머니 유인 전주이씨 제문」, 『녹문집』 권 22, 11~12쪽.

2부 내 이름은 아녀자가 아니다

1 김우철 역주, 『충청도』, 『여지도서 9』, 디자인흐름, 2009, 21쪽.

2 임정주, 「둘째형님 녹문선생 행장」, 『운호집』 권 6, 6쪽, "嘗曰, 讀書明理, 將以行之也, 行之之道, 莫先於家, 乃與伯氏議倣溫公居家儀, 作笏記, 遵以行之. 於是, 閨門之內, 禮儀興行, 綽有成法, 鄕隣傳誦焉. 尙記幼時, 每正至朔望, 諸兄弟及諸嫂若姊, 昧爽盥櫛, 正衣冠, 就慈闈, 北向分東西立, 丈夫行再拜, 婦人行四拜訖, 各就坐. 申氏姊兄時讀諺譯誡辭, 聲琅然猶在耳. 然後, 婢僕於庭下, 分左右叙立, 參再拜, 奴名已良者, 又高聲讀戒婢僕辭(諺譯), 再拜而退. 餘日則只丈夫行禮, 而長者揖, 少者拜. 尊丈之前, 自名不稱我, 出入必起, 長幼有序, 男女有別. 吾年六七歲, 亦能解此義, 不敢近諸嫂傍, 雖婢僕亦知禮義爲重, 鬪詐漸變. 若行之久遠, 引而伸之, 擧其所未備, 則庶足以成一家之善俗, 爲世人之模範. 惜乎, 後來東西離析, 靡有定居, 禮遂以廢. 公每說及此, 深以爲恨."

3 주희, 『주자가례』, 임민혁 옮김, 예문서원, 2003, 18쪽.

4 주희, 위의 책, 98~99쪽.

5 임성주, 「윤중삼에게 답하는 글(答尹重三)」, 『녹문집』 권 4, 13쪽, "所論化乎庭內, 此何言耶. 向者妄竊有意於禮字, 略倣司馬公雜儀, 草定居家儀節一卷. 初欲一一踐過矣, 厥後因循頹廢, 到今若存若亡, 百不擧一, 顧何足道."

6 임성주,「거가의절(居家儀節)」,『녹문집』권 20, 6~7쪽, "每日昧爽咸盥漱, 丈夫具道袍笠帶, 婦人櫛筓唐衣. 至內寢省問安否, 丈夫行瞻禮一揖, 婦人及幼少一拜. ○晨省後主人率衆丈夫, 晨謁于家廟中門之外. ○夜則命侍者布枕席, 待就寢乃退. ○父母及兄嫂娣姒出入時, 俱起迎送, 若房內小小起居則不必然. 尊長之前必自名, 無敢稱我."

7 김경미, 앞의 책, 2012, 21~30쪽.

8 임정주,「유사」,『윤지당유고』부록, 3쪽.

9 임정주,「유사」,『윤지당유고』부록, 3쪽, "孺人端一誠莊. 自幼無疾言遽步. 性聰穎, 從諸兄弟, 傍聽讀經史, 有時發難, 多驚人語. 仲氏奇之, 遂授孝經列女傳及小學四子等書, 姊大喜. 晝則終日攻女事, 至夜分, 低聲念書, 意隨聲下, 精神若透紙背. 然深藏若虛, 親戚亦鮮有知者."

10 임윤지당,「문집 초고를 베껴 지계로 보내며〔文章謄送溪上時短引〕」,『윤지당유고』하, 15쪽, "余自幼, 知有性理之學, 旣稍長, 愛好之愈, 如芻豢之悅口, 欲已不能. 乃敢不拘方內, 潛心默究於方策所載聖賢遺訓, 積數十年."

11 방외는 '세속을 초월한 세계'를 말한다. 『장자(莊子)』「대종사(大宗師)」에서 공자가 장자는 "방외에서 노니는 사람"이고, "나는 방내에서 노니는 사람"이라고 했다는 데서 나온 말이다.

12 조혜란,「조선 시대 여성 독서의 지형도」,『한국문화연구』8, 2005, 이화여대 한국문화연구원, 37~38쪽.

13 임정주,「유사」,『윤지당유고』부록, 6쪽, "允摯堂卽孺人少時我仲氏所命也. 盖取朱子允莘摯之語, 而其義則實兼摯仲之摯也. 若曰篤信摯任云爾. 姨兄閒靜堂宋公, 爲之手鐫圖書以與之. 自是家間多稱以允摯堂."

14 임정주,「유사」,『윤지당유고』부록 3~4쪽, "每諸兄弟會坐親側, 或論經史義理, 或論古今人物, 治亂得失, 姊徐以一言 決其是非, 鑿鑿中竅. 諸兄歎曰, 恨不使汝爲丈夫身."

15 김창협,「오씨에게 시집간 딸의 묘지명〔亡女吳氏婦墓誌銘〕」,『농암집(農巖集)』권

27, 35~37쪽, 조혜란·이경하 역주, 『17세기 여성생활사 자료집』3, 보고사, 2006, 318~322쪽.

16 어유봉, 「유인 김씨 애사(孺人金氏哀辭)」, 『기원집(杞園集)』권 28, "余竊惟古之古人也, 初无男女之異, 故自男習幼儀, 女誦內訓, 而率皆學於文字, 則婦人之通習經史者, 世固多有之矣. 我國俗陋, 古人之敎, 又不行於世也, 閨門之道, 益貿貿焉. 苟非聰明辨慧絶出等夷而不習而能者, 烏能稽古而明於道理哉."

17 김창협, 앞의 글.

18 김경미, 앞의 책, 2012, 76~77쪽.

19 임윤지당, 「송능상 부인의 전(宋氏能相婦傳)」, 『윤지당유고』상, 1~2쪽, "韓持平啓震之女, 宋氏之婦也. 幼稚喪母, 哀毁惟篤. 及其嫁也, 或相其篋笥, 有其親之筆跡則輒不忍悲, 涕淚濕衣裳. 嘗有從兄弟與其夫論志曰, 吾慕栗谷之道德與其榮貴也, 其夫亦以爲是. 諸人出, 韓問其夫曰, 諸兄之言如何, 曰好, 韓哂之. 夫曰, 何哂, 對曰, 妾思之, 夫栗谷之所以爲栗谷者, 以其有道德也. 使栗谷貧賤而居於深山陋巷, 有何損乎其德哉, 雖榮貴, 有何加焉. 今夫諸兄, 但言其道德, 是誠慕德耳. 俱言其道德榮貴, 是非慕德也, 實其心則慕貴矣. 夫子以爲好, 無乃不可乎. 夫於是服其識, 遂興起而修學以成儒也. 事舅姑, 盡婦道. 其姑嘗親執纑, 諸婦請以身代之, 不許, 諸婦因各歸私室. 韓獨不敢歸, 吹火相其役, 踖踖然敬恭而不懈. 盖悶其勞, 欲協纊以易其事也. 韓非特有識行而已, 亦有文才. 其父親以世俗區區之語爲信而不敎書, 然往往涉書史, 略通大義焉. 不幸短命死, 豈不惜哉. 讚曰, 宋氏婦韓, 令德孔飭, 旣孝於親, 又達厥識. 引夫當道, 勵志爲學. 古稱女士, 非是之謂. 不椓其年, 未見其止. 生何奪何, 難諶者理."

20 임유경, 「임윤지당의 전(傳) 서술 방식과 여성의식」, 『태동고전연구』16, 태동고전연구연구소, 1999, 4쪽.

21 임유경, 위의 글, 8쪽.

22 송능상, 「아내 유인 한씨 제문(祭故室孺人韓氏文)」, 『운평집(雲坪集)』권 8, 10쪽, 『18세기 여성생활사 자료집』8, 김남이 역주, 보고사, 2010, 113쪽.

23 이혜순 외,『한국고전여성작가연구』, 태학사, 1999, 409~410쪽.

24 강정일당,「척독」,『정일당유고(靜一堂遺稿)』, 21쪽.

25 임경주,「매죽당 이씨전(梅竹堂李氏傳)」,『청천자고(靑天子稿)』권 3, 규장각, 25쪽, "梅竹堂李氏宗室完原君之 後也. 李氏少好畜華卉, 旣而歎曰, 此非婦人之任矣, 悉去之, 只置梅竹數本. 遂自號梅竹堂. 由是日治女工惟勤. 然性聰慧好學, 頗通 周易, 又善爲歌詩. 時有女子趙玉簪者, 爲人淸高, 解文辭. 故李氏與玉簪結爲朋 友, 甚相得. (……) 其談論意氣, 盖有君子之風焉. 其後玉簪死 (……) 李氏旣失玉 簪, 悲不自勝, 乃作詞曰, 天之老, 盖已久矣. 顔回夭而盜跖壽, 他又何說. 嗚呼玉 簪, 其於天何, 其於命何. 後數年, 李氏又吐血死, 年十九矣. (……) 李氏性至孝. 父 母喪幼子甚慟, 李氏時五歲, 泣於人曰, 吾女兒也, 安得以吾代弟. 死事父母左右 無違."

26 『좌계부담』, 이관성 외 옮김, 문진, 2013, 540쪽.

27 임윤지당,「최씨와 홍씨, 두 여성의 전(崔洪二女傳)」,『윤지당유고』상, 2쪽, "崔洪二女 者, 三嘉武人洪氏之妻及女也. 武人爲人所殺, 二女欲爲報仇, 相與語曰, 夫人之 所以異於禽獸者, 以其有孝節耳. 妻之報夫讐, 節也, 子之報父讐, 孝也. 今夫子不 幸而爲人所害, 吾等貪生而不報讐, 則將何以見夫子於地下, 且何以立於世乎. 於 是, 挾劍而窺讐家, 數年乃得遇, 刺而殺之, 入縣告之故. 太守以聞, 朝廷義之, 赦 殺人罪, 復其戶無所與. 君子謂二女之事, 烈而孝, 且有勇焉. 雖男子, 不能及矣. 詩云彼其之子, 舍命不渝, 二女之謂歟."

28 숙종 36년 경인(1710) 10월 19일(경진),『숙종실록』, 조선왕조실록 DB.

29 서종태,「최와 홍, 두 여자의 복수에 대한 의견(崔, 洪兩女復讐議)」,『만정당집(晩靜堂 集)』권 10, 10쪽.

30 김창집,「홍방필의 아내 최씨와 그 딸이 남편과 아비를 위해 복수한 일을 처결하는 데 대 한 의견(洪邦弼妻崔氏及其女爲夫與父復讐酌處議)」,『몽와집(夢窩集)』권 10, 1~2쪽.

31 임유경, 앞의 글, 6쪽.

32 이은선,「조선후기 여성성리학자의 생애와 학문에 나타난 유교 종교성 탐구 : 임윤지

당과 강정일당을 중심으로」, 성균관대학교 박사학위 논문, 2006, 69쪽.

33 이혜순, 『조선조 후기 여성 지성사』, 이화여대출판부, 2007, 109쪽.

34 허목, 「사기를 읽고 예양찬을 짓다〔讀史記作豫讓讚〕」, 『기언(記言)』별집 권 14, 8쪽.

35 정두경, 「자객가(刺客歌)」, 『동명집(東溟集)』권 10, 10쪽.

36 김창협, 「선죽교」, 『농암집』권 6, 6쪽.

37 이익, 「예양론(豫讓論)」, 『성호전집(星湖全集)』권 47, 7~9쪽.

38 이익, 위의 글, 7~9쪽.

39 임윤지당, 「예양을 논하다〔論豫讓〕」, 『윤지당유고』상, 2~3쪽, "世稱豫讓爲義士, 以吾觀之, 非眞義士也. 夫孝子, 父雖不慈, 子事以孝, 忠臣, 君雖不禮, 臣事以忠. 今豫讓嘗事范中行氏, 智伯滅之, 讓不爲報仇, 反臣事智伯. 此中行遇豫讓衆人故也. 趙襄子殺智伯, 讓爲之報仇至再至三. 此智伯遇豫讓國士故也. 是則讓只爲其禮遇矣, 非以忠報之也. 若使智伯遇豫讓如中行, 讓必復事趙襄子, 是讓之爲讓, 特幸而已. 且讓旣受國士之遇, 則所言宜無不聽, 當智伯之求地於韓魏也, 讓何不以死矯其非, 使智伯不行不義. 智伯之攻晉陽也, 讓又何不以死爭之, 以其君不陷於死地. 而顧區區挾匕首, 爲報讎計何哉. 嗚呼, 讓旣不能效節於中行, 又不能匡救於智伯. 而畢竟一死, 不過爲匹夫之諒而已, 則烏得爲忠與義也."

40 사마광, 『자치통감(資治通鑑)』권1 주기(周紀) 1, 권중달 역.

41 임윤지당, 「보과를 논하다〔論輔果〕」, 『윤지당유고』상, 3쪽, "人臣愛身則不能盡其忠, 國戚愛身則不能保宗祀, 輔果之別族, 是也." 별족(別族)은 본래의 씨족에서 새로운 씨족을 만들어 갈라져 나오는 것을 말한다. 여기서는 보과가 본래 지씨였다가 보씨로 성을 바꾼 것을 말한다.

42 임윤지당, 위의 글, 3쪽, "何其工於謀身而拙於謀國也."

43 임윤지당, 위의 글, 3쪽, "而果乃背君忘先, 區區愛一身, 獨免於禍, 甚矣其不忠不孝也."

44 『논어(論語)』「옹야(雍也)」.

45 임윤지당, 「안자의 배우기 좋아함을 기림〔顔子好學贊〕」, 『윤지당유고』하, 5쪽, "三千

之徒. 盖莫不學. 顔之好學, 展也其特. 曰克曰復, 二不四勿. 大哉巷顔, 學如不及."

46 임윤지당, 「비검명(匕劍銘)」, 『윤지당유고』 하, 4쪽, "寒霜其光, 烈日其鍔. 無體之釖,
   其利截鉄. 鋒穎所指, 百邪屏息. 爾威之壯, 爾功之神. 勖哉匕劍, 無我婦人. 愈勵
   爾銳, 若硎新發."

47 김남이, 「임윤지당의 한문 글쓰기 방식과 그 의미」, 『동양고전연구』 24, 2006, 46쪽.

3부 시련이 찾아오다

1 임정주, 「둘째형님 녹문선생 행장」, 『운호집』 권 6, 8쪽.

2 김우철 역주, 『강원도』 I, 디자인흐름, 2009, 15쪽.

3 강순애, 「정언공(正言公) 임명주(任命周)의 자필 서간에 대한 연구」, 『서지학연구』 65,
   2016, 82~83쪽.

4 오영교, 「조선시대 문중 교육과 임윤지당」, 『임윤지당 연구』, 66~67쪽.

5 김성찬, 「임윤지당의 원주(原州) 거주지에 대한 연구」, 『임윤지당 연구』, 90~93쪽.

6 오영교, 앞의 글, 70~71쪽.

7 오영교, 앞의 글, 72쪽.

8 임성주, 「매부 신백요 광유 제문(祭妹壻申伯饒光裕文)」 정묘(1747) 12월, 『녹문집』 권
   22, 31쪽.

9 임정주, 위의 글, 7쪽.

10 임성주, 「신성보에게 주다(與申成父)」 신유년(1741) 2월, 『녹문집』 권 3, 32쪽, "如成父
   卓識美質, 政不易得, 而却恐於文字上工夫不多, 雖緣疾病, 亦不可一向以此自諉
   也. 朱書看到幾卷. 愚意不若先用力於大學."

11 원문에는 모(姆)라고 되어 있는데, 모는 여스승이나 맏동서, 형님 등을 의미한다. 여기
   서는 신부를 도와준 동서나 시집 여자를 말하는 것으로 보이지만 누구인지 정확하지
   않아 다른 사람이라고 번역했다.

12 신광우, 「언행록」, 『윤지당유고』 부록, 1쪽, "初於廟見, 屏退姆相, 親奉籩豆, 禮容嫺

熟,進退中度.叔父參奉公亟稱曰,年幼體小,觀持身,凝然山岳."

13 김경미, 앞의 책, 2012, 213~217쪽.

14 민우수,「임중사에게 답하다(答任仲思)」무진년(1748),『정암집』권 7, 10쪽, "昨冬遽
聞尊家所値禍故非常,而如申生之夭,尤是錯愕不忍聞者.宜亟奉書以慰,而顧酷
禍餘喘,人事都絶,遂至闋然,旣又聞伯氏出陸之報,則雖心以爲喜,而凡於弔賀,
一例廢閣,亦不能致一字之問矣."

15 임성주,「매부 신백요 광유 제문」정묘년(1747) 12월,『녹문집』권 22, 31쪽, "子入我
門,歲則九斯.伊余識爾,自髫齓時.溫溫之質,瑩瑩之韻.辭屛暴慢,志絶鄙吝.淡
雅豈弟,世實寡覿.庶以芳潔,警彼混濁.矧惟爾相,令德孔飭.明心脩服,媲古莊
曜,匪我言私,子所炯照.宜配君子,而膺景茀.栽培匪誑,左契可質.誰知蘭摧,旭
日方朝.苗而未實,理實難瞭.或者天意,在彼胞中.薪傳不死,命依有從.然匪可
必,子其冥宰.昔程氏女,庚同我妹.未字而夭,視此彌憐.持而譬妹,若延平言.興
言及玆,我心欲折.子病我護,于彼江曲,晷刻或離,子則弗豫,以食以藥,恃我以
慰.子未必死,我實多負,窀穸有期,輤帷載覆.雉酒來哭,胷臂先逗,子若有吡,庶
歆我侑."

16 임정주,위의 글, 15쪽,"申姊有女士識行,公奇愛之,常曰,吾家姬姒也,程氏女不
足多也."

17 임정주,위의 글, 15쪽,"姊一日臨産,昏絶不省事,先妣抱持焦泣.公不忍見,出外
舍嘿祝,不覺手捫所坐檻.少間又入又出,如是者三.俄而姊順娩,公大喜,始覺
手掌痛.視之皮盡脱血見."

18 임성주,「심씨에게 시집간 조카딸 제문(祭亡侄女沈氏婦文)」기사년(1749) 4월,『녹문
집』권 22, 34~35쪽. 김남이 역주,『18세기 여성생활사 자료집』8, 보고사, 2012, 177쪽.

19 영조 23년 정묘(1747) 12월 22일(무인),『영조실록』, 조선왕조실록 DB.

20 영조 23년 정묘(1747) 12월 22일(무인),『영조실록』, 조선왕조실록 DB.

21 영조 23년 정묘(1747) 12월 22일(무인),『영조실록』, 조선왕조실록 DB.

22 영조 23년 정묘(1747) 12월 22일(무인),『영조실록』, 조선왕조실록 DB.

23 영조 23년 정묘(1747) 12월 22일(무인),『영조실록』, 조선왕조실록 DB.

24 영조 24년 무진(1748) 1월 3일(무자),『영조실록』, 조선왕조실록 DB.

25 임윤지당,「큰오빠 정언공 제문(祭伯氏正言公文)」,『윤지당유고』하, 6~7쪽, "公爲諫官, 慨然歎曰, 人臣而不修其職, 徒食其祿, 則是其位而已. 朝廷建官之意安在. 且有言責, 而當言不言, 則所謂吾君不能, 賊其君者也, 吾不能爲是矣. 遂於是年冬, 進啓論時事十餘條, 天怒震疊, 至有設鞫之命."

26 이혜순,『조선조 후기 여성 지성사』, 이화여대출판부, 2007, 130~131쪽.

27 임성주,「심씨에게 시집간 조카딸 제문」,『녹문집』권 22, 33쪽, 기사년(1749) 4월, 김남이 역주,『18세기 여성생활사 자료집』8, 보고사, 2012, 175쪽.

28 신광우,「언행록(言行錄)」,『윤지당유고』부록, 1쪽, "弟嫂嘗阽産, 孺人躬調藥餌, 至誠扶護. 凡四晝夜, 未嘗交睫. 娣姒之間, 友愛因心類此."

29 신광우, 위의 글, 1~2쪽, "孺人以諺書報信, 細大無遺, 連紙累幅, 細書成文, 而行間整方, 字畫楷正, 無一字旁書, 無一點塗擦."

30 신광우,「윤지당유고발(允摯堂遺稿跋)」,『윤지당유고』발 6쪽, "自入吾門, 人未見其或近書冊, 雖尋常言語, 未嘗及文字上, 俛焉惟婦職是謹."

31 임윤지당,「큰오빠 정언공 제문」, 8쪽, "痛矣痛矣. 余於其年秋, 始得上京, 公貽書云, 小妹則明年秋當送馬率來, 後會不甚遠耳. 上京之後, 小妹亦遭承重喪, 而下原過襄事, 事故連綿, 不克拔身. 而延及仲冬, 涯角東南, 音問斷絶. 仰念慈顔, 心焉欲焦, 次懷同氣, 不覺涕零. 夜寢夢亂, 魂驚乃寤, 夙宵燎腸, 幾至滅性, 忽焉何處, 凶音繼至, 天歟神歟, 是何事也. 號天而訴之, 天不我顧, 叩地而訊之, 地不我應. 嗚呼痛哉. 小妹若於其年秋來矣, 可以復見我伯氏之儀容, 亦可以奉手作訣於其臨終之際, 而女子之身, 不獲自由, 今始來到. 而又不及於大歸幽竁之前, 攀靈輀而哭別, 此心遺恨, 穹壤茫茫."

32 임정주,「유사」,『윤지당유고』부록, 5쪽, "仲氏爲楊根守時, 從侄熿兄弟讀書別堂, 姊亦自原來留衙中, 每朝夕入省. 一日姊問今日所讀如何, 對曰, 日熱不堪攻苦矣. 曰, 然則使扇乎. 曰然. 姊曰, 潛心讀書, 膈間自然生凉, 安用扇爲. 汝輩未免虛"

讀書矣. 卽此一言而其所存養, 可知也."

33 임윤지당, 「돌아가신 남편이 베끼던 시경을 이어 쓴 뒤에 쓰다(續書先夫子所寫詩經後)」, 『윤지당유고』상, 24쪽, "余以未亡婦女之筆, 續夫子之書, 極知其不可, 然而夫子所遺者止此, 若不成完篇於殘喘之未絶, 則其遺蹟也, 亦隨以泯沒矣. 余用是隱痛之, 每有意續其緒, 而不獲其便. 戊寅夏, 因歸寧之行, 遂敢携至, 自季秋隨隙下筆, 至翌年四月而始卒其業."

34 임윤지당, 위의 글, 같은 쪽, "盖自周南關雎, 以至小雅祈父篇十月之交第二章四句, 是夫子之所寫, 自其第五句以下, 則皆吾所寫也. 且自二南風雅頌篇第及其大旨, 又皆吾所寫者也. 因以粧之, 而藏於篋笥."

35 송준길은 제문에 딸이 과부가 된 뒤 이런 사정을 기록했다. 「과부인 딸, 나씨 부인에게 주는 제문(祭寡女羅氏婦文)」, 『동춘당집(同春堂集)』권 17, 31~32쪽, 황수연·김기림, 『17세기 여성생활사 자료집』2, 보고사, 2006, 210~211쪽.

4부 성리학자로 우뚝 서다

1 김현, 『임성주의 생의 철학』, 한길사, 1995, 43쪽.

2 김현, 위의 책, 44쪽.

3 진래(陳來), 『주희의 철학』, 이종란 외 옮김, 2002, 예문서원, 240~242쪽.

4 임윤지당, 「이기심성설(理氣心性說)」, 『윤지당유고』상, 25쪽, "夫天者何也. 形而巍巍以極其大, 心而生生以極其仁者也. 地者何也. 配乎天以成造化者也. 人者何也. 受天地之中, 以生乎兩間, 而冠萬物爲三才者也. 夫天地之至大也, 而人以貌然之身, 處於其間, 參爲三才, 何耶. 以其能體天地之道, 而與之合其德也."

5 임윤지당, 위의 글, 25~26쪽, "或曰, 聞天地之造萬物, 萬物之受其生, 莫非陰陽動靜合散之理. 然則萬物本一源耳. 人與物, 形色雖殊, 而其道則宜若無別矣. 人獨體天地之道, 而能與之合其德, 物則莫之敢與焉, 其故何哉. 且天地造化之道可得聞乎. 曰, 天道神妙莫測, 故夫子之言性與天道, 不可得以聞焉, 則自非窮理盡性

而知天者, 未足以與議於此也. 雖然, 聖賢遺訓布在方策, 開示來學昭如日星, 則
學者又何可以神妙莫測, 而置諸不可知之域, 而不思所以窮其理也哉. 愚請因是
而先言造化之道, 次論人物之心性, 以請敎於知者可乎."

6 임윤지당, 위의 글, 26쪽, "夫理者, 氣之體也, 氣者, 理之器也. 此一而二, 二而一者
也. 人多誤認朱子有是理而後有是氣之訓, 乃以太極, 爲超形氣一圓圈之物. 甚不
然也. 無其氣則理何從掛搭而成造化乎. 太極不過陰陽之理, 非陰陽之外, 別有箇
理耳. 只是陰陽之自然如此之謂理也, 其理之至極無加之謂太極也. 非理氣固無
所自, 而非氣, 理又何從而有乎. 只卽氣而認取其意思而已可也. 無離合, 無分段,
無罅縫. 夫焉有先後彼此之可論哉."

7 임윤지당, 위의 글, 31쪽, "若曰, 仁義禮智, 卽人物所同之性也, 而物之不見有仁義
之性者, 爲氣所局而用不達而已, 非本然之體也云爾, 則大不然. 此於理一分殊四
字上著眼, 却自分明. 理一之理, 固理也, 而分殊之理, 獨非理乎. 分殊字, 亦當屬
理字. 今人多屬氣字看, 以爲一者, 理也, 分者, 氣也. 至有體全用不達之語, 誤矣."

8 진래, 앞의 책, 98쪽.

9 임성주, 「녹로잡지(鹿盧雜識)」, 『녹문집』 권 19, 3~4쪽, "今人每以理一分殊, 認作理
同氣異, 殊不知理之一, 卽夫氣之一而見焉. 苟非氣之一, 從何而知其理之必一
乎. 理一分殊者, 主理而言, 分字亦當屬理. 若主氣而言則曰氣一分殊, 亦無不可
矣."

10 임윤지당, 앞의 글, 31~32쪽, "曰. 人之與物, 其性之不齊, 而莫不具太極者, 旣聞命
矣. 橫渠張子曰, 民吾同胞. 盖謂人則共受天地通正之氣, 性旣同而形亦不殊, 若
共胞之兄弟云也. 觀於此言, 則人之材品, 宜無不同者矣. 然而從古以來, 有聖愚
之不同者, 何耶. 曰. 純善而無惡者, 性也. 本乎一理, 人所同也. 昏明强弱之品不
齊者, 才也. 由於氣質, 人所異也. 盖理無精粗, 而由氣有淸濁. 所以有聖愚之分,
以其氣禀淸粹. 故於其性之全體大用, 克明且誠, 德配上帝, 此聖人也. 以其氣禀
駁濁, 故愚暗而不識天命至善之在己, 心爲物役, 喪其本性, 此愚人也. 雖然, 其性
之大本, 則聖愚一也. 故曰人皆可以爲堯舜. 夫堯舜所以爲堯舜, 以其性之至善而

德之至大也. 人能知堯舜至善之性, 亦在於我而力學之, 以充其同而變其殊, 則氣無淸濁, 皆可至乎善, 而復其性之本然矣. 此所謂及其成功則一者也."

11 임윤지당, 위의 글, 34쪽, "曰, 程子言善惡皆性. 夫性者, 天之所以命於我, 而吾之所以爲德者也. 然則堯舜孔子之聖, 性之者也, 桀紂盜跖之惡, 亦性之者也. 所性而行則無以異焉. 善固美矣, 惡亦不能無者. 而易曰, 繼善成性, 孟子曰, 人性皆善, 子亦曰, 純善無惡. 然則程子之善惡皆性云者非歟. 吾竊惑焉."

12 진래, 앞의 책, 264쪽.

13 임윤지당, 위의 글, 37~38쪽, "前天地旣滅, 而此天地未闢之前, 卽太極之靜而生陰之時, 此理在陰. 靜極復動, 此天地將開, 則是太極之動而生陽之時, 此理在陽. 或陰或陽, 或開或闔而兩在不測."

14 김낙필, 「녹문 임성주의 이기론」, 『동양철학연구』 15, 1995, 44~45쪽.

15 임윤지당, 위의 글, 38쪽, "其惟不可得以知者地底也, 蓋天包地而地在中, 其形似鷄子. 地之上下, 同一天也. 然則日月星辰, 與天循環, 其照曜森列, 亦如此世界乎. 山川草木, 萬物萬象, 又皆如此世界乎. 以意推之, 則通上下同一天地耳. 陰陽太極之道, 似無彼此之別, 而洋人之六稜世界之說, 亦或有是理歟. 古人云, 六合之外, 存而勿論. 今也愈思而愈惑, 不如勿思已矣夫. 雖然, 衆言淆亂, 折諸聖則朱子地底皆水之說. 可爲此訟之斷案也歟."

16 임종태, 「'우주적 소통의 꿈': 18세기 초반 湖西 老論 학자들의 六面世界說」, 『한국사연구』 138, 2007, 76쪽.

17 벤저민 엘먼, 『성리학에서 고증학으로』, 양휘웅 옮김, 예문서원, 2004, 107쪽.

18 벤저민 엘먼, 위의 책, 109쪽.

19 임윤지당, 「인심도심사단칠정설(人心道心四端七情說)」, 『윤지당유고』 상, 38~39쪽, "或曰, 帝舜之告禹曰. 人心惟危, 道心惟微. 惟精惟一, 允執厥中. 夫以一心而謂有人心道心者, 何也. 曰, 非謂心體有二也, 乃指其所發者有兩樣耳. (……) 人心者, 生於形氣之私者也, 道心者, 原於性命之正者也. 雖聖人, 旣有此血肉之體, 則不能無人心, 雖惡人, 同得此太極之理, 則不能無道心. 然惡人之道心云者, 不過

秉彝四端之時或發見者而已. 聖人之人心云者, 雖因形氣而發, 從心所欲不踰矩, 而人心亦道心也. 至若常人之心, 則生於形氣者常多, 原於性命者常少, 而道心深蔽而難著, 人心易肆而難制. 此之謂人心惟危道心惟微者也."

20 임윤지당, 위의 글, 39쪽, "常使道心爲主, 而人心聽命焉, 則危者安, 微者顯."

21 임윤지당, 위의 글, 39~40쪽, "夫性也者, 心之所具之理, 心也者, 性之所寓之器, 二而一者也. 故其虛靈神明變化不測者心也, 而所以能虛靈神明變化不測者理也. 理無爲而心有爲, 理無迹而心有迹, 非理無所發, 非心不能發, 安有以理氣之混融者, 而有性獨發心獨發之理乎哉."

22 임윤지당, 「극기복례위인설(克己復禮爲人說)」, 『윤지당유고』상, 41~42쪽, "天地儲精, 萬物生焉. 得其正且通者, 爲人. 其本也粹然無妄, 粲然至善. 粹然者, 愛之理而吾心之全德也. 粲然者, 讓之理而人事之儀則也. 人莫不有是無妄, 亦莫不有是至善也. 然而百體之形旣具, 則必有外物之觸其形, 外物旣觸其形, 則不能不動乎中矣. 其中動而有七情者發焉, 曰喜怒哀樂愛惡欲. 情旣動而外馳, 不知所以約之, 則流盪忘反, 形氣用事, 失其無妄至善之體. 形氣者, 己之謂也, 至善者, 禮之謂也, 而仁不仁之分, 己與禮之間而已. 是故, 覺者, 知其然也, 必於二者之間, 察之審, 擇之精, 執之固, 以期必至於粲然至善, 而復其本然之體. 本然者, 仁之謂也."

23 임윤지당, 위의 글, 451~452쪽, "吾聞古之人有顏淵者, 其爲人也好學. 嘗問仁於夫子, 子曰, 克己復禮爲仁. 顏子遂師其言而竭其才. 於天理人欲之幾, 明而辨之. 一以守之, 如知其人欲也, 則遏絶之克去之, 惟恐其己之須臾或間, 如知其天理也則敬以奉之, 拳拳服膺, 惟恐其禮之毫芒或失. 以至於眞積力久, 人欲淨盡, 天理浹洽. 欲罷不能. 心不違仁則己到聖人九分九釐. 特未及者, 勉而中耳. 假之以年則其仁其聖, 豈可量哉. 蓋自乾坤肇判以來, 上自伏羲神農. 下至桀紂盜跖, 天命之性, 莫不皆同, 而聖何爲而爲聖人, 我何爲而爲衆人. 寔由氣質所拘, 物欲所蔽, 而失其本然之仁故也. 若謂性本有惡則已, 今旣不然. 而堯舜周孔顏孟之性, 我固有之, 則顏子之學, 我獨不可學乎."

24 임윤지당, 위의 글, 43쪽, "或曰. 子之言過乎. 夫顔子, 資近生知, 故己易克而禮易復. 其於爲仁也, 如彼其易矣, 是其氣質至淸至粹而然耳. 凡人以濁駁之氣質, 求變而美, 雖百倍其功, 其何能以變化哉. 此所以後世無復如顔子之不違仁者, 而不可以學而跂及也. 曰. 不然. 人之氣禀, 雖曰不齊, 源其所受湛一之本體, 則聖凡一也. 但遊氣凝聚之際, 濁駁查滓雜糅而爲凡人爾. 誠能用人一己千之功, 去其查滓之雜, 則本體之湛一者焉往哉. 自在吾腔子裏, 而本然之仁, 斯可復矣."

25 김현, 앞의 책, 156쪽.

26 임윤지당, 위의 글, 43~44쪽.

27 윤지당, 위의 글, 44쪽, "我雖婦人, 而所受之性, 則初無男女之殊. 縱不能學顔淵之所學, 而其慕聖之志則切. 故略叙所見而述此, 以寓意焉."

28 이혜순, 앞의 글, 111쪽.

29 임윤지당, 「심잠(心箴)」, 『윤지당유고』 하, 1쪽, "幽顯一致, 毋放晷刻. 克念作聖, 罔念作狂. 維舜維跖, 一心天壤. 不知不爲, 猶可說爾. 知而不爲, 是爲自棄. 莫云高遠, 有爲亦是."

30 김세서리아, 「임윤지당의 『논어』 이해에 대한 여성철학적 성찰」, 『한국여성철학』 28, 2017, 35~37쪽.

31 김세서리아, 위의 글, 40쪽.

32 임윤지당, 「사마온공을 논함(論司馬溫公)」, 『윤지당유고』 상, 19쪽, "余讀資治通鑑, 每於此等處, 不堪見不欲見, 不覺廢卷而歎也. 嗟乎, 人之意見, 雖曰不同, 以溫公之賢, 何如是乖繆也. 嗚呼, 向使無朱子之作綱目以明春秋之義, 則後世之包藏兇逆, 睥睨神器者, 藉此爲口實, 而將不勝其接跡, 誰當執其咎."

33 임윤지당, 위의 글, 『윤지당유고』 상, 18쪽, "春秋之義, 王室雖微, 必尊之, 僭國雖大, 必絀之. 尊之絀之, 唯義之視而已, 豈可以小大論哉."

34 지두환, 「조선전기 군자·소인 논의(朝鮮前期 君子·小人論議): 『대학연의(大學衍義)』 왕안석론(王安石論) 중심으로」, 『태동고전연구』 9, 1993 참조.

35 손흥철, 「북송(北宋)의 사회개혁론(社會改革論)과 낙학(洛學)의 관계 연구」, 『한국사

상과 문화』37, 한국사상문화학회, 2007, 263쪽.

36 장유(張維), 「네 번째 상소(四疏)」, 『계곡집(谿谷集)』 권 20, 17쪽, "昔溫嶠絶裾而赴難, 竟樹中興之績, 趙苞棄母而擊賊, 自盡守土之職, 雖謂之先國後私可也, 而皆爲先儒所非, 反以徐庶之去君從母爲得焉, 則其義不亦明乎."

37 임윤지당, 「온교가 소매를 끊고 간 것에 대한 견해(論溫嶠絶裾)」, 『윤지당유고』 상, 13쪽, "夫母之執其裾者, 愛子之至, 不顧救時之義, 而慮其或陷於危亡也. 子之絶裾者, 懼其母之不捨, 而無以成功業而顯當世也. 嗚呼, 父子五倫之元也, 而相愛者, 天理也. 功業名利之基也, 而欲成者, 己私也. 以功業之己私, 而害天倫之大恩, 雖不仁者, 尙或不爲, 况太眞以孝稱者, 其何忍爲此乎."

38 조지형, 「조선 전기 '악비(岳飛)' 고사(故事)의 수용과 인물 형상의 정립 과정」, 『대동문화연구』 77, 2012. 이 글은 악비가 어떻게 충신의 형상으로 확산되었는지를 살폈다.

39 임윤지당, 「악비가 황제의 명을 받들어 군대를 돌이킨 것을 논함(論岳飛奉詔班師)」, 『윤지당유고』 상, 23쪽, "惜乎, 岳公之智不及於達權, 而不自知其反陷於謀國不忠之科也. 且將在外君命有所不受, 盖人君深處九重之內, 在外軍務, 不可遙度, 故漢文帝謂周亞夫曰, 閫以外將軍制之. 高宗旣以討賊, 委之於武穆, 則今雖爲姦臣之所賣而召之, 其實召之者, 乃秦檜而非高宗, 則其可不復請命而遽還哉. 藉使高宗召之, 武穆旣受閫外之責, 則復讎之義重而違命之罪反輕, 斷不可遽然奉詔而班, 以誤國家之大計也."

40 이혜순, 앞의 책, 2007, 125쪽.

41 이혜순, 앞의 책, 127쪽.

42 유성룡, 「정충록발(精忠錄跋)」, 『서애선생문집(西厓先生文集)』 권 17, 33쪽, "近有蔡淸者著論, 妄議公不當班師, 譏公不知權. 噫, 使公而果出於此, 則愈足以驗檜之譖, 而益高宗之惑也. 世豈有大將主兵於外, 君命之還而不還, 而可以成功者哉. 假令一卒臨江以守而責公專輒, 則公之本心, 何以自白於天下後世耶. 古所云將在軍君命不受者, 非此之謂也. 公惟知鞠躬盡瘁, 義之與比, 以徇臣子之節而已. 至於成敗利鈍則天也, 公何固必於其間哉."

43 신광우,「윤지당유고발」,『윤지당유고』 발, 6~7쪽, "孺人亦老矣, 間於家政之暇, 夜深之後, 取巾衍所藏經傳, 低聲潛讀. 時從窓外見燈火熒熒然也. 然後知孺人於問學上有隱工夫也. 吾兄弟每相語曰, 婦人而劬書如此, 吾輩當如何. 然孺人甞謂婦女耽書籍攻詞章, 乃大踰閑. 若小學四子等書讀之以資身心可也. 故其所製諸篇, 絶無閑漫語. 類皆談經說理, 而一切信手抒寫, 道心中所欲言而已. 何甞切切然刻意修辭. 求爲是工好也, 竊甞以爲孺人愛好禮服, 沉淹經史. 歷數古賢婦女, 於敬姜班昭. 庶幾兼之. 至若思索之精, 操存之密, 知明而行修, 表裏如一. 粹然安且成, 則當求之宿德醇儒, 區區文藝之末, 何足爲孺人重也."

44 임성주,「종자 열에게 답하는 글〔答從子烈〕」, 임인년(1782) 7월,『녹문집』권 11, 37쪽, "申妹望前來會, 日夕團欒, 浮世樂事, 豈復有過此者乎."

45 임성주,「아우 치공에게 답하는 글」계유년(1783) 7월,『녹문집』권 11, 9~10쪽, "此處本非不可居之地, 而吾家所以不能安頓者, 專以君家有不能來之慮故也. 今則垈已賣, 有同在弦之矢, 且彼中凶荒旣如此, 則目下繼粮, 比此似倍難, 不如乘此機, 勇決之爲得. 須待稍凉, 卽以一馬馳來, 面商凡事, 約買家垈, 然後還去, 卽爲移來之計, 似爲得宜. 未知如何. 申妹六初來會, 尙未歸. 以此甚慰牢騷之懷, 東來惟此一事爲此生難得之事, 可以無悔耳. 十七兒輩稱以生朝, 略設酒肴, 强令病父起坐受酌. 老妹作頭獻酌, 辭之不聽, 追思可愧, 然亦自爲家間樂事. 追憶昨年此時, 與妹語及君邊, 又不禁悵然太息也. 不知明年果能團會, 以復此跼否耶."

46 강순애,「임윤지당(任允摯堂)의 송서문(送序文)「배송중씨남귀서(拜送仲氏南歸序)」에 관한 연구」,『서지학연구』58, 2014, 106~107쪽, "我仲氏, 自湖西移居于此鄕, 五年于玆. 小弟以未亡之餘, 親堂無怙恃, 舅家無瞻依. 且兄弟七人, 而餘存者仲氏與季弟而已, 各處東西, 無以爲懷. 禮謂遠父母兄弟, 而情不可遠矣. 兄弟相戀, 咸垂白髮, 而弟又殘質, 多病無○. 幸賴天佑, 歲壬寅, 仲氏移住于此, 暮年相依, 餘生至樂. 季弟又數次來會, 弟兄三人, 相聚共坐, 喜笑閑話. 而且憶昔年奉侍慈闈, 兄弟無故之時, 樂中生悲, 心焉隕缺. (……) 小弟切有所願者, 未亡之幾七十, 亦可謂壽, 而且支離耳. 小弟如其先歸, 而獲仲氏數行文字, 以表墓前, 則可以慰幽宮

矣. 傳曰, 大德者必得其位, 必得其祿, 必得其名, 必得其壽. 位者, 爵之稱也, 爵莫
尊於天爵. 夫天爵者, 仁義之德, 吾仲氏固已得之, 而存諸己者也. 德高而名隨, 世
旣衰而道學不明, 雖未能行其道於當今, 以輔世長民, 孰不知吾仲氏之盛德哉. 是
必天使吾仲氏, 靜處閒居, 庸玉成之, 蓄之彌厚, 而發前聖之所未發, 以覺後人也.
斯乃名之穷乎萬世, 而祿在其中也. 今雖遠別, 亦可以此而慰我懷. 惟願我仲氏與
季弟, 眉壽百歲, 康寧無菑, 永受祜福, 玆祝以南山之壽, 松栢之茂. 拜獻以序."

47 임윤지당,「중용경의(中庸經義)」,『윤지당유고』하, 28쪽, "余少讀庸學, 竊欲翁出一
得, 而因循未果. 今七旬且迫, 衰病滋甚, 自知餘日之無幾. 乃於丙午冬, 略記所嘗
強揣之意. 而其奈閨內無講質之益, 加以神思銷耗, 辭不達意者, 十居八九, 其不
爲摸像之歸者幾希. 而然而猶爾者, 所以少酬平日之志, 且以俟知者之斤正云."

48 임윤지당,「대학경의(大學經義)」,『윤지당유고』하, 16쪽, "傳三章, 引淇澳詩曰, 如切
如磋者, 道學也, 如琢如磨者, 自修也. 朱子釋之曰, 言其治之有序而益致其精也.
愚始意其不若曰, 如切如琢者, 道學也, 如磋如磨者, 自修也云爾. 以此禀於仲氏,
則以爲朱子於或問云, 骨角脉理可尋而切磋之功易, 所謂始條理之事也. 玉石渾
全堅確而琢磨之功難, 所謂終條理之事也云云. 以此詳玩則舊見果誤."

49 김현,「임윤지당의 경학사상」,『임윤지당 연구』, 2015, 230쪽.

50 임윤지당,「중용경의」,『윤지당유고』하, 27쪽, "中庸一書, 皆明道不可離之意. 而始
言天下之大本(未發之中), 中散爲萬事(自第二章, 至三十二章), 末復合爲大本. 而
愼獨一節, 又爲中間萬事之樞紐. 一篇之起結, 愼獨(爲聖學徹始徹終之事, 故首章
未發下, 卽言此, 以爲萬事之權輿, 末章不動而敬上, 又言此, 以爲萬事之結局), 非但義理
精深, 立文命意, 亦極微妙, 眞聖人之言也. 中庸之道, 不過曰眞實無妄. 故此篇大
旨, 自首至終, 專以誠爲本, 而馴致乎篤恭而天下平之盛. 此乃聖人至誠之德, 自
然之應, 而聖神功化之極致也."

51 김현, 앞의 글, 474~475쪽.

52 임성주,「누이 신씨부에게 보내는 답장(答舍妹申氏婦)」병오년(1786),『녹문집』권 11,
23쪽, "中庸二十七章敦厚以崇禮, 妹意則似當屬存心, 而朱子以崇禮爲致知之屬

云云."

5부 여군자, 임윤지당

1 임성주, 「누이 신씨부에게 보내는 답장」 무신년(1788) 2월, 『녹문집』 권 11, 28~29쪽,
"欲送人未及之際, 病忽大添, 半鬼半人, 不暇他及, 意外人至而病中不忍見悲辭
苦語, 使兒只擧下文慰遣一節, 幷無此語, 乃曰今則以死妹知之云云, 此何語耶.
君讀書識義理, 而乃欲隨一子而死. 子夏喪明, 曾子之責如何. 渠雖死, 有子有女,
保以養之, 得以成立, 則與渠在何異. 前書備言此道理, 宜入思量, 而死妹二字, 令
人驚泣, 不能自堪. 君旣如是埋沒, 吾病則終似難起, 自今以後, 認作死兄而勿復
相問可也. 葬日不遠, 遠外想像, 有淚被面而已. 餘神昏艱呼, 若不復見君而死, 則
其悲當如何也."

2 임윤지당, 「둘째오빠 녹문선생 제문(祭仲氏鹿門先生文)」, 『윤지당유고』 하, 10~11쪽,
"壬寅春, 仲氏爲我暮境之歡, 而來住此土, 相依源源, 浮生至樂, 孰過於此乎. 季
弟悶仲氏之年高樓屑, 屢請還鄕, 丙午春, 公遂挈眷, 復返于鹿洞故宅. 四年源源
之餘, 忽此無後期之別, 伊時分手之際, 此心當如何. 痛矣痛矣. 公歸後書札中,
每以兄妹生前, 更逢爲祝. 而及至今年二月, 病患已沉淹床席, 而猶呼占成書, 責
妹以哭子之過傷. 且言若不復見君而死, 則其悲當如何. 自是至捐世, 纔數十餘
日, 此其絶簡耳. 從今以往, 則雖欲聞如此至愛之敎, 何可得乎. 念念及玆, 五內崩
裂, 血流被面而已矣. 嗚呼, 小妹以七十垂死之年, 又遭喪明之痛, 肝膽盡灰. 餘日
無幾, 隨公之後, 不過朝暮事耳, 其將以是而自慰乎. 小妹自幼, 受公至友, 敎以義
方. 小妹之粗知持身, 而不陷於罪戾者, 公之賜也. 男女雖曰異行, 而天命之性, 則
未嘗不同. 故其於經義, 有所疑問, 則公必諄諄善喩, 使之開悟而後已. 丙午以後,
則以文字往復禀議, 以爲消遣餘日之資."

3 임윤지당, 「죽은 아들 재준에게 올리는 제문(祭亡兒在竣)」, 『윤지당유고』 하, 13~14
쪽, "汝棄我而安往, 甫一歲而不返乎. 余年過四十, 始以汝爲子, 然自始生之初,

卽抱汝育汝, 汝未嘗不以余爲親生, 我亦未嘗不以汝爲所生. 汝自免乳, 卽食於
我而宿於我, 玩戲之具, 皆藏置於我所, 游居之所, 亦必於我室. 余以未亡之身, 恃
汝爲生. 及汝長而有室, 有子有女, 慰悅吾心眼. 而汝又以誠孝事我, 平居每事, 先
意承奉, 余又以此慰心. 庶幾未死之前, 見汝學益成就, 氣益充實, 而男女詵詵次
第長成, 以昌大爾門戶, 日夜祝願, 亶在於此. 此非踰涯過分之事, 而汝乃一朝隕
沒. 所願皆瓦解, 白首煢獨, 無所依倚. 此何事也.(……) 諺云, 歲月爲藥, 而今我之
痛酷, 愈往愈甚. 此須無此生, 乃無此悲, 已矣. 嗚呼痛哉, 此何人斯. 人生眞如白
駒之隙, 而矧今我老病濱死之中, 又於昨春喪吾仲氏, 冬又喪仲氏之小子. 至情
之痛, 一猶難忍, 況於三乎.(……) 嗚呼, 余見爾平日所嗜之物, 則因饋奠而必以餉
汝, 意若汝生存者然, 從今以往, 此又不可得矣."

4　임윤지당,「인내에 대한 경계[忍箴]」,『윤지당유고』하, 2쪽, "小人利生, 君子利義. 二
　　者難兼, 維義是比. 此生多舛, 死反其樂. 壽夭有命, 我義何若. 若曰是宜, 視死如
　　歸. 其謂不可, 命不當違. 惟有修身, 一聽于天. 無思百慮, 守分斯安. 何以安之, 忍
　　之爲德. 何以忍之, 立志必篤. 大哉志分, 萬事之領. 七情順軌, 百體從令. 能立厥
　　志, 習與性成."

5　임성주,「누이 신씨부에게 보내는 답장」,『녹문집』권 11, 26~27쪽, "近則營便亦斷,
　　日謀送人而苦未遂, 忽地人到, 承連紙手牘, 悅若聚首劇談, 細大無遺, 其喜何可
　　言也. 且經義箚錄, 筆畫依舊, 思索精細, 可想神氣之如常, 披玩再三, 欣幸尤劇.
　　(……) 檊誌近纔草成, 姑未脫藁, 而大體亦可觀, 恨不能與君一讀也. 經義一紙姑
　　置之, 當如戒送溪謄書後, 本草還送. 亦當如示也."

6　임성주,「동생 치공에게 답하는 글」, 1786년 11월,『녹문집』권 11, 16쪽, "申妹經義要
　　略, 點竄以送, 而近甚多事, 無暇於此等閑事. 不得已托君代勞, 望須詳看潤色後,
　　謄留一本, 此紙則還送爲佳."

7　임윤지당,「경의」,『윤지당유고』하, 28쪽, "思傳最難讀. 頃去箚錄, 更思之, 率多未
　　瑩, 殊可愧歎. 到今自量於此等經義, 前日放過處, 間或有依俙窺見者, 如使我更
　　爲箚錄, 則似或小愈於前. 而慘慽以後, 萬事如浮雲, 心氣若死灰, 更無勉强自力

之望, 奈何. 向者此一段, 二十七章, 略改以附營便, 更念此段義意, 尤極微妙, 窺
之甚難, 形諸說, 益不易. 此是心性情本源工夫最緊切之義. 故間嘗收召殘魂, 復
此改草, 而亦不免未瑩之歎, 眞所謂五十步百步之間也. 然猶勝於舊, 刪彼存此,
如何.(送庸義二十七章改本時, 與季弟別紙)”

8 임정주, 「윤지당유고발」, 『윤지당유고』발, 7쪽, “噫, 閨閣著述, 從古何限, 而若其剖
析義利之辨, 出入性命之妙, 談經說理, 有若茶飯如是集者, 殆書契後無見焉. 然
則雖謂之天地間不可無之文字.”

9 강정일당, 「척독(尺牘)」, 『정일당유고(靜一堂遺稿)』, 21쪽, “允摯堂曰, 我雖婦人, 而
所受之性, 初無男女之殊, 又曰, 婦人而不以任姒自期者, 皆自棄也. 然則雖婦人
而能有爲, 則亦可至於聖人. 未審夫子以爲如何.”

10 강정일당, 위의 글, 21쪽, “妾是一箇婦人, 身鎖閨闈, 無聞無識, 猶於針線灑掃之隙,
覽古經籍, 窮其理而效其行, 思欲與前修同歸.”

11 강정일당, 위의 글, 21쪽, “人之壽夭窮達, 有命焉. 爲父母者, 信世俗之語, 以敎女
子讀書爲大忌, 故婦女往往全不識義理, 甚可笑也.”

12 강정일당, 위의 글, 21쪽.

13 강정일당, 위의 글, 18쪽, “妾亦針線饋食之暇, 中夜下帷之際, 看字理會爲計矣. 向
讀四書而孟子下三篇, 尙未訖, 然不久當訖. 擬自今終夫子講易, 而客若久留, 則
不可爲矣. 從近裁書于金洗馬헌, 許詩書大全借示伏望.”

14 김미란, 「조선 후기 여성 지식인의 출현과 저서들 연구」, 『기전어문학』 18·19·20,
2008, 52~69쪽.

15 이민보, 「녹문선생문집서(鹿門先生文集序)」, 『녹문집』 서(序), 2쪽, “公有弟敬周, 自
號靑川. 有文章逸才, 而不幸苗而不秀. 女弟申氏婦, 天授經識, 性理仁義之論, 又
古今閨閣中一人也. 一時淸淑之氣, 鍾於一門如此, 何其盛且異也.”

16 이민보, 「정경부인 이씨 묘지명(貞敬夫人李氏墓誌銘)」, 『풍서집(豊墅集)』 권 9, 김남이
역주, 『18세기여성생활사자료집』 8, 보고사, 2010, 371쪽.

17 유한준, 「윤지당고서(允摯堂稿序)」 을묘년(1795), 『자저준본(自著準本)』, “三代盛時

男子生, 亡論上下貴賤, 自學語已驅而內之於學, 小之自灑掃應對進退之節, 大而至窮理正心修己治人之道, 薰染浸灌於其中, 恒居常處如房室, 飢食渴飮如茶飯, 盖捨此男子無餘事也. 惟婦人之敎則不然, 禮所許, 祇執麻枲治絲繭, 織紝組紃, 學女事以供衣服, 觀於祭祀, 納酒漿籩豆菹醢, 禮相助奠. 而詩之所誡, 亦在於無非無儀, 維酒食是議. 先王之治之也, 聖人之敎之也.", 이경하 역주, 『18세기 여성생활사 자료집』 2, 2010, 583쪽.

18 유한준, 위의 글, "皆未嘗責以學問. 而乃或於閨閤中, 有英姿朗識, 往往出於敎弛風頹之餘, 一言有可錄, 一事有可採, 則聖人不棄焉. 此所以衛莊姜許穆夫人之詩, 見列於國風者也. 夫詩不過一時性情之所發也, 而猶在於不刪, 而况於深於學而通於天人性命之原者. 元亨利貞, 貞之解始於穆姜, 心豈有出入之說, 出於范女. 千古以爲高者, 豈非以麻枲組紃之間, 乃有此靈識哉.", 이경하 역주, 위의 책, 583~584쪽.

19 정민징, 『심경부주』 권 3, 성백효 역주, 전통문화연구회, 2002, 248~288쪽.

20 유한준의 잘못된 기록. 실제는 5남 2녀임.

21 유한준, 앞의 글, "西河任氏有女君子, 允摯堂其號也. 父曰故咸興判官諱適. 咸興公有五子一女, 五子皆以經術文章顯名當世. 而夫人以其一女, 居五娣中, 相磨礱爲學, 學遂以成, 世未有也. 余嘗得夫人賢於爲其族子者曰魯甚詳. 旣又因魯而得見其所謂允摯堂遺稿者, 其言性與天命與人道心辨, 其旨或深造獨詣, 無讓乎穆范單辭之警拔. 而論史亦精透有條理, 其爲文辭類皆詳而不縟, 婉而不迫, 可誦也. 嗚呼其異矣.", 이경하, 앞의 책, 584~585쪽.

22 유한준, 앞의 글, "今是書借曰非婦人所宜, 猶足以見 先朝作興之化. 雖在婦女, 有如夫人者, 敦學問以補世敎. 嗚呼, 今何可得也. 昔歐陽公序謝氏希孟詩集, 以謂有傑然鉅人能信後世者, 一爲重希孟, 不泯沒矣, 而自恨其力不足. 况如夫人此書, 其可以終泯沒乎. 嗚呼, 余復何爲哉. 余復何爲哉. 夫人嫁平山申光裕, 卒時年七十.", 이경하, 앞의 책, 585~586쪽.

23 구양수, 「사씨시서(謝氏詩序)」, 『당송팔대가문초(唐宋八大家文抄)』, 전통문화연구회,

한국고전번역원 DB, "昔衛莊姜許穆夫人, 錄於仲尼而列之國風, 今有傑然巨人能輕重時人而取信後世者, 一爲希孟重之, 其不泯沒矣. 予固力不足者, 復何爲哉, 復何爲哉. 希孟嫁進士陳安國, 卒時年二十四."

24 이규상, 『18세기 조선인물지: 幷世才彦錄』, 241쪽.

25 이규상, 위의 책, 24쪽.

26 박윤원, 「임치공에게(答任穉共)」, 『근재집』 8, 33~34쪽, "聞鹿門丈遺集已付剞劂. 以貴縣薄俸, 乃能辦此, 誠意之篤至, 令人感歎. 玆事若成, 則豈非斯文之幸耶. 令姊氏允摯堂, 學問高明, 簪珥之身而卓然爲儒者事業, 奇哉偉哉. 是不特天資純正, 亦惟筍原間薰陶之效, 高門詩禮之盛, 斯可見矣. 愚之從尊兄遊數十年, 不一言提及, 何也. 豈以閨閤中事, 而體其含章之意耶. 今因得汝始聞之, 雖未見其文字, 亦知德學大致, 不勝擊節而欽歎焉. 婦人之能文章, 古蓋有曹大家, 而至於道學, 任姒之後, 果復有誰歟. 此殆數千年一人而已, 旣已超絶乎倫類. 所著述又燦然, 則是宜傳之百世而不朽也, 何可以巾幗而掩之哉. 後之女士必有取法焉者矣."

27 성해응, 「이부인·곽부인·임부인(李夫人郭夫人任夫人)」, 「초사담헌(草榭談獻)」 3, 『연경재전집』 권 56, 한국문집총간 275, 174쪽, "任夫人號允摯堂, 豊川人. 其兄弟並好學, 曰聖周以經行聞, 曰相周以文學稱, 夫人長於史學, 爲文皆典實, 可爲師法. 與子侄談說古時賢聖豪傑, 纚纚不已, 聽者無不洒然. 嫁爲申○○婦, 有集行于世."

28 상주(相周)는 녹문의 사촌형으로 『녹문집』 권 10에 상주에게 보낸 편지가 실려 있다. 성해응이 착각한 것으로 보인다.

29 임정주, 「유사」, 『윤지당유고』 부록, 5~6쪽.

30 이숙인은 윤지당이 가부장적 지식 체계를 거부하거나 전복하기보다 수용하여 적극 내재화했다고 보았다. 이숙인, 「조선시대 여성 지식의 성격과 그 구성원리」, 『동양철학』 23, 2005, 101쪽.

31 임헌회, 「한문오 운성에게(與韓文五運聖)」, 『고산집(鼓山集)』 권 3, 33~34쪽, "先師所撰尹光演夫人精一堂文字-似是其文集序或跋-, 愚欲存之, 則諸賢以爲學問非婦人本色, 且有所不足於尹, 力言刪去. 愚意則終未釋然. 蓋無非無儀, 惟酒食是

議, 雖是婦人事, 如有姿質純正, 學問高明之人, 則尤是奇事, 何可以非所宜於閨閤, 而不爲之幽顯闡微乎. 且尹之不足, 自是尹之事, 何與於其夫人哉. 今觀近齋所稱允摯堂事, 有云婦人之能文章, 古蓋有曹大家, 而至於道學, 任姒之後, 果復有誰歟. 此殆數千年一人而已, 旣已超絶乎倫類. 所著述又燦然, 則是宜傳之百世而不朽也, 何可以巾幗而掩之哉. 後之女士必有取法焉者矣. 夫豈不可者, 而近翁贊美之至此哉. 吾先師之作此文字, 亦近翁之意也, 仍復存之, 俾不泯滅, 未知如何. 如必以學問, 非婦人本色, 一切不取, 則范女之識心, 何以見許於伊川, 驪陽夫人之論禮, 尤庵亦何以稱之哉. 幸更商之."

32 「매산집 해제」, 한국문집총간, 한국고전번역원 DB.

33 한운성, 「임명로에게 답함(答任明老)」, 정사년(1857) 12월, 『입헌문집(立軒文集)』 권 7, "精一堂文字之不合見刪, 謹悉敎意."

34 김현, 「성리학적 가치관의 확산과 여성」, 『민족문화연구』 41, 고대 민족문화연구원, 2004, 479쪽.

35 어유봉, 「유인김씨애사병서」, 『기원집(杞園集)』 권 28, 『한국문집총간』 184, 394쪽, "初無男女之異. 故自男習幼儀, 女誦内訓, 而率皆學於文字. 則婦人之通習經史者, 世固多有之矣."

36 박무영·김경미·조혜란, 『조선의 여성들: 부자유한 시대에 너무나 비범했던』, 돌베개, 2004, 189쪽.

37 김현, 앞의 글, 481쪽.

주요 저술 및 참고문헌

1. 1차 자료

· 강정일당,『정일당유고』,『한국문집총간』111, 한국고전번역원 DB.

· 권상하,『한수재집』,『한국문집총간』151, 한국고전번역원 DB.

· 김상집,『본조여사』, 고려대학교 도서관 소장.

· 김우철 역주,『강원도』Ⅰ, 디자인흐름, 2009.

· 김원행,『미호집』,『한국문집총간』220, 한국고전번역원 DB.

· 김창집,『몽와집』,『한국문집총간』158, 한국고전번역원 DB.

· 김창협,『농암집』,『한국문집총간』162, 한국고전번역원 DB.

·『논어집주』, 성백효 역주, 전통문화연구회, 1991.

·『당송팔가문초』, 전통문화연구회, 한국고전번역원 DB.

· 민우수,「임중사에게 답하다」,『정암집』권 7,『한국문집총간』215, 한국고전번역
  원 DB.

· 박윤원,『근재집』,『한국문집총간』250, 한국고전번역원 DB.

· 사마광 지음, 권중달 옮김,『자치통감』, 삼화, 2016.

· 서종태,『만정당집』,『한국문집총간』163.

· 성해응, 『연경재전집』, 『한국문집총간』 275, 한국고전번역원 DB.

· 송능상, 『운평집』, 『한국문집총간』 225, 한국고전번역원 DB.

· 송명흠, 『역천집』, 『한국문집총간』 221, 한국고전번역원 DB.

· 송시열, 『송자대전』, 『한국문집총간』 112, 한국고전번역원 DB.

· 『숙종실록』, 조선왕조실록 DB.

· 『승정원일기』, 한국고전번역원 DB.

· 어유봉, 『기원집』, 『한국문집총간』 184, 한국고전번역원 DB.

· 『영조실록』, 조선왕조실록 DB.

· 오광운, 『약산만고』, 『한국문집총간』 211, 한국고전번역원 DB.

· 유한준, 『자저준본』 1, 『한국문집총간』 249, 한국고전번역원 DB.

· 이간, 『외암유고』, 『한국문집총간』 190, 한국고전번역원 DB.

· 이경하 역주, 『18세기 여성생활사 자료집』 2, 보고사, 2010.

· 작자미상, 이관성 외 옮김, 『좌계부담』, 문진, 2013.

· 이규상 지음, 민족문학사연구소 한문학분과 옮김, 『18세기 조선인물지: 병세재

언록』, 창작과비평사, 1997.

· 이능화, 김상억 옮김, 『조선여속고』, 동문선, 1990.

· 이민보, 『풍서집』, 『한국문집총간』 232, 한국고전번역원 DB.

· 이익, 『성호전집』, 『한국문집총간』 199, 한국고전번역원 DB.

· 이중환 지음, 허경진 옮김, 『택리지』, 서해문집, 2007.

· 이지수, 『중산재집』, 『한국문집총간』 116, 한국고전번역원 DB.

· 이혜순·정하영 편역, 『한국고전여성문학의 세계』, 이화여자대학교출판부, 2003.

· 임경주, 『청천자고』, 규장각 소장.

· 임성주, 『녹문집』, 『한국문집총간』 228, 한국고전번역원 DB.

· 임윤지당, 『윤지당유고』, 『한국문집총간』 84, 한국고전번역원 DB.

· 임윤지당 지음, 이영춘 옮김, 『임윤지당: 국역 윤지당유고』, 혜안, 1998.

· 임적, 『노은집』, 『한국문집총간』 66, 한국고전번역원 DB.

· 임헌회, 『고산선생문집』, 『한국문집총간』 314, 한국고전번역원 DB.

· 정두경, 『동명집』, 『한국문집총간』 100, 한국고전번역원 DB.

· 정민정 지음, 성백효 역주, 『심경부주』 권 3, 전통문화연구회, 한국고전번역원 DB.

· 주희 지음, 임민혁 옮김, 『주자가례』, 예문서원, 2003.

· 한운성, 『입헌문집』, 『한국문집총간』 124, 한국고전번역원 DB.

· 허목, 『기언』, 『한국문집총간』 99, 한국고전번역원 DB.

· 홍태유, 『내재집』, 『한국문집총간』 187, 한국고전번역원 DB.

· 황경원, 『강한집』 권 17, 『한국문집총간』 224, 한국고전번역원 DB.

· 황수연 외 역주, 『18세기 여성생활사자료집』 1~8, 보고사, 2010.

2. 논문 및 단행본

· 강순애, 「임윤지당의 송서문 「배송중씨남귀서」에 관한 연구」, 『서지학연구』 58, 2014.

· 강순애, 「정언공 임명주의 자필 서간에 대한 연구」, 『서지학연구』 65, 2016.

· 고정갑희, 『페미니즘은 전환이다』, 북코리아, 2016.

· 김경미, 『家와 여성』, 도서출판여이연, 2012.

· 김경미, 「조선후기 여성의 노동과 경제활동: 18~19세기 양반여성을 중심으로」,
『한국여성학』 제28권 4호, 2012.

· 김낙필, 「녹문 임성주의 이기론」, 『동양철학연구』 15, 1995.

· 김남이, 「임윤지당의 한문 글쓰기 방식과 그 의미」, 『동양고전연구』 24, 2006.

· 김미란, 「조선 후기 여성 지식인의 출현과 저서들 연구」, 『기전어문학』 18~20, 2008.

· 김백철 외 지음, 강흥천 편저, 『18세기: 왕의 귀환』, 민음사, 2014.

· 김세서리아, 「임윤지당의 『논어』 이해에 대한 여성철학적 성찰」, 『한국여성철학』 28, 2017.

· 김재임, 「임윤지당의 성리학 연구」, 성신여대박사학위논문, 2008.

· 김필동, 「17세기 사족 문중의 형성: 파평 윤씨 노종파의 사례」, 『사회과학연구』 20권 3호, 2009.

· 김현, 『임성주의 생의 철학』, 한길사, 1995.

· 김현, 「성리학적 가치관의 확산과 여성」, 『민족문화연구』 41, 고대 민족문화연구원, 2004.

· 문지영, 「'여성차별'에 대한 동·서양의 인식과 도전: 임윤지당과 울스턴크래프트(Mary Wollstonecraft)를 중심으로」, 『한국정치학회보』 2016 봄, 한국정치학회, 2016.

· 박무영, 「여성시문집의 간행과 19세기 경화사족의 욕망」, 『고전문학연구』 33, 2008.

· 박무영·김경미·조혜란, 『조선의 여성들: 부자유한 시대에 너무나 비범했던』, 돌베개, 2004.

· 벤저민 엘먼 지음, 양휘웅 옮김, 『성리학에서 고증학으로』, 예문서원, 2008.

· 서경희, 「김씨 부인 상언을 통해 본 여성의 정치성과 글쓰기」, 『한국고전여성문

학연구』 12, 한국고전여성문학회, 2006.

· 손흥철, 「북송의 사회개혁론과 낙학의 관계 연구」, 『한국사상과 문화』 37, 한국사
상문화학회, 2007.

· 손흥철, 「『녹문집』과 임성주의 철학」, 『녹문집 해제』, 한국고전번역원, 2015.

· 손흥철, 『녹문 임성주의 삶과 철학』, 지식산업사, 2004.

· 원주시, 『임윤지당 연구』, 『원주학술총서』 19권, 2015.

· 유영희, 「임윤지당의 성리 철학과 수행론」, 『한국사상과 문화』 29, 한국사상문화
학회, 2005.

· 이남희, 「조선 후기의 '여사(女士)'와 '여중군자(女中君子)' 개념 고찰: 지식인 여
성 연구를 위한 시론적 접근」, 『역사와 실학』 47, 2012.

· 이숙인, 「조선시대 여성 지식의 성격과 그 구성원리」, 『동양철학』 23, 2005.

· 이연숙, 「조선후기 양반가의 문중교육: 충남 논산시 노성면 파평 윤씨 노종파를
중심으로」, 『역사와 담론』 52, 2009.

· 이은선, 「조선후기 여성성리학자의 생애와 학문에 나타난 유교 종교성 탐구: 임
윤지당과 강정일당을 중심으로」, 성균관대학교 박사학위 논문, 2006.

· 이해진, 「'여성'에서 '인간'으로, 주체를 향한 열망 : 임윤지당과 울스턴크래프트
비교 연구」, 『한국여성학』 30권 2호, 한국여성학회, 2014.

· 임유경, 「임윤지당의 전 서술 방식과 여성의식」, 『태동고전연구』 16, 태동고전연
구연구소, 1999.

· 이해준, 「17세기 중엽 파평 윤씨 노종파의 종약과 종학」, 『충북사학』 11·12합집.

· 이혜순, 『조선조 후기 여성 지성사』, 이화여자대학교출판부, 2007.

· 임종태, 「'우주적 소통의 꿈': 18세기 초반 湖西 老論 학자들의 六面世界說과

人性物性論」, 『한국사연구』 138, 2007.

· 임종태, 『17,18세기 중국과 조선의 서구 지리학 이해』, 창비, 2012.

· 장지연, 유정동 역, 『조선유교연원』 상중하, 삼성미술문화재단, 1979.

· 조정윤, 「『좌계부담』 연구: 저자 문제와 이본 검토를 중심으로」, 『한문학논집』 35, 근역한문학회, 2012.

· 조지형, 「조선 전기 '악비' 고사의 수용과 인물 형상의 정립 과정」, 『대동문화연구』 77, 2012.

· 지두환, 「조선전기 군자·소인 논의: 『대학연의』 왕안석론 중심으로」, 『태동고전연구』 9, 1993.

· 조혜란, 「조선 시대 여성 독서의 지형도」, 『한국문화연구』 8, 이화여자대학교 한국문화연구원, 2005.

· 진래, 이종란 외 옮김, 『주희의 철학』, 예문서원, 2002.

· 황수연, 「사화의 극복, 여성의 숨은 힘」, 『한국고전여성문학연구』 22, 한국고전여성문학회, 2011.

· 황수연, 「『本朝女史』 연구」, 『열상고전연구』 64, 열상고전연구회, 2018.

연보

· 1721년(1세) 임적과 윤씨 부인의 5남 2녀 중 차녀로 태어나다.

· 1725년(5세) 4월 아버지가 함흥 판관으로 임명되고 6월에 함흥으로 떠나다.

· 1726년(6세) 오빠 임성주가 신창 맹씨와 혼인하다.

· 1727년(7세) 할머니 전주 이씨의 회갑을 맞아 가족들이 함흥에 모여 잔치를 하
다. 6월 아버지가 사헌부의 탄핵을 받아 벼슬을 그만두고 서울로 돌아와 청주
옥화대로 이사할 준비를 하다.

· 1728년(8세) 정월에 아버지가 전염병을 앓다가 44세의 나이로 세상을 떠나다.

· 1729년(9세) 가족이 청주 옥화대로 이사하다. 임성주를 중심으로 형제들이 함께
공부하는 한편, 사 마광의 「거가의」를 모방하여 가례를 실행하다. 할머니 전주
이씨가 죽다.

· 1733년(13세) 가을에 임명주와 임성주가 사마시에 합격하다.

· 1737년(17세) 여주로 이사하다. 둘째 오빠 임성주가 민우수, 김원행 등과 강학하다.

· 1739년(19세) 신광유와 결혼하다.

· 1743년(23세) 임성주가 어머니를 모시고 여강에서 서울로 이주하다.

· 1745년(25세) 11월에 임경주가 죽다.

· 1747년(27세) 남편 신광유가 죽다. 큰오빠 임명주가 언관으로 상소를 올리다 제

주로 유배되다.

· 1748년(28세) 임명주가 제주에서 나주로 유배지가 바뀌다.

· 1750년(30세) 12월, 임성주가 익위사 세마가 되고, 임명주가 사면되다.

· 1752년(32세) 임성주가 시직이 되다.

· 1754년(34세) 임성주가 임실 현감이 되어 어머니를 모시다.

· 1755년(35세) 가족이 모두 임실에서 모이다. 윤지당도 언니와 함께 가다. 임명주
가 중풍을 앓다.

· 1756년(36세) 3월, 임병주가 죽다. 임병주의 장례를 위해 윤지당은 언니와 함께
서울로 가다. 서울로 가는 길에 전주에 들러 임명주를 만나다. 이모(송요좌의 부
인)도 죽다.

· 1757년(37세) 11월, 임명주가 죽다.

· 1758년(38세) 봄, 임성주가 공주 녹문으로 돌아오다. 6월, 큰오빠를 위한 제문을
쓰다. 여름, 공주 친정에 가다. 9월, 친정에서 남편이 쓰다 남긴 『시경』을 이어서
베껴 쓰다. 12월, 어머니 윤씨 부인이 죽다.

· 1759년(39세) 4월, 『시경』 필사를 마치다. 여름, 남편이 쓰던 『초사』의 필사를 마
치다.

· 1760년(40세) 시동생 신광우의 장남 재준을 양자로 들이다.

· 1762년(42세) 임성주가 대신의 천거로 위솔(衛率)이 되다. 동생 임정주가 사마시
에 합격하다.

· 1764년(44세) 조카 열이 맹씨와 혼인하다. 윤지당이 친정에 머물다.

· 1765년(45세) 양시어머니인 문화 유씨가 죽다.

· 1767년(47세) 본생 시어머니인 풍산 홍씨가 죽다. 임성주가 태창 주부가 되었으

나 곧 사직하고 돌아오다.

· 1771년(51세) 임성주가 양근 군수가 되다. 윤지당이 양근에 가서 지내다.

· 1782년(62세) 봄에 임성주가 가족과 함께 윤지당이 있는 원주 산호로 이사하다.
  7월에 임성주의 집으로 가서 지내다.

· 1783년(63세) 6월에 임성주의 집으로 가서 지내다.

· 1784년(64세) 임정주가 원주로 찾아와 반년가량 머물다 돌아가다.

· 1785년(65세) 직접 편집한 문집 초본 1부를 임정주에게 보내며 「문집 초고를 지
  계로 올려보내면서〔文草謄送溪上時短引〕」를 쓰다.

· 1786년(66세) 봄. 임성주가 녹문으로 돌아가다. 이후 편지를 주고받으며 경의에
  대해 의논하다. 이 해에 「경의」를 저술하기 시작하다. 「배송중씨남귀서」를 쓰다.

· 1787년(67세) 아들 신재준이 죽다.

· 1788년(68세) 3월에 임성주가 죽다.

· 1789년(69세) 아들의 상이 끝나다. 「죽은 아들 재준에게 올리는 제문〔祭亡兒在竣
  文〕」을 쓰다.

· 1793년(73세) 5월 14일에 죽다. 원주 정지안(正之安) 무지곡촌(茂芝谷村)에 장사
  지내다.

· 1796년 임정주가 청산에서 활자로 문집을 인쇄, 간행하다.

찾아보기

ㅈ

자로(子路) 81, 85, 98, 190, 191

전주 이씨 26, 27, 30~35, 57, 58, 60

『정일당유고(靜一堂遺稿)』 228, 245

『주자가례(朱子家禮)』 66, 121

「중용경의(中庸經義)」 206, 208, 210, 221

ㅊ

「최씨와 홍씨, 두 여성의 전(崔洪二女傳)」
    81, 93, 97

「치란재득인설(治亂在得人說)」 187

ㅍ

파평 윤씨 23, 39~47, 59, 60, 63, 151

지은이 | **김경미**

이화여자대학교 이화인문과학원 교수. 이화여자대학교에서 한국고전문학을 전공하고 「조선후기
소설론」 연구로 박사학위를 받았다. 고전소설을 젠더, 사회사적 시각에서 연구한 다수의 논문을 발
표하고 한문소설을 번역했다. 조선시대 여성생활에 관한 자료를 수집, 번역해왔으며 특히 여성의
글과 글쓰기에 관심을 갖고 있다. 『여/성이론』 편집위원으로 참여했으며 여성문화이론연구소에서
활동했다. 저서로 『소설의 매혹』, 『19세기 소설사의 새로운 모색』, 『家와 여성』, 『조선의 여성들』(공
저), 『노년의 풍경』(공저) 등이 있고, 역서로 『여자, 글로 말하다: 자기록』, 『금오신화』, 『19세기 서울
의 사랑: 절화기담, 포의교집』(공역), 『17세기 여성생활사 자료집』(공역), 『18세기 여성생활사 자료
집』(공역) 등이 있다.

임윤지당 평전
ⓒ 김경미 2019

초판 1쇄 인쇄 2019년 7월 2일
초판 1쇄 발행 2019년 7월 12일

지은이 김경미
펴낸이 이상훈
편집인 김수영
본부장 정진항
기획편집 이승한 고우리
마케팅 조재성 천용호 박신영 조은별 노유리
경영지원 이해돈 정혜진 이송이
디자인 오필민 디자인

펴낸곳 한겨레출판(주) www.hanibook.co.kr
등록 2006년 1월 4일 제313-2006-00003호
주소 서울시 마포구 창전로 70 (신수동) 화수목빌딩 5층
전화 02) 6383-1602~1603
팩스 02) 6383-1610
대표메일 book@hanibook.co.kr

ISBN 979-11-6040-272-8 94900
        978-89-8431-466-5 (세트)